本书系山东省社科规划重点项目“山东省文化产业发展的策略与系统”（14BGLJ03）
和山东大学横向课题“青岛市市北区文化产业发展提升规划”的阶段性成果。

老城复兴：
青岛市北历史文化街区的保护与更新

王广振 徐嘉琳 李侑珊 / 编著

山东人民出版社·济南
国家一级出版社 全国百佳图书出版单位

图书在版编目（CIP）数据

老城复兴：青岛市北历史文化街区的保护与更新/王广振，徐嘉琳，李侑珊编著.--济南：山东人民出版社，2020.9

ISBN 978-7-209-12866-7

Ⅰ.①老… Ⅱ.①王… ②徐… ③李… Ⅲ.①城市-文化遗产-保护-研究-青岛 Ⅳ.①K295.23

中国版本图书馆CIP数据核字(2020)第123721号

老城复兴：青岛市北历史文化街区的保护与更新

LAOCHENG FUXING: QINGDAO SHIBEI LISHI WENHUA JIEQU DE BAOHU YU GENGXIN

王广振　徐嘉琳　李侑珊　编著

主管单位　山东出版传媒股份有限公司
出版发行　山东人民出版社
出 版 人　胡长青
社　　址　济南市英雄山路165号
邮　　编　250002
电　　话　总编室（0531）82098914
　　　　　市场部（0531）82098027
网　　址　http://www.sd-book.com.cn
印　　装　山东华立印务有限公司
经　　销　新华书店

规　　格　16开（169mm×239mm）
印　　张　21.25
字　　数　310千字
版　　次　2020年9月第1版
印　　次　2020年9月第1次
ISBN 978-7-209-12866-7
定　　价　48.00元

引 言

在文旅融合、产业升级以及新旧动能转换的大背景下，青岛市市北区历史文化街区日益受到世人关注。顺应青岛市打造“时尚之都”和市北区“老城复兴”的时代要求，我们力图从青年学者的视角来观察和探讨市北区历史文化街区的保护与更新。在本书撰写的筹备阶段，我们曾与山东大学城市文化研究院（青岛）、市北区文化和旅游局、市北区委党校等相关部门的领导和专家学者进行了深入座谈。在“文旅融合与老城复兴”的时代背景下，在分析市北区城市文化发展现状的基础上，确定了本书的主题“历史文化街区的保护与更新”。同时，我们了解到政府层面也急需当代大学生以“青年学者”的视角介入市北区关于城市文化发展、历史文化街区保护与更新等方面的策略探讨。

我们的目标与市北区的发展需求深度契合。在对市北区历史文化街区相关资源及其发展现状梳理分析的基础上，我们从城市文化空间的保护与更新视角，对市北区的历史文化街区的保护与更新现状进行了深入调研，进而提出适合市北区历史文化街区保护和开发利用的模式与路径。

本成果的形成建立在多次调研走访市北区的基础之上。2018年7月，山东大学城市文化研究院副院长王广振带领陈洁、谢洪浩、王伟林等硕士和博士研究生，以“市北区文化资源与文化产业发展概况”为主题展开第一次调研；2018年8月，山东大学城市文化研究院院长方辉和执行院长刘军两位教授亲自带队，以“城市文化资源保护与开发”为主题展开第二次调研；2018年11月，第一届城市文化·青岛论坛（2018）召开期间，研究院邀请几十位专家学者，以“城市文化发展与空间再造”为主题展开第三次实地调研；2019年5月，王广振带领十余位青年学者，以“老城复兴与民居改造”为主题展开第四次调研；2019年7月，王广振带领陈洁、徐嘉琳、王洋等一行十人，以“市北区物质文化遗产普查”为主题开展了第五次调研。在前五次调研的基础上，2019年8月，山东大学城市文化研究院联合山东大学历史文化学院成立“山海岛城”专题调研团，就“历史文化街区保护与更新”这一专题，再赴市北区进行实地调研与专题访谈。此次调研由王广振老师带队，成员有徐嘉琳、李侑珊、朱童、王方册、王洋、范晨、张迪、鲁东民、丁瑞康、孙济等人。调研期间进行了实地参观、专题访谈、问卷发放等一系列工作，得到了市北区文化和旅游局、区委党校等部门的大力支持，内容涉及市北区红色文化、民俗文化、工业文化、海洋文化、商业文化等五个领域。

本书前半部分，主要从文化与空间的双重维度，选取了市北区典型的历史文化街区作为调研对象，简要分析各个街区的发展现状与应对策略。在整体分析市北区街区发展优劣势的基础上，综合实地调研、专题访谈以及问卷分析等内容，对市北区历史文化街区的保护与更新提出了“两大目标、四大原则、五大策略、四大方案”的总体架构。

“两大目标”：保护延续街区历史文脉、再现整合街区空间秩序。

“四大原则”：整体性原则、原真性原则、参与性原则、动态性原则。

“五大策略”：政府牵头，多方参与，创新改造模式；空间整合，特色规划，打造战略品牌；开拓思维，创新理念，打造“网红”街区；案例研究，多方借鉴，吸取经验教训；文化与经济并重，注重增强社区活力。

“四大方案”：市北区城市文化旅游集群发展模式、海云庵民俗文化片区全域旅游升级方案、即墨路传统民居空间保护与更新方案、馆陶路历史文化街区保护与利用方案。

本书后半部分，从“学者观点”“访谈分析”“问卷分析”“政策梳理”四个方面，围绕“城市发展与街区更新”这一核心议题，进一步为本课题的研究进行多维度分析。

目　录

第一章

绪　论

第一节　概念界定

一、历史文化街区

西方国家对于历史文化街区的定义最早可以追溯至1933年8月国际现代建筑学会通过的《雅典宪章》，其指出“历史街区是由历史建筑群及历史文化遗址所组成的区域”。随后，对于历史文化街区保护的观念不断发展，1987年国际古迹遗址理事会审议并通过了《保护历史城镇与城区的宪章》，其中提出的历史地段和历史城区的概念被现在学术界所普遍使用，即“历史城区，不论大小，其中包括城市、城镇以及历史中心或居住区，也包括其自然的和人造的环境”。

我国在20世纪八九十年代相继通过了《关于强化保护历史文物的通知》和《中华人民共和国文物保护法实施细则》等政策法规，这标志着我国对历史文化遗产保护制度的逐步建立和不断完善。2008年国务院公布的《历史文化名城名镇名村保护条例》中指出“历史文化街区是指经省、自治区、直辖市人民政府核定公布的保存文物特别丰富、历史建筑集中成片、能够较完整和真实地体现传统格局和历史风貌，并有一定规模的区域”。此外，《中华人民共和国文物保护法》也对历史文化街区做出了相关的界定，即“历史地段”法定保护的区域。

值得注意的是，本书语境下的“历史文化街区”在空间意义上并不一定呈现为传统意义上的线性布局形态，而是因街区自身发展历史与主题特色的不同，而具备不一样的空间形态，可以是点状、线状、面状、网状等。

二、保护与更新

本书针对的是市北区历史文化街区的“保护”与“更新”，即我们不仅重视历史文化街区文物价值的保护，还重视历史文化街区在当前时代功能意义上的再利用。具体而言，针对街区的保护与更新，是指基于文化产业的学术背景，在历史文化街区保护与开发过程中，一方面，在文化层面注重对街区记忆的留存以及街区整体文化氛围的维系；另一方面，在空间层面注重对街区实体空间环境的保护与改造以及对街区功能的更新。

第二节　研究对象

市北区是青岛市主城核心区，东部与崂山区为邻，西部濒临胶州湾，南部与市南区毗连，北部与李沧区接壤。作为大青岛战略的关键节点，市北区快速路网体系密布畅达，北连胶州湾大桥，南接海底隧道，主城轴线重庆路贯穿市北，五条地铁线路穿城而过，形成主城区半小时、全域一小时、半岛城市群两小时都市圈。东西最大距离11.5公里，南北最大距离9.9公里，海岸线长17.83公里，总面积65.4平方公里，常住人口109.32万人，人口密度1.6万人/平方公里，辖22个街道和137个社区居委会。

图1-1　市北区标志

市北区区位条件优越，经济社会发达，人文气息浓厚，是青岛主城发展的重要一极。2018年，全区生产总值完成832.2亿元，同比增长7.4%，一般公共预算收入完成110.1亿元，税收占比达到82.7%，社会消费品零售总额完成774.8亿元，实际利用内资210亿元，实际利用外资（FDI）4.7亿美元。

图1-2 市北区区位图

市北区历史文化资源丰富，坐拥三大文脉：

第一，市北区是“百年青岛”历史文化的传承地。市北区是青岛城市发展的历史原点，拥有百年港口、百年火车站、百年汽车站、百年海关、百年烟草、百年公交等民族工业遗产，有中国第一条汽车公路——台柳路，有馆陶路、四方路、海云庵等历史文化街区以及啤酒博物馆、纺织博物馆等22座博物馆。此外，市北区还有至今已传承700多年的萝卜·元宵·糖球会（简称“糖球会”），是青岛民俗文化的重要发源地。

第二，市北区是青岛红色运动的发源地。青岛最早的党组织、第一个农村党支部、第一个地下联络站在此诞生，王尽美、邓恩铭、刘少奇等老一辈革命家在这里留下过革命的足迹。市北区拥有中共青岛党史纪念馆、黄台路中共地下联络站旧址等红色历史文化资源，是青岛革命运动的摇篮。

第三，市北区是青岛近代产业的摇篮。区内集聚了啤酒、纺织和家电等现代民族工业，以国棉一厂等为代表的纺织行业在20世纪初至中叶曾铸就了“上青天”之美誉，海尔、青岛啤酒、颐中烟草、四方机厂等企业都发源于市北，并涌现出张瑞敏、常德传、金志国等一批知名企业家。另外，馆陶路曾是青岛的经济和金融中心，台东镇、大鲍岛、小鲍岛等区域是青岛商业的起源地。

第三节 研究方法

一、文献研究法

在文献梳理与研究方面，我们在前期筹备阶段初步完成市北区文化资源与文化产业发展的梳理评估以及城市文化遗产相关政策的梳理与分析，为后期实地调研走访打下了坚实的基础。后期提纲的设计以及内容的撰写，都在大量浏览分析相关文献的基础上进行。

二、问卷调查法

在调查问卷的设计方面，针对不同的研究对象设计了两种不同类型的问卷。线下纸质问卷主要面向市北区的当地居民，旨在了解当地居民对于历史文化街区保护的顶层设计及相关政策的认知情况，进而对政策的传达效率开展评估；线上电子问卷主要面向当代大学生群体，旨在了解大学生群体对历史文化街区保护与更新相关问题的认识。

三、访问调查法

在专题访谈方面，我们考虑到访谈内容的全面性与深度性，在选取访谈对象的过程中，有意识地从政府、学者、居民、企业四大参与主体的视角分别选取了典型代表人物，围绕“市北区历史文化街区保护与更新”主题，开展深入的专题访谈，并对访谈内容进行分析整理。

四、实地观察法

在实地调查走访过程中，我们针对市北区不同历史文化街区的历史文化、建筑风格、空间特色、业态分布等方面进行实地观察，并借助相机、录音笔等设备记录调研地的实际情况，以照片、文字、视频、音频等方式记录下我们在市北区的足迹与感悟。

第四节 研究意义

一、对政府管理的意义

研究团队在对市北区历史文化街区相关资源及其发展现状梳理的基础上，走访调查当地居民对于历史文化遗产保护与开发的“心声”，分析当前市北区文化遗产保护与开发过程中遇到的困境和问题，并结合当地实际情况为市北区政府提出建设性意见。在前期对接阶段，研究团队就曾与市北区文化和旅游局相关人员进行深入座谈，了解到市北区政府也急需当代大学生以“青年学者”的视角介入市北区文化资源开发与保护的策略研讨。因此，我们的研究与市北区的发展需求深度契合，有望对市北区在历史文化资源保护与开发方面的相关工作有所助益。

二、对社会经济的意义

在文旅融合、产业升级以及新旧动能转换的大背景下，历史文化街区的文化与产业价值愈加受到关注。许多城市将其作为发展重点，探究其背后文化，挖掘其内在价值，整合资源，全面开发，形成独特的旅游产业，为经济发展助力。研究团队通过对市北区历史文化街区开发模式的探索，打造属于市北区的特色文化旅游模式，既可以在经济效益上助力整个市北区的经济发展，又可以在社会效益上引领相关基础设施建设，提供更多就业岗位，锻造市北区的整体竞争优势。

三、对文化发展的意义

历史文化街区是中华优秀传统文化非常重要的载体之一。街区空间中所保留下来的历史建筑、空间结构、人文景观、居民行为方式和风俗习惯等都是了解街区历史文化、感受街区风土人情不可或缺的文化元素，也都是可供深度挖掘的内涵丰富的人文旅游资源。市北区拥有深厚的历史文化底蕴，在文化资源方面有着得天独厚的条件。通过调研，我们一方面可以为市北区的文化发展起到一定程度的宣传作用；另一方面可以在市北区居民以及外地游客群体中，普及与深化历史文化街区保护与开发的观念与意识。

第二章

背景解读

第一节 时代背景

如今，中国的城市化已进入加速发展阶段，城市风貌整体迈向现代化的步伐加快。一方面，对于城市经济发展而言，传统空间形态大量占用城市空间，大量传统建筑存在着老化问题，由此而带来的功能性和结构性衰退现象，严重阻碍城市化的发展。另一方面，大面积的城市化开发加上大规模的旧城改造，使得传统建筑原貌已经开始被现代化元素取代，严重破坏城市传统空间结构，对城市文化的传承与发展产生负面影响。所以对于城市文化遗产而言，传统是否一定要以落后保守为基础？现代化的发展是否一定会影响其文化价值？这样的问题仍然是如何进行保护与更新所要面对的。对于历史文化街区而言，因其保存着优秀的历史文化资源而使其面临的保护与更新问题更为突出。

城市的快速发展伴随着城市过度的更新改造，导致部分城市传统历史文化街区风貌遭到破坏，从而映射出当前历史文化街区保护与更新存在着诸多问题。例如，政策法规不健全、保护规划滞后，重视新城建设、忽视传统保护，只顾眼前经济利益、不讲可持续发展，重表象复原、忽视文化内涵，缺少经费支持、开发管理混乱等一系列问题，都严重阻碍了历史文化街区的保护与更新。基于此，在“文旅融合与老城复兴”的时代背景下，正确处理好历史文化街区保护与更新的关系是文旅融合发展的基础，对未来历史文化街区的复兴和发展具有指导性意义。对于市北区而言，积极推进历史文化街区的保护与更新工作，不仅是市北区寻求传统旅游模式特色化转型的突破口，更是城市文化更新与空间再造的新契机。

第二节 政策背景

在国家层面，早在1984年国务院就曾颁布《城市规划条例》，指出要“有计划、有选择地保护一定数量的代表城市传统风貌的街区和建筑物、构筑物”。在2008年颁布的《历史文化名城名镇名村保护条例》中，进一步明确指出“历史文化街区建设控制地带内的新建建筑物、构筑物，应当符合保护规划确定的建设控制要求；应当区分不同情况，采取相应措施，实行分类保护；应当保持原有的高度、体量、外观形象及色彩。在历史文化街区核心保护范围内，不得进行新建、扩建活动。但是，新建、扩建必要的基础设施和公共服务设施除外”。2014年在《国家新型城镇化规划（2014—2020年）》中，也曾强调要“发掘城市文化资源，强化文化传承创新，把城市建设成为历史底蕴厚重、时代特色鲜明的人文魅力空间”。同年2月，习近平总书记也提出了“历史文化是城市的灵魂，要像爱惜自己的生命一样保护好城市历史文化遗产”的重要论断。

在区域层面，《青岛历史文化名城保护规划（2011—2020）》规定以市域为文化背景，以历史城区为规划重点，建立历史文化街区（包括历史文化名镇名村、传统村落、工业遗产厂区等）层次的保护框架。在2014年颁布的《青岛市城市风貌保护条例》中也曾指出“历史文化街区应当保持该区域特有的风貌和建筑特色，严格控制建设活动”。在此背景下市北区提出了更为具体的政策，2017年市北区提出打造“一港四区六大载体”①拓展新空间，培育新动能。

① “一港四区六大载体”：一港指青岛国际邮轮港；四区指滨海新区、产城融合示范片区、创新资源集聚示范片区、历史文化记忆示范片区；六大载体指国家级橡胶材料与装备科技创新中心、轨道交通技术创新中心、大健康产业园、生物科技创新园、浪潮云计算大数据产业园、地理信息产业园。

历史文化记忆示范片区作为战略布局的四区之一，受到高度重视，为此市北区专门成立“市北区历史文化记忆示范片区管委会”，全面开启了老城区复兴发展的新征程。2018年为充分发挥历史文化街区在复兴历史记忆、助力推动文化旅游产业发展中的基础地位和带动作用，市北区发布了《加快打造百年青岛（市北）历史文化街区休闲旅游目的地的意见》，提出了打造百年青岛（市北）历史文化街区休闲旅游目的地的目标，自2018年起至2021年，举全区之力实施“个十百千万”工程，打造“记忆市北”品牌。

图2-1　“记忆市北”品牌形象标识

| 第三章 |

现状分析

第一节　市北区历史文化街区空间分类

为使结论具有全面性与代表性，本次调研从文化与空间两个维度选取了市北区具有代表性的历史文化街区。从文化类型层面，这些调研地点涉及了市北区的红色文化、民俗文化、工业文化、海洋文化、商业文化五大方面。从空间形态层面，这些地点涉及了“点、线、面、网”等类型的空间形态。

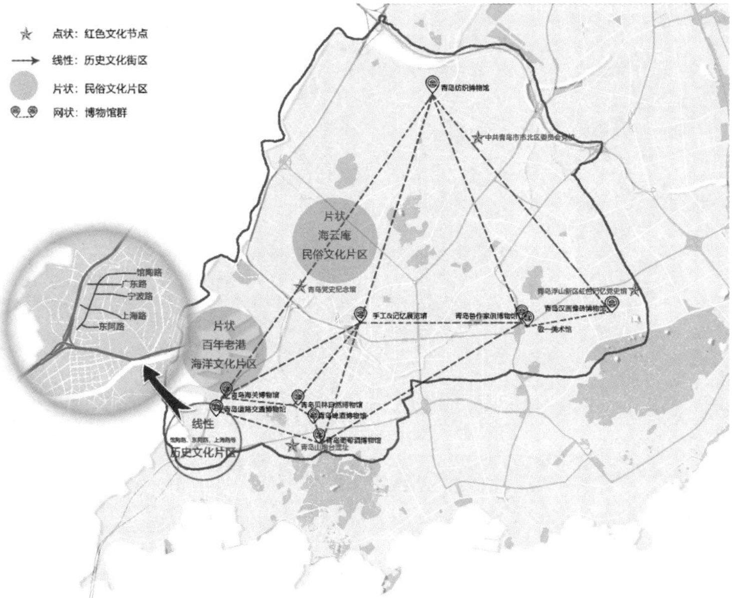

图3-1　市北区历史文化街区空间布局

具体而言，包括点状——红色文化节点，即中共青岛党史纪念馆、中共青岛市市北区委员会党校等。线状——历史文化街区，即馆陶路历史文化街区、即墨路街道传统民居文化街区，包含东阿路、宁波路、武定路等。片状——历史文化片区，即海云庵民俗文化片区、百年老港海洋文化片区等。网状——市北区博物馆群，即青岛啤酒博物馆、青岛纺织博物馆等。

第二节　市北区历史文化街区发展现状

一、点状：红色文化节点

市北区红色文化节点，以点状散布于市北区的历史文化街区网络中，主要由中共青岛党史纪念馆、中共青岛市市北区委党校、青岛浮山新区党史纪念馆等组成。其中，中共青岛党史纪念馆作为青岛红色文化的传承与展陈空间，中共青岛市市北区委党校作为市北区红色文化的现代化传承与研究基地，极具代表性。

（一）中共青岛党史纪念馆

图3-2　团队成员在中共青岛党史纪念馆合影

中共青岛党史纪念馆（海岸路18号）作为中共青岛地方支部旧址，是展示青岛党组织自1923年成立以来几代共产党人辉煌历史的重要文化空间。这座始建于1904年的德式风格建筑，曾作为四方机厂职员宿舍，是青岛早期

图3-3 中共青岛地方支部旧址

产业工人的聚集地。纪念馆是青岛市区唯一一处保留至今的早期党组织机关所在地，是青岛市规模最大、内容最丰富、展示手段最先进的党史纪念馆。展馆主要由“中共青岛地方支部旧址”“基本陈列展厅”“流动专题展厅”三部分组成。

“中共青岛地方支部旧址”是邓恩铭的住处，院落的房屋是典型的德式建筑，砖木结构，外墙为红色清水砖墙，蘑菇石墙基，样式简洁大方，一室一厅，左边是卧室，右边是会客室。会客室摆着一张硬板床，悬挂着曾在这里工作过的王尽美、刘少奇、邓恩铭、李慰农等四位老一辈革命家的照片。1923年8月，青岛第一个中共党组织成立，这间屋子就成为青岛早期党组织领导工人运动的重要阵地。

“基本陈列展厅”的展览主题为“光辉历程——中共青岛历史展”，分为峥嵘岁月、艰辛探索、波澜壮阔三个部分，分别以1923年、1949年、1978年为节点，展示了青岛党组织自1923年建立至今，在争取民族独立和人民解放、社会主义建设曲折前进、开辟社会主义事业的奋斗历程中所作出的巨大牺牲和重大贡献，包括历史文献、实物和照片800余件。

“专题展厅”的展览主题目前为“海岸星火——中共青岛地方支部”，以党团创建、国共合作、工潮迭起、星火不熄为分主题，通过李慰农优秀事迹微电影，展示了中共青岛地方支部辉煌壮丽、可歌可泣的历史。专题展厅结合重大教育活动和党史重要纪念日，先后举办了“伟大历程——中国共产党90周年历史展”“中国共产党历次全国代表大会——从一大到十八大专题展”“根基——党的群众路线教育展览”“伟人的足迹——1979·邓小平在青岛图片展”等多个展览。展馆充分利用其丰富的党史资源，积极探索以阵地教育为主体、主题教育为特色、服务基层为抓手的党史宣教新模式，不断推进党史宣教工作创新发展。

综上所述，中共青岛党史纪念馆展示内容丰富、形式多元、手段先进，专题展览结合时事保持更新，推动了党史宣传教育创新工作的发展。但是纪念馆在宣传推广、文化展陈、空间联动等方面仍有较大的提升空间：首先，纪念馆内部实地调研统计结果显示，78%的游客是集体组织前来参观，个人自主参观的游客较少；其次，展厅内展板材质过于光滑，在灯光的直射下，展板反光无法看清文字，党史叙述上私立青岛大学和山东大学的名称使用不够准确等；最后，中共青岛党史纪念馆作为市北区最具代表性的红色文化展陈与传承空间，目前停留于传统的独立运作模式，与市北区其他红色文化节点联动性较差。

（二）中共青岛市市北区委党校

中国共产党青岛市市北区委员会党校（商城支路1号）不仅是市北区红色文化现代传承之地，也是山东大学城市文化研究院（青岛）的办公驻地。该研究院由山东大学历史文化学院和市北区人民政府共同成立。在这里，岛城的红色文化与市北区的城市文化，既在学术层面上实现了碰撞与交流，又在具体实操与宣传推广方面得到了更好的融合与发展。

图3-4　团队在中国共产党青岛市市北区委党校合影

团队在参观调研青岛市市北区委员会党校和山东大学城市文化研究院（青岛）的基础上，与党校校委委员、四级调研员潘德华老师展开了深入座谈，旨在从市北区当地学者的视角深入了解市北区在历史文化街区保护与更新方面的基本现状。市北区在开展街区更新之初，面临着人口密度大、基础设施落后、资源承载力弱等诸多问题，为此，市北区开始逐步践行“特色发展”思路，打造特色街区，带动老城区发展。此外，潘老师强调市北区在街区更新过程中存在着财政供给不足、人才严重不足、军用产权矛盾等问题，并提出了区市协调统筹发展、重视宏观规划、分级分类对待、让街区“活”起来等建议。

二、线状：历史文化街区

市北区历史文化街区呈线状空间形态分布，贯穿市北区的街区网络。在这一部分，调研团队选取了馆陶路历史文化街区和即墨路传统民居文化街区，前者记录着青岛商业文化的更迭，后者凝缩着青岛人的日常生活方式。

（一）馆陶路历史文化街区

馆陶路被誉为“老青岛的华尔街”，初建于1899年，南起堂邑路，北至恩县路，总长度1000余米。馆陶路上曾有8个国家的60多家企业，多为德国、日本、美国、英国、法国、丹麦、比利时、葡萄牙等国大公司的分支机构。现有历史建筑25座，占现有建筑总量的71%。其中现存德式、日式风格的优秀历史建筑共14栋，约20万平方米。2009年市北区在全市旧城改造的整体框架下，将馆陶路打造成德国风情街。馆陶路以大量近代历史建筑为主，包括横滨正金银行旧址（馆陶路1号）、三菱洋行旧址（馆陶路3号）、齐燕会馆旧址（馆陶路13号）、青岛“取引所”旧址（馆陶路22号）、大连汽船株式会社旧址（馆陶路37号）、丹麦领事馆旧址（馆陶路28号）、馆陶路汽车站（馆陶路49

图3-5 馆陶路历史文化街区（德国风情街）部分街景

号）等，同时还有由交运集团运营的两大博物馆，即道路交通博物馆和金融博物馆。目前位于馆陶路22号的青岛“取引所”旧址正在修缮性更新中。

图3-6　团队在青岛“取引所”旧址（馆陶路22号）合影

青岛“取引所”始建于1920年，历时五年建成，由日本建筑师三井幸次郎设计，占地面积6965.16平方米，建筑面积18276平方米。“取引所”是日文中的汉字，其意思是“证券物品交易所”，曾作为国民党军事委员会特设青岛警备司令部、北海舰队政治部军人俱乐部使用。2014年“取引所”由政府和军队委托，交给中煌文化传媒公司进行保护与更新，是地方、军队和企业协同保护历史文化建筑的一个典范，目标是将其打造为一个承接会议、会展、宴会等文化活动，同时提供文娱演出、影视拍摄、婚纱拍摄场地的综合性文化空间。

座谈中，王克清总经理强调：“馆陶路22号的修缮完全要依据该建筑的历史原貌修复。我们的责任就是要使其恢复至原始状态，90%也不可以！”从该建筑穹顶镶嵌的内饰细节，我们可以发现有金色和灰色两种不同的颜色，这正是因为在修复过程中有意识地保留了建筑原始的状态，使之与后期因破损而修复形成的金色有对比。

图3-7　青岛“取引所”旧址内景图

整体而言，馆陶路在街区的保护与更新过程中也存在一些问题：第一，军产问题，馆陶路大部分历史建筑产权都属于军方，这在一定程度上会限制后续开发；第二，经营业态自由，整体分布分散，未形成统一管理运营模式，缺乏地方政府的统一规划和开发；第三，基础设施薄弱，例如青岛“取引所”旧址由于建筑本身的历史原因，没有修建与建筑体量相匹配的停车场。面对这些困境，馆陶路的街区更新中，一方面，需制定统一规划，完善基础设施，充分利用目前汽车站的空间，建设一个立体停车场，进一步打造街区旅游集散地。另一方面，针对馆陶路的军用产权问题，应采取一种军民融合的发展模式，即政府通过整体规划，使军队、政府、居民三方合作，形成一种互利共赢的发展模式。

（二）即墨路传统民居文化街区

即墨路传统民居建筑始建于20世纪二三十年代，主要集中在黄台路一带，建筑形态多为群居式院落，独栋式建筑民居较少。调研团队在与即墨路街道办事处牟永宣主任沟通的过程中了解到，市北区政府民居征收项目从2016年开始，在将近三年的时间里征收了一万多平方米的传统民居，将近一万多户居民腾撤出传统民居区域，为后期传统民居更新再造做好了前期准备工作。但是现存传统居民还存在着整体框架完好、局部构造破坏严重，建筑风格各异、整体风貌不够统一，空间布局分散、整体融资开发困难等问题。

图3-8　即墨路传统民居现状图

调研团队的初步思路是在开发前期做好宏观层面的总体规划布局，并在此基础上分期分步骤进行开发建设，可有选择地打造几处旗舰类更新项目，为后期民居更新项目的顺利开展起到“样板间”的引领作用。具体而言，首先，以“修旧如旧”的方式进行修缮性更新，注意记录更新再造前后的对比，可以选择预留一部分“沧桑”的围墙。其次，在业态布局方面，可借鉴烟台历史文化街区开发的思路，布局主题民宿、特色餐饮、个性休憩空间等业态，打造市北旅游新热点。再次，在项目运营方面，可借鉴济南曲水亭街特色餐饮小院的打造思路，投资与管理分开，以“众筹”的模式向社会募集资金，引入专业管理团队，开展规范化经营。最后，在注重地上建筑开发的同时，应结合历史文献研究民居地下建筑的分布与结构，探索历史建筑地下空间的开发路径。

案例借鉴：青岛故事文创商店

“青岛故事文创商店”项目是由青岛市北建设投资集团有限公司下属的青岛风貌保护建筑设计研究院投资规划建设的，也是市北区传统民居更新再造的“样板间”项目。

图3-9 团队成员参观青岛故事文创商店

图3-10 青岛故事文创商店的标志

始建于1904年的海泊路37号里院，最早为山东章丘孟氏家族所有，据附近居民追忆，孟氏父子孟鸿升、孟洛川在1904年向当时占据青岛的德国人买下此地，建造了里院，命名为“鸿吉里”，并将其一楼作为门面，二楼作为客栈进行经营，“鸿吉里”可以说是青岛20世纪最早的一批“商业综合体”。瑞蚨祥孟氏与上海的荣氏家族合作，在这里开办过茶庄，经销南北茶叶，新中国成立后茶庄公有化。历经百年风雨变迁，这里中西合璧、砖木结构的建筑主体保存完好。20世纪50年代“鸿吉里”作为青岛化工站职工宿舍使用，到征收

图3-11　青岛故事文创商店二楼

之前，这里一共住了20多户人家。2015年完成腾迁，2018年修缮完毕。

在尊重里院历史风貌的基础上进行保护性修缮后，一楼内部进行了现代风格的装修，开办了综合性文创精品店，以“百年青岛·记忆市北”为主题，开发销售相关文创商品，并开辟二楼举办相关的讲座、展览活动。以“青岛故事”为主题的文创产品主要有：里院老砖烧制的十大代表性里院浮雕及相关衍生品，市北小嫚为吉祥物的各类文创纪念品，青岛本地老品牌酒类、特产，以“青岛故事”为素材的书籍等。

但是文创商店在实际运营中仍存在一些问题：一方面，项目运作缺乏统一规划。目前，市北建设投资集团在海泊路附近开展的单体更新项目，产业布局较为分散，文化定位不够统一。由于资本有限、投资融资困难等问题，它无法在统一发展的同时积极推进大区域范围内项目的开展，只能选择先着手进行旗舰项目的改造，但是仍需要在开发前期做好宏观层面的总体规划布局，并在此基础上分期分步骤地进行开发建设。

另一方面，文创产品设计类型单一。目前，青岛故事文创商店虽然已经有了十大最美里院砖雕、市北小嫚吉祥物等独具创意的文创产品。但是总体上来说，文创产品种类较少，不够系统，亟须引入专业的文创产品的设计与研发团队。在调研青岛啤酒博物馆文创商店时，我们了解到青岛啤酒博物馆的文创产品设计与运营由专业的部门负责，受到企业的高度重视，青啤博物馆的文创收入在旺季甚至可以与门票收入持平。

此外，该项目的改造细节也十分值得借鉴学习，里院改造的过程中以

图3-12　“青岛小嫚”文创形象

图3-13　十大最美里院砖雕——“广兴里”

图3-14　青岛故事文创商店里院的“旧围墙”

图3-15　海泊路37号里院背后的故事

“修旧如旧”的原则开展，里院有一个走廊专门用于展示更新再造前后的对比，以及里院背后的故事。

三、面状：历史文化片区

市北区历史文化片区呈面状空间形态分布，辐射着市北区的街区网络。这一部分，调研团队选取了百年老港海洋文化片区和海云庵民俗文化片区。前者记录着市北区港口文化与邮轮文化的百年更迭，后者代表着市北区的民间市井文化。

（一）百年老港海洋文化片区

1.青岛海关博物馆

①胶海关旧址简介

青岛海关博物馆位于市北区新疆路16号——胶海关旧址内。胶海关旧

图3-16　团队成员在青岛海关博物馆前合影

址，是胶海关的办公地点，建于1913年12月，是当时青岛现代化程度最高的办公大楼，至今已逾百年；而胶海关，设立于1899年7月，是青岛作为北方著名的通商口岸城市的重要见证。

胶海关旧址建筑群当初的设计者是德国建筑师费特考尔，施工建造方是汉堡F. H.施密特公司。从平面俯视图看，整个建筑群犹如船型。其中，主楼建筑面积2824平方米，楼高4层共22.45米；从外观上看，楼身为黄色，建筑出入口建有坚实的台阶，在今日依旧显得大气有余。

作为重要的青岛德式公共建筑之一，胶海关旧址（青岛海关博物馆）这座百年建筑见证了近现代青岛城市史和海关史的发展历程，是一处宝贵的历史文化遗存，在建筑史上也有着较高的艺术性和研究价值。2006年5月25日，胶海关旧址被国务院列为第六批全国重点文物保护单位，归入第四批全国重点文物保护单位——青岛德国建筑群之中。青岛海关办公室关史研究室主任国恩松说，青岛海关百余年来与城市同呼吸、共命运，携手相伴，共同发展。

②青岛海关发展历史

早在春秋战国时期，山东各诸侯国之间就设立关卡征税。北宋在密州板桥镇设立市舶司，专门管理海上对外贸易；明代在京杭运河山东段设立了临清、济宁钞关；清代在登州、莱州和胶州湾一带设立厘税局，征收厘税。1862年，东海关监督衙门在烟台设立，这是山东境内最早的海关。1897年，德国因“巨野教案”出兵占领青岛，青岛由此沦为德国殖民地。

1899年，胶海关设立，成为近代中国第一个租借地海关。胶海关的设立，对近代青岛商贸发展起着举足轻重的作用。1905年胶海关在租借地内划定区域实行“无税区制度”，这是中国近代史上第一个关于“无税区”的海关实践，这一举措促进了青岛港口经济大发展。1907年，青岛港进出口贸易总额超过早开埠37年的烟台港，在北方成为仅次于天津和大连的第三大贸易港。胶海关除承担海关业务外，还管理海务、邮政等事务。

1914年，日本战胜德国，胶海关沦为日本管理，随后又经历了北洋政府、国民政府等统治管理。1945年8月，中国共产党领导下的第一个人民海关在胶东解放区诞生。1949年6月，青岛解放后人民政府接收胶海关。山东全境解放后，青岛海关下属的烟台海关，为北到满洲里、西达新疆、南至海南岛的全国各地培养输送了大量海关干部，被誉为“新中国海关干部的摇篮”。1950年2月，胶海关更名为“中华人民共和国青岛海关”，自1951年1月起辖山东全省。1995年，青岛海关迁入位于西陵峡二路2号的青岛海关业务技术大楼内办公。

海关代表着一种开放，最初的港口是根据城市发展需要而开放的口岸，海关跟港口、铁路是相伴而生的，不设置海关，也就没有了这种开放。而海关的设置，对于港口和铁路的发展有着巨大的推动作用。纵观历史的统计数据就能发现，在设立胶海关以后，青岛短短几年内无论吞吐量、进出口量还是税收都有着巨大增长，当然这也和青岛特殊的地理位置、口岸形式有着直接关系。

③青岛海关博物馆展馆简介

青岛海关博物馆内共设立“胶海关专题”“山东地区海关历史”两部分基本陈列内容。首先，在“胶海关专题”陈列板块，分为胶海关旧址、首任税务司、行政管理、主要职能、兼办事务5个单元的内容，通过场景复原、历史图片、实物资料展示等，较为系统地展示了近代青岛开埠胶海关饱经沧桑、艰难前行的历史图景。在“山东地区海关历史”陈列板块，则包含了往事千年、风云变幻、峥嵘岁月、万象更新、激流勇进5个单元的内容，以历史沿革为线，分别展示了齐鲁古关、近代海关（东海关、胶海关）、解放区海关、现代青岛海关的发展历史，并以专题形式展示了改革开放以来青岛海关在业务和队伍建设等方面所取得的重要成就。

走进博物馆的一层大厅，人们就会有种场景带入式的真切感受，这是因为博物馆完整还原了当年报关大厅的场景。报关厅是海关对外接受通关申报、执行各项工作职责的重要场所。胶海关报关厅自1914年启用以来，直至2014

图3-17　青岛海关博物馆复原场景

年大港海关迁出，历经百年历史沧桑。如今，展馆按照德占、日占、国民政府和新中国海关四个不同历史时期设置了四组人物雕像场景，并使用现代科技手段重现了当年办公楼两侧窗外的历史风貌。负责人介绍：“在最初设置博物馆内容版块时，通常是先做通史再做专题展示，但由于这里的环境因素限制，加之根据一些老关员的回忆，一层大厅就是当年的报关大厅，所以我们也将这里保留和还原，而在二楼设置了‘山东地区海关历史’展览。这一改动也是我们对于过去真实历史的尊重和延续。”

无论是窗外的海景，还是另一侧窗外的火车道景观，都与当年的景色如出一辙。报关大厅内的家具极为雅致，带有严谨的风格。负责人介绍说，由于无法找到过去海关场所的内部照片，他们通过查阅大量资料发现，虽说距今100多年，但当时的海关管理已相当规范，除了海关关员有统一的服装之外，办公家具以及餐具等都是全国统一的。在此基础上，他们最大限度地还原当时的办公家具，让整个场景更贴近历史。

整体而言，博物馆内展陈图片上千幅、实物近500件、多媒体资料片12部、场景复原两处，生动再现了山东地区海关历史沿革和口岸经济发展原貌。其中的胶海关旧址原始蓝图，以及胶海关首任税务司阿理文当年使用的书籍、钟表盘等物品，都有百年以上历史，更是还原了最真实的“海关情怀”。

④青岛海关博物馆设计理念

负责人认为，最初建立青岛海关博物馆的契机，是要充分发挥老建筑的价值，同时让更多的人了解海关。“首先，我们海关一直很重视文化建设。其次，拥有这么一幢珍贵的老建筑，如何将其本身所拥有的历史与青岛海关的发展历程相结合，这是我们所考虑的，而博物馆则是将二者结合的最好形式。考虑到胶海关立足于这座城市，与青岛的发展息息相关，通过博物馆的建立，我们能够将这些东西传承下来，同时让我们的市民和关员了解胶海关的历史。”

自2011年7月青岛海关提出“依托胶海关旧址建设青岛海关博物馆”的构想，经过近五年的缜密筹备和半年多紧张的旧址修缮、布展施工，青岛海关博物馆于2016年6月30日开馆试运行，并于9月29日正式面向社会开放。负责人说：“项目筹备过程中，我们尽自己的所能，南下北上，搜集材料，在丰富展品、挖掘史料素材、增加历史厚重感的同时，努力完善相关展览内容，优化现代视野下海关功能展示、主动体验等板块，积极改善场馆条件和安保设施等基础硬件。”

跨越百年，青岛海关见证了中国近代史的发展轨迹。随着青岛海关博物馆的设计完成与正式开放，更多的参观者有机会在这样一幢百年老楼里获得独特的体验与感受。

2.国际邮轮母港

①基本情况

青岛港位于山东半岛南岸的胶州湾内，始建于1892年，具有120多年的历史，是中国重点国有企业，也是中国第二个外贸亿吨吞吐大港，还是太平洋西海岸重要的国际贸易口岸和海上运输枢纽。

青岛邮轮母港是由青岛港集团投资建设的。2015年5月29日，青岛邮轮母港客运中心建成投入运营，青岛邮轮母港正式开港。其中，邮轮母港客运中心配备青岛港码头前沿的配套设施，条件符合国际标准，主要功能为联检大厅，同时拥有免税商店等商业服务功能。

从邮轮母港本身而言，该空间是邮轮旅客规模较大、服务功能较为完备以及城市邮轮相关产业集聚度较高的始发港，是邮轮公司的运营基地；而青岛邮轮母港，除具备始发港的基本功能外，还将承担邮轮维修保养、邮轮公司运营管理等功能，包括围绕邮轮模块（主要围绕邮轮产业及其衍生品）的整合利用。

在未来，青岛国际邮轮母港将重点突出腹地的商业商务功能，强化邮轮城与城市的衔接关系，规划建设游艇码头和游艇俱乐部，形成集商务办公、星

图3-18 团队参观国际邮轮母港

级酒店、商业餐饮、展览展示、休闲娱乐等功能为一体的高端城市综合体，将老港区打造成青岛老城区“皇冠上的一颗明珠”。

总之，凭借悠久的历史底蕴、良好的自然条件、坚实的工业基础、完善的基础设施等优势，青岛邮轮母港的设立在百年老港历史文化片区布局调整以及市北区旅游和服务业向高端化、品牌化转型升级中发挥着重要作用，也是加快青岛建设宜居幸福现代化城市的重要举措。

②存在问题

第一，港城矛盾。由于港口对城市的动力表现为阶段性演进，所以港城互动关系的演进也必然呈现出阶段性特点。港城联系源于港口的物流功能以及伴随产生的港口产业，进而带动城市如加工制造业、海运代理、金融保险等第二产业和第三产业的发展。但是，随着青岛城市多元化产业发展以及城市经济自循环和积累模式发展，港城矛盾凸显，港口发展逐渐停滞甚至衰败。

第二，宣传不到位。青岛邮轮母港更侧重产品和业务的开发，在宣传方面经验积累不足，宣传方式和手段较少，宣传渠道不畅通，使得青岛邮轮母港知名度较低，并没有打造成为享誉全国、全省甚至全市的品牌，虽然青岛旅游人次数目可观，但是邮轮消费市场目前仍没有打开。

第三，邮轮文化氛围不足。邮轮文化是一种舶来品，在国外，人们更多地把在邮轮上度过的时光作为一种放松休闲的生活方式、旅游方式，通常会在上面交友、游泳或者家族聚餐，但是中国人对邮轮的主流观念仍局限于到旅游目的地的交通工具层次，没有认识到邮轮本身便可以成为旅游目的地。

③开发设想

第一，将港口和城市作为有机体。要将二者进行合理的产业布局，注意总体规划，化矛盾为机遇。明确邮轮母港在城市发展中的定位，逐渐淡化港口的货运功能，推动港口融入城市发展，重点突出腹地的商业商务功能，强化邮轮城与城市的衔接关系，规划建设游艇码头和游艇俱乐部，形成集商务办公、星级酒店、商业餐饮、展览展示、休闲娱乐等功能为一体的高端城市综合体，将老港区打造成青岛老城区“皇冠上的一颗明珠”。

第二，完善企业品牌战略。要把邮轮的品牌营销视为一项系统综合的工程，设立严谨的结构，妥善布局相关战略，努力实现优势互补，达到形成合力的效果。推动邮轮产品创新、明确市场定位、层级价格设定、健全分销网络。同时，还需要加强宣传，运用多种渠道和方法进行宣传，特别是注意互联网时代新媒体技术的应用，以及与青岛啤酒节、电影节等具有知名度的文化符号进行结合宣传，借助它们强大的影响力还可以打造城市旅游综合体，使城市旅游多元化。

第三，与智库机构开展合作。在市北区政府牵头和引导下，青岛邮轮母港相关单位和山东大学城市文化研究院（青岛）密切合作，及时有效地交流最新进展，邮轮母港相关单位提供全面的材料，城市文化研究院进行邮轮文化专题项目研究，具体工作包括文化资源梳理、文化符号和形象提炼以及文化发展规划设计等，将邮轮母港所属的青岛百年老港历史文化片区融入市北区历史文化街区开发的整体战略中，为邮轮母港进一步发展文化产业指明了方向和方法，并提供充足的智力支持。

（二）海云庵民俗文化片区

1.海云庵民俗文化街

青岛海云庵民俗文化片区总占地面积约为32000平方米，范围包括杭州路以西、兴隆路以东和兴元路以南三条道路围合区域。整个街区古朴典雅，与海云庵道观、海云广场等建筑相互呼应，浑然一体，形成风格统一的建筑群落。海云庵道观，始建于明代成化元年（1465）占地十余亩，是青岛市区最早的古代道教庙宇建筑。海云庵道观历史上被尊为“四方大庙”，取名于“海为龙天地，云是鹤家乡”的诗句。道观院内的树龄500年的银杏树由于年岁久远，出

图3-19 海云庵民俗文化街

现了“钟乳倒悬”奇观，而感应而生的酷似人脸的树疙瘩，更是为道观披上了一层神秘色彩。

通过与海云庵的道士交谈，我们了解到海云庵糖球会的起源及其发展现状。根据当地民众每年正月十五日之后开始劳动的习俗，在下地劳动和出海捕鱼之前，民众为祈求丰年、保佑出海平安，都要进庙烧香磕头。又因为正月十六日为每年第一个大潮日，特定此日为海云庵庙会开始之日。中国人素以“红”为大吉大利的象征，出海之前要吃一串象征着吉祥如意的大红糖球，所以，庙会期间尤以糖球交易为最多。1926年海云庵大翻修后，赶庙会的人有时多达上万人，海云庵庙会便成为当时青岛市区最大的传统庙会之一。由于买卖糖球成为海云庵庙会的主要特色，民众逐渐将海云庵庙会称为“海云庵糖球会”。2013年萝卜会、元宵山会和糖球会三会合办，称为“萝卜·元宵·糖球会”。2016年，市北区政府又将“萝卜·元宵·糖球会”两个主办地合二为一，全部移至海云庵广场周边，时间也调整为每年的正月初九至正月十六。

目前，海云庵民俗文化片区虽然拥有深厚的民俗文化底蕴，以及知名度较高的海云庵糖球会，但是依然未能充分发挥民俗文化的辐射带动作用，存在民俗文化街区内部经营业态混乱、其他民俗文化活动的知名度较低等问题。基于此，一方面，政府要加强规范化管理，仔细考

图3-20 海云庵

虑业务经营的形式、状态，使商品经营结构、店铺规模形态等与海云庵的民俗文化、宗教文化相契合；另一方面，打造核心品牌民俗活动，推动民俗活动多样化，创新活动形式与内容，延伸节会的品牌效应，搭建民俗文化的传播平台。例如以糖球文化符号为基础，融入丰富的戏曲表演、民间工艺美术等内容，为民众提供高品质的民俗盛宴，增强市北区人民对于海云庵的文化自觉与文化自信。鉴于糖球会节事效应的短暂性，要结合不同的传统节日或假期特色开发更加多元的民俗活动，使其具备连续性、系列性、规模化特点，打造民俗文化综合体，增强海云庵民俗文化片区的辐射影响力。

2.青岛市民俗馆

①展馆状况

青岛市民俗馆是由政府投资、青岛市展览工作室承建的弘扬民族文化、传承民俗风情的大型公益性活动场馆。青岛市民俗馆位于海云街1号，毗邻享有盛名的海云庵，是多学科、多领域的综合性集成博物馆。青岛市民俗馆占地3000余平方米，展厅面积2400平方米，分为序厅、民俗风情、港口风情和城市风情四大展区，共计29个板块。馆藏各类展品有工业、邮电业、教育、文化、娱乐、金融、医药、旅游等八大门类，从不同方面反映了青岛的城市民俗文化。青岛市民俗馆在2018年7月停止运营，关闭后政府不再租赁场馆，将商品房返还给业主，所有的业主都自己管理，一般业主会选择出租。

图3-21 青岛市民俗馆

②展馆特色

青岛市民俗馆共分序厅、民俗风情、港口风情和城市风情四大展区，在向世人展示浓郁地方民俗文化的同时，演绎着地方民俗特色，勾勒凸显青岛历史文化中的城市特色。青岛民俗馆不但是国内外游客最佳的旅游景点，而且是市民“学民俗、看民俗、体验民俗”的重要场所。

青岛市民俗馆的各类展品以及布景，一方面可以让国内外游客和市民了解青岛历史，回忆儿时的风物，同时为我们增添互动的乐趣。我们可以通过红外射线控制系统在视频上看到拉近后的赶庙会的人物形态，听到原汁原味的地方方言；可以借助多媒体影音系统，听到青岛本土成长起来的吕剧、茂腔、柳腔等地方戏曲。

通过多媒体查询系统，我们可以看到青岛民俗节日、民俗风情的小故事；还可以在普通人家体验推石磨、拉风箱、纺纱织布的乐趣，以及穿着民俗馆精心准备的婚嫁服饰在花轿前拍照留念；可以登上中国第一台蒸汽机车模型的驾驶室，体验自己开火车的感觉；可以在老邮局为亲人朋友寄出自己的祝福，在小酒馆里品尝到为我们特意准备的地方美酒。

③思考与启示

第一，改变运营模式。政府收购主导的方式使得运营成本较高，同时在民俗建设起步的阶段，收益较少，因此民俗馆难以维持运营，今后可以考虑采用政府主导、企业家与小商户进行配合的模式。商户承担主要成本、自负盈亏，政府提供一定的财政支持并招商引资、吸引消费者，打造良好的循环模式。

第二，借鉴成功案例。针对某个区域的开发应该向特定的城市学习，海云庵应该向西安、开封等有传统古建筑成功运营经验的城市学习，学习古建筑如何修缮、保护、开发、经营等经验。

第三，妥善解决产权问题。全面发展民俗文化，肯定要对民俗馆周边地区进行综合规划，但是海云庵附近的门头房的产权都在个人手里，大部分业主想要出售或者租赁，产权问题比较难解决。政府要在这方面与居民洽谈，找到合适的解决方案，在民俗文化的开发过程中协调好各方的利益，减少冲突与矛盾。

四、网状：博物馆群落

市北区内共分布着25座场馆，包括博物馆、文史馆以及纪念馆等，呈现出独特的网状“博物馆群”现象。其中，青岛啤酒博物馆和青岛纺织博物馆是青岛市工业文化的典型代表，承载了市北区百年的工业记忆，其更新改造的理念和做法对工业文化遗产的保护与利用具有较高的参考价值。

（一）青岛啤酒博物馆

青岛啤酒博物馆（登州路56-1号）是青岛啤酒股份有限公司投资2800万元建成的国内唯一的一座啤酒博物馆，其展出面积达6000余平方米。博物馆设立在青岛啤酒百年前的老厂房、老设备之内，以青岛啤酒的百年历程及工艺流程为主线，浓缩了中国啤酒工业及青岛啤酒的发展史。其概念规划由嘉世伯啤酒博物馆负责人尼尔森（Nielsen）设计完成，并由清华大学美术学院环境艺术研究所的设计人员负责室内装饰布展。博物馆共分为“百年历史文化”“生产工艺”“多功能区”三个参观游览区域。

青岛啤酒博物馆作为企业运营类的博物馆空间，有很多值得市北区其他博物馆借鉴学习的地方。在商业运作方面，根据不同游客的需求，采用门票分级策略，分为60元、90元、199元三种不同票价，对应不同层级的文化服务。在人性化体验设计方面，设计“入口不返程”的游览环线，文化体验由浅入

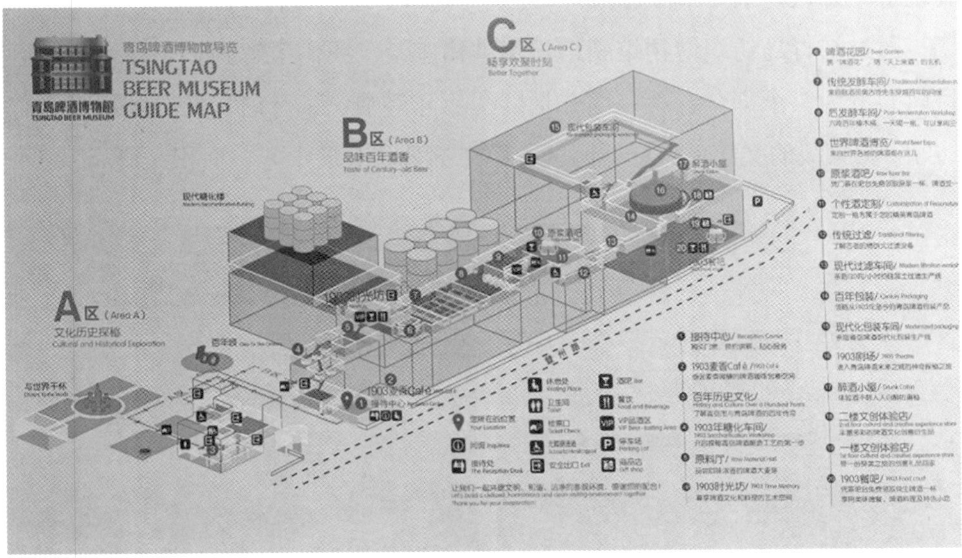

图3-22　青岛啤酒博物馆导览图

深，从最初的工业历史与生产工艺展陈到最后免费品酒、醉酒小屋等深度体验环节。此外，青岛啤酒博物馆作为市北区独具特色的旅游目的地之一，在空间与文化的双维度层面发挥着重要作用。也就是说，它不仅在市北区博物馆群落中发挥着带头引领作用，而且在市北区啤酒产业链中发挥着品牌效应，极大地带动了啤酒街周边的餐饮行业，成为市北区“夜经济”的特色名片。

（二）青岛纺织博物馆

青岛纺织博物馆（四流南路80号）原为1934年日本上海纺绩株式会社在青岛开设的分工厂，名为“上海纺绩支店”，通称为“上海纱厂”，新中国成立后改名为“青岛国棉五厂”。青岛纺织博物馆历史馆以“一个行业，一座城”为主题进行规划设计，以青岛纺织业历史脉络为主线，讲述了青岛纺织业百年发展历程。展区内还利用VR（虚拟现实）技术，重现了“郝建秀小组”的生产场景，再现了“火车头”的工匠精神。如今“青岛纺织博物馆”七个大字便是由郝建秀题写的。整个博物馆布局在包豪斯建筑风格的纺织工厂旧址内，这种风格的厂房以锯齿形的北向天窗设计为典型，既避免了阳光直射入厂房影响工人分辨布料质量等问题，又可以利用屋顶瓦片的反光功能引入光线，展现了“以人为本”“简约美观”“建筑与艺术的统一”的设计理念。

通过与青岛纺织博物馆副馆长贺洪伟座谈，我们了解到整个纺织谷园区目前共分为三个部分，第一部分是以“百年经典，演绎时尚”为主题的“青纺联”国家级的文化创意产业园区。第二部分是会展中心，面积大概为300平

图3-23　青岛纺织博物馆（左图为郝建秀题字，右图为包豪斯锯齿形的北向天窗）

方米，有1200个标准展位。第三部分便是纺织博物馆。纺织谷旨在打造一个融历史文化、艺术时尚、纺织科技、商业休闲为一体的行业标志性工业旅游基地，凸显工业旅游的教育价值与社会价值。所以与青岛啤酒博物馆以打造体验类的专题博物馆不同，青岛纺织博物馆作为纺织谷的三大功能分区之一，是纺织谷业态布局的重要一环，主要承担着纺织工业历史的展陈与普及工作，但是其在博物馆的具体运营方面仍有一定的优化升级空间。

由于两大博物馆在总体定位上有所不同，所以在基础服务、业态布局和文创产品设计三方面存在差异。首先，在基础服务方面，青岛啤酒博物馆的基础服务设施比较完备，无论是中、英、日、韩四国文字的讲解牌还是便民存包处、饮水处等配套服务设施，都极大方便了游客的游览。而青岛纺织博物馆则稍显逊色，在入口处未能设置明显的售票处，致使游客出现未购门票误入等情况。其次，在业态布局方面，青岛啤酒博物馆业态布局较为成熟，设置有餐饮、购物、娱乐等设施；青岛纺织博物馆则侧重于参观，互动体验方面的受众偏重于中小学生。最后，在文创产品设计方面，青岛啤酒博物馆的文创种类较多，并交由专门的设计部门运营，文创收入在旺季甚至可以与门票收入持平；而青岛纺织博物馆在文创产品设计方面尚处于初级阶段，虽已设有专门的售卖机构，但售卖产品内容杂乱没有形成统一的主题定位。

第三节　市北区历史文化街区比较分析

一、优势分析

（一）文化资源丰富，空间形态多元

市北区文化资源丰富，有红色文化、民俗文化、工业文化、海洋文化、商业文化等，其中大部分文化资源具有较高的资源禀赋，如纺织工业文化遗产、酿酒工业文化遗产等。此外，文化资源空间布局呈多元化，以“点、线、面、网”等形态分布于各个角落，呈现为丰富的立体网络。它既有点状的红色

文化节点、线状的历史文化街区空间、片状的历史文化片区空间，又有网状的城市博物馆群落。

（二）保护意识较强，战略布局先进

市北区城市文化遗产保护开发意识较强，不仅相继出台了多项战略性保护政策与更新规划，而且在学术研究层面具有先进的战略布局。比如市北区政府率先与山东大学合作成立山东大学城市文化研究院（青岛），成功举办第一届城市文化青岛论坛，为市北区城市文化发展搭建起体系完善、运转高效的智库交流平台。历史文化街区的保护与更新受到了市北区政府层面的高度重视，为下一步城市更新进程的推进奠定了坚实的政策基础。

二、劣势分析

（一）项目规划较粗，缺乏详细的实操方案

在历史文化街区的总体打造上，市北区虽然提出了“个十百千万”工程等战略性指导文件，但是具体到每一座建筑、每一条街巷如何开发时却缺少针对性的实操方案，以致出现开发利用不充分、标志性要素稀缺、经营业态混乱、互动协调性差、宣传知名度低等问题。比如馆陶路历史文化街区的保护与更新，为了更加针对性地解决其军用产区与开发管理的矛盾，政府亟须出台一个由“政府带头、军方协作、企业运营”的更新规划。

（二）挖掘力度不足，文化特色不够突出

历史文化街区以拥有高品质的文化遗产为核心特质，其空间格局、特色建筑及遗存的文化资源具有历史文化研究价值以及别致的美感，因此才得以吸引大量游客前往游览。市北区历史文化遗产类型多样、特色鲜明，但并未得到充分挖掘与有效开发，在特色旅游目的地打造方面吸引力不足，从而导致市北区游客稀少。目前，市北区仅有青岛啤酒博物馆和台东商业街等地，在旅游目的地吸引力的打造上初具规模，其他街区的特色吸引力亟待提升与优化。

（三）社区活力较弱，空间氛围有待活化

在历史文化街区的保护更新过程中，除建筑实体外，还应重视社区空间氛围的营造，这是活化利用城市文化遗产的关键环节。在保护外在物理空间的时候，往往忽略对内在街区记忆的维系，“一刀切”全部撤离原住民，导致原有社区空间趋于“静态化”。比如，即墨路街道传统民居文化街区的更新再造过程中，应避免将全部原住民迁离，可以通过升级民居基础设施，有意识地留下一部分原住民，以维系街区记忆，活化社区活力。

第四节　市北区历史文化街区价值评估

文化遗产的价值评估最重要的是在于如何将文化资源价值量化进而进行定量研究。本文采用层次分析法、德尔菲法以及模糊综合评价法相结合的方法，建立历史文化街区价值体系并确定指标权重，通过专家调研的方法为历史文化街区打分，从而建构起青岛历史文化街区的价值评估体系。

一、历史文化街区价值评估的前提

我们进行价值评估前要树立文化价值观，以及理解历史文化街区作为文化资源所具有的潜在性、滞后性和回归性。

首先，文化价值观脱胎于街区区域内的地方自然、社会和经济特征，潜移默化地影响着当地居民在街区内的生活和消费习惯，这种文化价值观内化于居民心中和街区肌理中，关系到街区作为资源进行更新和开发的可行性和开发模式。其次，历史文化街区的价值具有潜在性。街区处于未开发或开发不合理的状态下，其本身的诸多价值会隐藏在城市繁华经济之中，具有前瞻性的眼光和合理的价值评估可以帮助其把握住街区更新、保护和开发的时机，这是产业化开发的重要方面。再次，历史文化街区的价值呈现在时间上具有明显的滞后性，此滞后性不仅指文化产业开发过程中价值回收的长周期，也

指在产业开发条件不成熟的状况下，保护是历史文化街区的主导措施，但现阶段的街区价值也应该在价值评估中充分体现。最后，文化资源价值的回归性是历史文化街区进行价值评估的重要考量标准和意义，当下怀旧之风盛行，准确完善的价值评估可以帮助我们找到当代文化风尚与历史文化的结合点，实现历史文化街区的深入开发。

二、历史文化街区评价标准体系

除了历史文化街区的价值评估，尤其是正确处理历史价值之外，更应该关注到它与当地文化的适应性以及资源开发的产业价值，本书采用了王广振老师在《地方文化产业发展策略系统研究》中提出的地方文化资源价值评估体系，该评价体系由资源品相、历史价值、文化价值、审美价值、开发成本5个一级指标以及19个二级指标构成。

（一）资源品相

历史文化街区作为一种文化资源本身需要具有自身的价值品相，资源品相是历史文化街区作为文化资源进行开发的前提。对资源品相的评估主要有四个指标：稀缺性，主要是资源本身是否具有区域独有性和不可复制性；知名度，反映街区在一定范围内公众的了解程度以及在社会上的影响力；保存状况，主要反映街区保存的是否完好、是否可修复；传承能力，主要反映街区文化脉络和人文情怀的代际传承和遗存。

（二）历史价值

“历史文化街区”从名称和概念上已经确立了其历史性和其所必须具有的历史价值，历史价值是历史文化评估最为基础的部分。对历史价值的评估主要有三个指标：久远度，主要反映街区的历史年代以及时代更替；时代特色，反映街区在所处时代所具有的典型性和不可替代性；历史影响力，反映街区与重大历史事件和历史人物之间的关系以及对推动社会发展的重要作用。

（三）文化价值

历史文化街区作为文化遗产成为重要的保护对象，文化是其内核，正是由于在历史中形成的文化积淀才赋予了街区个性化的气质。对街区文化价值的考量主要基于四个指标：文化（地域）特色，反映街区本身相对于其他地域所具有的建筑或文化特色，比如特殊的建筑、社会风俗等；文化内涵，反映历史积淀形成的精神文化和价值，包括宗教、艺术、社会民俗等；信仰内涵，并不是特指宗教信仰，而是反映不同街区中的居民互动所形成的受到普遍认同的价值观和行为方式，并对周边地区居民或游客产生的价值影响；情感内涵，简单来说，即为"乡愁"，反映街区几代居民在生活上的紧密联系所形成的共同的情感追求。

（四）审美价值

街区是历史遗留下来的美学产物，其建筑肌理和空间结构经过时间的修补后具有独特的艺术风格和艺术特色，对现代的我们来说同样具有极高的审美价值。历史文化街区的审美价值的评估主要有两个方面：艺术代表性，反映街区建筑和环境在区域内和历史中所具有的独特艺术典型性；艺术感染力，像绘画作品等一样，街区的局部造型艺术和整体布局形态，甚至色彩搭配，都可以触动现代人的心弦，反映街区对现代审美的契合或冲击。

（五）开发成本

当历史文化街区的保护缺乏公共资金的注入时，其很大程度上依靠自身开发所形成的盈利。而进行价值评估的行为也包含着合理开发的目的，开发成本是决定是否开发的重要考量要素。开发成本的价值评估应主要体现在以下方面：交通条件，包括街区所处区域对外联系和街区在区域内的交通条件两方面；服务能力，主要包括区域内的基础设施完善程度，为居民或者游客提供的配套设施和业态；开发程度，反映街区目前的开发方向和开发可行性；民众认可度，包括本地居民和外地游客对街区的综合评价和文化认同度；环境优化度，反映街区所在区域的自然景观、气候特征和地理环境等自然环境以及城市文化肌理等人文环境；恢复、保护投入，街区开发的前提必须考虑重建或更新街区所需要的成本，从经济学上讲，需要维持投入的可回收性和收益的可控性。

三、评价指标权重确定

首先，利用层次分析法将上述历史街区评价指标体系标定为总目标层（A层）、评价项目层（B层）、评价项目因子层（C层）三个层次；其次，运用德尔菲法，借助多位专家的看法对A、B、C三层根据相对重要性进行要素的定量分析，为不同指标赋予不定的权重系数。为保证权重系数的准确性，以5位专家指标赋值的平均值为准，经过专家多轮赋值，得出指标的近似权重，权重系数计算公式为：

$$I=\frac{\sum_{i=1}^{n}P_n}{n}$$

I：权重系数；

n：专家数量；

P_n：第n个专家的权重赋值。

权重的决定采用自上而下的方式，即根据历史文化街区在保护、更新和开发中的特点，确定顶层指标即价值评估项目层的权重，然后两两对比下一层即价值评估项目因子层指标，进一步细分项目层指标，确定因子层在整体的价值评估中的地位，最终得出表3-1。

表3-1　历史街区价值评价标准体系①

总目标层（A层）	价值评估项目层（B层）		价值评估项目因子层（C层）	
	一级指标	权重系数（I）	二级指标	权重系数（i）
历史文化街区价值评估（A）	资源品相（C）	0.2	稀缺性（C_1）	0.05
			知名度（C_2）	0.05
			保存状态（C_3）	0.05
			传承能力（C_4）	0.05

① 王广振：《地方文化产业发展策略系统研究》，福建人民出版社2013年版，第48页。本文历史文化街区评价标准体系的一级指标和二级指标均引用自王广振的“地方物质文化遗产价值评估体系（专家系统）”。

（续表）

总目标层（A层）	价值评估项目层（B层）		价值评估项目因子层（C层）	
	一级指标	权重系数（I）	二级指标	权重系数（i）
历史文化街区价值评估（A）	历史价值（HV）	0.2	久远度（C_5）	0.06
			时代特色（C_6）	0.07
			历史影响力（C_7）	0.07
	文化价值（CV）	0.2	文化（地域）特色（C_8）	0.05
			文化内涵（C_9）	0.05
			信仰内涵（C_{10}）	0.05
			情感内涵（C_{11}）	0.05
	审美价值（AV）	0.1	艺术代表性（C_{12}）	0.05
			艺术感染力（C_{13}）	0.05
	开发成本（DC）	0.3	交通条件（C_{14}）	0.06
			服务能力（C_{15}）	0.06
			开发程度（C_{16}）	0.03
			民众认可度（C_{17}）	0.06
			环境优化度（C_{18}）	0.03
			恢复、保护投入（C_{19}）	0.06

对于缺乏统计数据的历史文化街区定性指标，本文采用模糊综合评价法，借用王广振的历史文化街区价值评价标准体系，对历史文化街区进行近似定量研究，因此首先确定总目标层历史文化街区价值评估的因子集。

$U=\{u_1, u_2, u_3, u_4, u_5\}=\{C, HV, CV, AV, DC\}$

由5个一级评价因素得出5个由二级评价因素组成的下属因子集。

$u_1=\{C_1, C_2, C_3, C_4\}$

$u_2=\{C_5, C_6, C_7\}$

$u_3=\{C_8, C_9, C_{10}, C_{11}\}$

$u_4=\{C_{12}, C_{13}\}$

$u_5=\{C_{14}, C_{15}, C_{16}, C_{17}, C_{18}, C_{19}\}$

通过价值评估项目层以及价值评估项目因子层的权重系数，分配价值评估的模糊矢量，计算得到的二级指标模糊矢量分别为A_1、A_2、A_3、A_4、A_5，一级指标模糊矢量为A。

A_1 =（0.25，0.25，0.25，0.25）

A_2 =（0.3，0.35，0.35）

A_3 =（0.25，0.25，0.25，0.25）

A_4 =（0.5，0.5）

A_5 =（0.2，0.2，0.1，0.2，0.1，0.2）

A =（0.2，0.2，0.2，0.1，0.3）

在样本选取上，因针对青岛的历史文化街区进行价值评估，为保证价值评估的准确性，本书通过专家调研，采用李克特五点量表，采用5位青岛本地专家与5位外地专家相结合的方式，确定评价对象对评价集合的隶属程度，即因素模糊评价。历史文化街区的价值评估具有专业性，因而样本的选取并没有采取随机抽样的方法，在样本选取上借由本地视角和外地视角相结合的方法，对历史文化街区的价值分布形式实现近似量化，调查结果见表3-2、3-3、3-4、3-5、3-6。依据得到的价值分布表构造模糊评判矩阵R_1、R_2、R_3、R_4、R_5，与模糊矢量相乘即进行归一化得到价值评判向量，采用加权平均求得评估分数。

在价值评估过程中，采用李克特五点量表，因此，可以设置非常差、很差、一般、较好、非常好5个等级，依据表3-2以及评估分数确定隶属等级。

表3-2 评价定量分级标准

评价值	隶属等级	定级
$V_i \geq 4.5$	非常好	E1
$3.5 \leq V_i < 4.5$	较好	E2
$2.5 \leq V_i < 3.5$	一般	E3
$1.5 \leq V_i < 2.5$	很差	E4
$V_i < 1.5$	非常差	E5

四、案例分析

利用上述评价方法组织专家对市北区5处历史文化街区进行价值评价。5

处历史文化街区分别为红色文化经典街区、纺织谷国家级工业旅游示范区、海云庵民俗文化片区、百年老港历史文化街区、馆陶路历史文化街区，这5处分别为近代青岛红色文化、工业文化、民俗文化、海洋文化、商业文化的代表性历史街区。

（一）红色文化经典街区

图3-24　中共青岛党史纪念馆

红色文化经典街区以中共青岛党史纪念馆为中心在市北区呈点状分布。中共青岛党史纪念馆房屋原是四方机厂职员宿舍（海岸路18号），建于1904年，属德式风格建筑，是青岛早期产业工人的聚集地。纪念馆是青岛市唯一一处保留至今的早期党组织机关所在地，是青岛市规模最大、内容最丰富、展示手段最先进的党史纪念馆。2001年，为迎接中国共产党成立80周年，青岛市委、市政府修复支部旧址，同年7月1日前建成启用，成为全市党员教育和党性锻炼的重要阵地。

表3-3　　红色文化经典街区价值评价调查结果

一级指标U	二级指标u	1	2	3	4	5
资源品相（C）	稀缺性（C_1）	0	10	50	30	10
	知名度（C_2）	0	40	10	30	20
	保存状态（C_3）	0	10	10	20	60
	传承能力（C_4）	0	10	10	20	60
历史价值（HV）	久远度（C_5）	0	20	20	50	10

（续表）

一级指标U	二级指标u	1	2	3	4	5
历史价值（HV）	时代特色（C_6）	0	0	20	40	40
	历史影响力（C_7）	0	20	0	30	50
文化价值（CV）	文化（地域）特色（C_8）	0	0	20	30	50
	文化内涵（C_9）	0	0	10	60	30
	信仰内涵（C_{10}）	0	10	10	30	50
	情感内涵（C_{11}）	0	0	20	40	40
审美价值（AV）	艺术代表性（C_{12}）	10	30	10	20	30
	艺术感染力（C_{13}）	0	10	30	30	30
开发成本（DC）	交通条件（C_{14}）	0	20	10	50	20
	服务能力（C_{15}）	0	20	20	40	20
	开发程度（C_{16}）	0	20	20	30	30
	民众认可度（C_{17}）	0	0	40	10	50
	环境优化度（C_{18}）	0	10	30	40	20
	恢复、保护投入（C_{19}）	0	10	30	40	20

根据表3-3，构造5个模糊评判矩阵如下：

$$R_1 = \begin{bmatrix} 0 & 0.1 & 0.5 & 0.3 & 0.1 \\ 0 & 0.4 & 0.5 & 0.3 & 0.2 \\ 0 & 0.1 & 0.1 & 0.2 & 0.6 \\ 0 & 0.1 & 0.1 & 0.2 & 0.6 \end{bmatrix}$$

$$R_2 = \begin{bmatrix} 0 & 0.2 & 0.2 & 0.5 & 0.1 \\ 0 & 0 & 0.2 & 0.4 & 0.4 \\ 0 & 0.2 & 0 & 0.3 & 0.5 \end{bmatrix}$$

$$R_3 = \begin{bmatrix} 0 & 0 & 0.2 & 0.3 & 0.5 \\ 0 & 0 & 0.1 & 0.6 & 0.3 \\ 0 & 0.1 & 0.1 & 0.3 & 0.5 \\ 0 & 0 & 0.2 & 0.4 & 0.4 \end{bmatrix}$$

$$R_4=\begin{bmatrix}0.1 & 0.3 & 0.1 & 0.2 & 0.3\\ 0 & 0.3 & 0.3 & 0.3 & 0.3\end{bmatrix}$$

$$R_5=\begin{bmatrix}0 & 0.2 & 0.1 & 0.5 & 0.2\\ 0 & 0.2 & 0.2 & 0.4 & 0.2\\ 0 & 0.2 & 0.2 & 0.3 & 0.3\\ 0 & 0 & 0.4 & 0.1 & 0.5\\ 0 & 0.1 & 0.3 & 0.4 & 0.2\\ 0 & 0.1 & 0.3 & 0.4 & 0.2\end{bmatrix}$$

将二级指标的评分代入隶属度函数，建立模糊关系矩阵，即$B_i=A_i\times R_i$（i＝1，2，3，4，5），得到各指标的评判向量：

$B_1=$（0，0.175，0.2，0.25，0.375）

$B_2=$（0，0.13，0.13，0.395，0.345）

$B_3=$（0，0.025，0.15，0.4，0.425）

$B_4=$（0.05，0.2，0.2，0.25，0.3）

$B_5=$（0，0.12，0.22，0.31，0.25）

A＝（0.2，0.2，0.2，0.1，0.3）

最终得到归一化的总评判向量：

$B=A\times R=$（0.005，0.122，0.182，0.327，0.334）

计算二级指标和总指标的最终评分：

$V_1=3.825$，$V_2=3.955$，$V_3=4.225$，$V_4=3.55$，$V_5=3.39$

$V=0.005\times1+0.122\times2+0.182\times3+0.327\times4+0.334\times5=3.773$

研究表明，红色文化经典街区隶属等级为E2，且在历史价值（HV）和文化价值（CV）两方面更具有价值。青岛是山东省红色革命运动的中心之一，历史上曾被德国以及日本占领，红色运动孕育而生并对青岛的城市发展发挥重要的推动作用，而且青岛近代的红色遗址基本保存完整并传承下来，并逐渐产生具有地域特色的青岛红色精神。

市北区是青岛红色文化的发源地和工人聚集区，青岛早期党组织负责人邓恩铭、王象午、李慰农和老一辈革命家王尽美、刘少奇等都在此工作和生活过，传播马列主义，领导工人运动，推动青岛革命的发展。青岛的红色文化在历史文脉、社会教化和文化传承等方面都具有十分重要的意义。青岛红色文化经典街区以中共青岛党史纪念馆为中心，在市北区呈点状分布，并没有明确的分区和界限。党史纪念馆建立在原四方机厂职员宿舍旧址上，在物质文化遗产保护和社会功能上有较高的价值。

（二）纺织谷国家级工业旅游示范区

纺织谷依托原青岛国棉五厂（始建于1934年的上海纱厂青岛分厂）旧址，于2014年12月4日正式开园，是青岛打造传统产业新旧动能转换的新载体和创新发展平台。青岛城市纺织业发端于1902年，是城市的“母亲工业”，曾是中国现代纺织工业的主要基地之一，享有“上青天”美誉。纺织谷传承百年纺织产业文化基因，秉承“百年经典，演绎时尚”的品牌理念，按照“搭建平台、汇聚资源、集成创新”的发展思路，立足青岛，延展山东，辐射东北亚，致力于打造纺织主题新型城市综合服务贸易平台，成为青岛地区乃至全国城市纺织产业新旧动能转换的探索者和先头兵。

图3-25　纺织谷国家级工业旅游示范区

表3-4　　纺织谷国家级工业旅游示范区价值评价调查结果

一级指标U	二级指标u	1	2	3	4	5
资源品相（C）	稀缺性（C_1）	0	0	30	20	50
	知名度（C_2）	0	10	50	20	20
	保存状态（C_3）	0	0	40	60	0
	传承能力（C_4）	0	0	40	30	30

（续表）

一级指标U	二级指标u	1	2	3	4	5
历史价值（HV）	久远度（C_5）	0	30	10	40	20
	时代特色（C_6）	0	0	10	30	60
	历史影响力（C_7）	0	0	10	30	60
文化价值（CV）	文化（地域）特色（C_8）	0	0	20	30	50
	文化内涵（C_9）	0	0	30	40	30
	信仰内涵（C_{10}）	0	0	60	30	10
	情感内涵（C_{11}）	0	0	40	30	30
审美价值（AV）	艺术代表性（C_{12}）	0	0	30	40	30
	艺术感染力（C_{13}）	0	0	40	40	20
开发成本（DC）	交通条件（C_{14}）	0	20	20	50	10
	服务能力（C_{15}）	0	10	30	30	30
	开发程度（C_{16}）	10	30	10	20	30
	民众认可度（C_{17}）	0	20	10	40	30
	环境优化度（C_{18}）	0	0	30	50	20
	恢复、保护投入（C_{19}）	0	0	10	40	50

根据表3-4，构造5个模糊评判矩阵如下：

$$R_1 = \begin{bmatrix} 0 & 0 & 0.3 & 0.2 & 0.5 \\ 0 & 0.1 & 0.5 & 0.2 & 0.2 \\ 0 & 0 & 0.4 & 0.6 & 0 \\ 0 & 0 & 0.4 & 0.3 & 0.3 \end{bmatrix}$$

$$R_2 = \begin{bmatrix} 0 & 0.3 & 0.1 & 0.4 & 0.2 \\ 0 & 0 & 0.1 & 0.3 & 0.6 \\ 0 & 0 & 0.1 & 0.3 & 0.6 \end{bmatrix}$$

$$R_3=\begin{bmatrix}0 & 0 & 0.2 & 0.3 & 0.5\\0 & 0 & 0.3 & 0.4 & 0.3\\0 & 0 & 0.6 & 0.3 & 0.1\\0 & 0 & 0.4 & 0.3 & 0.3\end{bmatrix}$$

$$R_4=\begin{bmatrix}0 & 0 & 0.3 & 0.4 & 0.3\\0 & 0 & 0.4 & 0.4 & 0.2\end{bmatrix}$$

$$R_5=\begin{bmatrix}0 & 0.2 & 0.2 & 0.5 & 0.1\\0 & 0.1 & 0.3 & 0.3 & 0.3\\0.1 & 0.3 & 0.1 & 0.2 & 0.3\\0 & 0.2 & 0.1 & 0.4 & 0.3\\0 & 0 & 0.3 & 0.5 & 0.2\\0 & 0 & 0.1 & 0.4 & 0.5\end{bmatrix}$$

将二级指标的评分代入隶属度函数，建立模糊关系矩阵，得到各指标的评判向量：

$B_1=(0,\ 0.025,\ 0.4,\ 0.325,\ 0.25)$

$B_2=(0,\ 0.09,\ 0.1,\ 0.33,\ 0.48)$

$B_3=(0,\ 0,\ 0.375,\ 0.325,\ 0.3)$

$B_4=(0,\ 0,\ 0.35,\ 0.4,\ 0.25)$

$B_5=(0.02,\ 0.14,\ 0.22,\ 0.39,\ 0.23)$

最终得到归一化的总评判向量：

$B=(0.006,\ 0.065,\ 0.276,\ 0.353,\ 0.3)$

计算二级指标和总指标的最终评分：

$V_1=3.8$，$V_2=4.2$，$V_3=3.925$，$V_4=3.9$，$V_5=3.67$

$V=3.876$

依托国棉五厂建立起旅游示范区，纺织谷是青岛近代纺织产业的遗存和代表。根据研究，纺织谷在价值评估中隶属E2等级，并在5个历史文化街区中评分最高，历史价值突出，是青岛近代工业中最具代表性的城市文化遗产。

第一次世界大战期间，青岛为欧洲输送了大量劳工，而纺织工人就是他们的主力军，而且近代青岛的纺织业在全国有“上青天”的美誉，国民政府时期建立起来的8座纺织厂房，其纺织技术在当时是全国甚至全世界最先进的。纺织谷在历史记忆、文脉遗存、社会教化等方面均具有较高的价值。如今的纺织谷在旧厂房的基础上建立起博物馆、文创商店和展销区等，建筑修缮合理，建筑价值高，基础设施完善，构建了区域的城市公共文化空间，对当地的社会环境、文化环境和经济环境都起到支撑和推动作用。

（三）海云庵民俗文化片区

图3-26 海云庵广场

青岛海云庵民俗文化街区位于杭州路、兴隆路和兴元路三条道路合围的区域内，总占地面积约为32000平方米，范围包括杭州路以西、兴隆路以东和兴元路以南三条道路围合区域，是四方区政府为充分挖掘历史文化遗存，发展民俗经济，塑造文化品牌，而重点打造的一条具有浓郁民俗特色和城市商业价值的特色街区。区域内的海云庵道观，始建于明代成化元年，是青岛市区最早的古代道教庙宇建筑。海云庵糖球会起源于海云庵庙会。庙会时，庵内香火鼎盛，庵外摊贩云集，百货杂陈，赶会民众络绎不绝，各地民间艺人也纷纷赶来献艺，赶庙会的人有时多达上万人。海云庵庙会成为当时青岛市最大的传统庙会之一。

表3-5 海云庵民俗文化片区价值评价调查结果

一级指标U	二级指标u	1	2	3	4	5
资源品相（C）	稀缺性（C_1）	0	20	30	30	20
	知名度（C_2）	0	10	10	70	10

（续表）

一级指标U	二级指标u	1	2	3	4	5
资源品相（C）	保存状态（C_3）	0	30	20	40	10
	传承能力（C_4）	20	20	20	30	10
历史价值（HV）	久远度（C_5）	0	0	10	60	30
	时代特色（C_6）	0	20	30	30	20
	历史影响力（C_7）	0	0	20	60	20
文化价值（CV）	文化（地域）特色（C_8）	0	10	10	60	20
	文化内涵（C_9）	0	0	50	40	10
	信仰内涵（C_{10}）	0	10	10	40	40
	情感内涵（C_{11}）	0	10	20	50	20
审美价值（AV）	艺术代表性（C_{12}）	10	10	40	20	20
	艺术感染力（C_{13}）	0	30	20	40	10
开发成本（DC）	交通条件（C_{14}）	0	20	50	30	0
	服务能力（C_{15}）	10	30	20	30	10
	开发程度（C_{16}）	20	20	30	20	10
	民众认可度（C_{17}）	0	10	20	50	20
	环境优化度（C_{18}）	10	20	30	40	0
	恢复、保护投入（C_{19}）	20	10	50	20	0

根据表3-5，构造5个模糊评判矩阵如下：

$$R_1=\begin{bmatrix}0 & 0.2 & 0.3 & 0.3 & 0.2\\ 0 & 0.1 & 0.1 & 0.7 & 0.1\\ 0 & 0.3 & 0.2 & 0.4 & 0.1\\ 0.2 & 0.2 & 0.2 & 0.3 & 0.1\end{bmatrix}$$

$$R_2=\begin{bmatrix}0 & 0 & 0.1 & 0.6 & 0.3\\ 0 & 0.2 & 0.3 & 0.3 & 0.2\\ 0 & 0 & 0.2 & 0.6 & 0.2\end{bmatrix}$$

$$R_3=\begin{bmatrix}0 & 0.1 & 0.1 & 0.6 & 0.2\\0 & 0 & 0.5 & 0.4 & 0.1\\0 & 0.1 & 0.1 & 0.4 & 0.4\\0 & 0.1 & 0.2 & 0.5 & 0.2\end{bmatrix}$$

$$R_4=\begin{bmatrix}0.1 & 0.1 & 0.4 & 0.2 & 0.2\\0 & 0.3 & 0.2 & 0.4 & 0.1\end{bmatrix}$$

$$R_5=\begin{bmatrix}0 & 0.2 & 0.5 & 0.3 & 0.2\\0.1 & 0.3 & 0.2 & 0.3 & 0.1\\0.2 & 0.2 & 0.3 & 0.2 & 0.1\\0 & 0.1 & 0.2 & 0.5 & 0.2\\0.1 & 0.2 & 0.3 & 0.4 & 0\\0.2 & 0.1 & 0.5 & 0.2 & 0\end{bmatrix}$$

将二级指标的评分代入隶属度函数，建立模糊关系矩阵，得到各指标的评判向量：

$B_1=(0.5，0.2，0.2，0.425，0.125)$

$B_2=(0，0.07，0.205，0.495，0.23)$

$B_3=(0，0.075，0.225，0.475，0.225)$

$B_4=(0.05，0.2，0.3，0.3，0.15)$

$B_5=(0.07，0.17，0.29，0.3，0.07)$

最终得到归一化的总评判向量：

$B=(0.126，0.14，0.243，0.399，0.152)$

计算二级指标和总指标的最终评分：

$V_1=3.375$，$V_2=3.885$，$V_3=3.85$，$V_4=3.3$，$V_5=2.83$

$V=3.491$

价值评估体系结果表明，海云庵隶属E3等级，在5个历史文化街区案例中评价最低，区域内的基础服务水平以及开发能力较低，并且建筑物大部分属于仿古建筑。

海云庵始建于明代，距今已有500多年的历史，海云庵糖球会是“全国十大民俗节庆活动”之一，已被列为山东省非物质文化遗产。海云庵历史上多次遭损毁，目前仅保留一片区域，文脉价值、物质与非物质文化价值较高，所以在历史价值（HV）和文化价值（CV）的评分中相对较高。然而，目前海云庵周边环境整治不力，基础设施不完善，主要作为市民的城市公共文化空间使用，并没有完整的业态和完善的规划，未来预期的恢复保护资金投入较大，对区域经济和社会功能难以发挥足够多的作用。

（四）百年老港历史文化街区

青岛因港而兴，位于市区西部的青岛港老港区，百年来一直通过货运支持着青岛的城市发展。但随着青岛主城区的扩张，港口货运主业向西海岸转移，老港区已经不适合继续发展传统的装卸业务。

图3-27　国际邮轮母港（青岛港）

邮轮母港的前身，是1938年建成的青岛港老港区6号码头。在建成后的74年里，6号码头一直是装卸铝锭、钢材等的货运码头。随着中国经济的发展，近年来高端的邮轮旅游开始进入国民的视线。看准了这一趋势的青岛港，在2012年初动工，将6号码头改造为邮轮码头，并配套建设邮轮客运中心。

表3-6　　百年老港历史文化街区价值评价调查结果

一级指标U	二级指标u	1	2	3	4	5
资源品相（C）	稀缺性（C_1）	0	0	30	10	60
	知名度（C_2）	0	10	40	30	20
	保存状态（C_3）	0	10	20	60	10
	传承能力（C_4）	0	30	0	30	40

（续表）

一级指标U	二级指标u	1	2	3	4	5
历史价值（HV）	久远度（C_5）	0	40	30	20	10
	时代特色（C_6）	0	0	20	30	50
	历史影响力（C_7）	0	0	50	30	20
文化价值（CV）	文化（地域）特色（C_8）	0	10	10	60	20
	文化内涵（C_9）	0	20	40	30	10
	信仰内涵（C_{10}）	10	50	10	20	10
	情感内涵（C_{11}）	0	10	30	40	20
审美价值（AV）	艺术代表性（C_{12}）	0	30	30	30	10
	艺术感染力（C_{13}）	0	30	30	30	10
开发成本（DC）	交通条件（C_{14}）	0	20	10	40	30
	服务能力（C_{15}）	0	30	10	40	20
	开发程度（C_{16}）	0	20	10	50	20
	民众认可度（C_{17}）	0	0	30	40	30
	环境优化度（C_{18}）	0	10	20	50	20
	恢复、保护投入（C_{19}）	0	20	30	40	10

根据表3-6，构造5个模糊评判矩阵如下：

$$R_1=\begin{bmatrix}0 & 0 & 0.3 & 0.1 & 0.6\\0 & 0.1 & 0.4 & 0.3 & 0.2\\0 & 0.1 & 0.2 & 0.6 & 0.1\\0.2 & 0.3 & 0 & 0.3 & 0.4\end{bmatrix}$$

$$R_2=\begin{bmatrix}0 & 0.4 & 0.3 & 0.2 & 0.1\\0 & 0 & 0.2 & 0.3 & 0.5\\0 & 0 & 0.5 & 0.3 & 0.2\end{bmatrix}$$

$$R_3=\begin{bmatrix}0 & 0.1 & 0.1 & 0.6 & 0.2\\0 & 0.2 & 0.4 & 0.3 & 0.1\\0.1 & 0.5 & 0.1 & 0.2 & 0.1\\0 & 0.1 & 0.3 & 0.4 & 0.2\end{bmatrix}$$

$$R_4=\begin{bmatrix}0 & 0.3 & 0.3 & 0.3 & 0\\0 & 0.3 & 0.3 & 0.3 & 0\end{bmatrix}$$

$$R_5=\begin{bmatrix}0 & 0.2 & 0.1 & 0.4 & 0.3\\0 & 0.3 & 0.1 & 0.4 & 0.2\\0 & 0.2 & 0.1 & 0.5 & 0.2\\0 & 0 & 0.3 & 0.4 & 0.3\\0 & 0.1 & 0.2 & 0.5 & 0.2\\0 & 0.2 & 0.3 & 0.4 & 0.1\end{bmatrix}$$

将二级指标的评分代入隶属度函数，建立模糊关系矩阵，得到各指标的评判向量：

$B_1=(0, 0.125, 0.225, 0.325, 0.325)$

$B_2=(0, 0.12, 0.335, 0.27, 0.275)$

$B_3=(0.025, 0.225, 0.225, 0.375, 0.15)$

$B_4=(0, 0.3, 0.3, 0.3, 0.1)$

$B_5=(0, 0.15, 0.16, 0.38, 0.21)$

最终得到归一化的总评判向量：

$B=(0.005, 0.169, 0.235, 0.338, 0.223)$

计算二级指标和总指标的最终评分：

$V_1=3.85$，$V_2=3.7$，$V_3=3.4$，$V_4=3.2$，$V_5=3.35$

$V=3.515$

青岛旧称胶澳，目前胶海关旧址已经改造为海关博物馆，青岛因港而生，因港而兴，市北区就是近代青岛港口的所在地，百年老港历史文化街区在价值评估中评级为E2，以青岛海洋文化为突出特征的百年老港在城市社会记忆、历史文化传承中占据举足轻重的地位。

在“海洋强国”战略之下，青岛的港口经济一直发挥着举足轻重的作用，区域内建成了邮轮母港，基础设施不断完善，得到政府以及社会各方面的支持，经济价值、环境价值较高，但区域内还没有形成统一的规划布局，胶海关旧址并没有被完整保存下来，相对于其他历史文化街区也没有表现出突出的审美价值和代表性的建筑风格，其精神价值、文脉价值稍显不足。

（五）馆陶路历史文化街区

馆陶路历史文化街区核心保护范围西至莱州路、堂邑路，北至莱州路，东至陵县路、招远路、旅顺路，南到市场一路、市场二路、吴淞路，总面积约为173100平方米。馆陶路街区集中建设于20世纪20年代前后（青岛第一次日占时期），是青岛近代港口贸易发展最早的区域，最初作为城市向北延伸的商业中心、日本侨民生活区，后逐步形成以日本银行公司为主的外国金融贸易聚集区。该街区沿主要街巷分布有大量历史公共建筑，街坊内部以里院和别墅居住建筑为主。街区内日占时期建设的大量公共建筑最具特色，建于钢筋混凝土技术传入亚洲的初期，是早期山东地区混凝土和平屋顶建筑的代表。

图3-28　馆陶路历史文化街区（德国风情街）

表3-7　　馆陶路历史文化街区价值评价调查结果

一级指标U	二级指标u	1	2	3	4	5
资源品相（C）	稀缺性（C_1）	0	10	0	40	50
	知名度（C_2）	0	20	10	30	40

（续表）

一级指标U	二级指标u	1	2	3	4	5
资源品相（C）	保存状态（C_3）	10	10	10	30	40
	传承能力（C_4）	10	10	0	50	30
历史价值（HV）	久远度（C_5）	0	10	30	20	40
	时代特色（C_6）	0	0	10	40	50
	历史影响力（C_7）	0	10	0	30	60
文化价值（CV）	文化（地域）特色（C_8）	0	0	10	30	60
	文化内涵（C_9）	0	10	20	30	40
	信仰内涵（C_{10}）	0	30	30	30	10
	情感内涵（C_{11}）	0	30	20	30	20
审美价值（AV）	艺术代表性（C_{12}）	0	0	20	30	50
	艺术感染力（C_{13}）	0	10	10	50	30
开发成本（DC）	交通条件（C_{14}）	10	10	0	40	40
	服务能力（C_{15}）	10	20	20	30	20
	开发程度（C_{16}）	10	10	40	40	0
	民众认可度（C_{17}）	10	10	30	20	30
	环境优化度（C_{18}）	10	10	20	30	30
	恢复、保护投入（C_{19}）	0	0	30	40	30

根据表3-7，构造5个模糊评判矩阵如下：

$$R_1=\begin{bmatrix}0 & 0.1 & 0 & 0.4 & 0.5\\ 0 & 0.2 & 0.1 & 0.3 & 0.4\\ 0.1 & 0.1 & 0.1 & 0.3 & 0.4\\ 0.1 & 0.1 & 0 & 0.5 & 0.3\end{bmatrix}$$

$$R_2=\begin{bmatrix}0 & 0.1 & 0.2 & 0.5 & 0.1\\ 0 & 0 & 0.2 & 0.4 & 0.4\\ 0 & 0.1 & 0 & 0.3 & 0.5\end{bmatrix}$$

$$R_3=\begin{bmatrix}0 & 0 & 0.1 & 0.3 & 0.6\\0 & 0.1 & 0.2 & 0.3 & 0.4\\0 & 0.3 & 0.3 & 0.3 & 0.1\\0 & 0.3 & 0.2 & 0.3 & 0.2\end{bmatrix}$$

$$R_4=\begin{bmatrix}0 & 0 & 0.2 & 0.3 & 0.5\\0 & 0.1 & 0.1 & 0.5 & 0.3\end{bmatrix}$$

$$R_5=\begin{bmatrix}0 & 0.1 & 0 & 0.4 & 0.4\\0.1 & 0.2 & 0.2 & 0.3 & 0.2\\0.1 & 0.1 & 0.4 & 0.4 & 0\\0.1 & 0.1 & 0.3 & 0.2 & 0.3\\0.1 & 0.1 & 0.2 & 0.3 & 0.3\\0.1 & 0 & 0.3 & 0.4 & 0.3\end{bmatrix}$$

将二级指标的评分代入隶属度函数，建立模糊关系矩阵，得到各指标的评判向量：

$B_1=(0.05, 0.125, 0.05, 0.375, 0.4)$

$B_2=(0, 0.065, 0.125, 0.305, 0.505)$

$B_3=(0, 0.175, 0.2, 0.3, 0.325)$

$B_4=(0, 0.05, 0.15, 0.4, 0.4)$

$B_5=(0.08, 0.1, 0.19, 0.29, 0.24)$

最终得到归一化的总评判向量：

$B=(0.034, 0.108, 0.147, 0.323, 0.358)$

计算二级指标和总指标的最终评分：

$V_1=3.95$，$V_2=4.25$，$V_3=3.775$，$V_4=4.15$，$V_5=3.21$

$V=3.773$

馆陶路历史文化街区被称为“老青岛的华尔街”“青岛的外滩”，近代是青岛的金融中心，这里还诞生了中国第一个汽车站且仍在运营当中，因此，馆陶路在资源品相（C）、历史价值（HV）以及审美价值（AV）等方面具有较高的价值，价值评估中评级为E2。

历经德国和日本的修建与整治，馆陶路街区现在仍保留大量的德式风格建筑，大部分建筑仍在使用和运营之中，具有较高的建筑价值和社会价值。目前，馆陶路街区并没有进行完善的规划和重构，但内部建筑大部分保护措施完善，存在一些餐饮、住宿、娱乐的基本业态，是区域内重要的城市公共文化空间，对当地发挥着重要的社会功能。

通过价值评价表能较为直观地看出5处历史街区在指标评价项目层和因子层的得分优劣，反映出不同街区的价值特色的差异性。得分从高到低依次为纺织谷国家级工业旅游示范区、馆陶路历史文化街区、红色文化经典街区、百年老港历史文化街区、海云庵民俗文化片区，基本符合实际情况。

纺织谷国家级工业旅游示范区初步的业态布局已经形成，对周边经济、社会和文化方面的带动较多；馆陶路历史文化街区历史文化底蕴深厚且建筑保存完好，建筑价值和美学价值最为突出；红色文化经典街区在青岛红色文化宣传教育中发挥重要的作用；百年老港历史文化街区凸显其现代性，开启了邮轮母港的新纪元；海云庵民俗文化片区非物质文化底蕴深厚，但规划和开发不足，需要进一步的规划。此评价体系对历史文化街区的评价较为全面，为市北区历史文化街区的保护与更新战略研究提供了可靠的依据。

第四章

提升策略

第一节　明确保护目标

一、文化：保护、延续街区历史文脉

人所生活的环境可以反映一定的人文性和地方性，如北京的胡同和江南的小桥流水，都以自己独特的方式表现和传递着文化内涵。历史文化街区的一个鲜明的特征便是它在本土文化中生根发芽，所传承的文脉具有独特的地域性。对历史文化街区的保护与更新，要体会、把握城市文化遗产的精髓，考虑街区原有的文化生活模式，注重街区历史文脉的保护和延续。

在青岛这座城市里，德占时期的历史印迹在这座城市里随处可见，如馆陶路上保留下来的德式建筑就是外来文化对青岛影响的体现。馆陶路曾被称为“老青岛的华尔街”，其背后显示出独特的商业文化语境和空间意义。馆陶路现在仍有银行在运营，所以对馆陶路历史文化街区的保护与更新，一方面是对青岛商业发展历史的留存，同时是对馆陶路商业文化语境的维系。

二、空间：再现、整合街区空间秩序

在保护与延续街区历史文脉的基础上，我们也应注意再现与整合城市空间肌理。历史文化街区的传统空间秩序，是世代累积形成的宜居环境，本就有其内在的规律性。街区的保护与更新，需要遵循其内在的规律性：一方面，根据历史情况，再现街区本身的空间秩序；另一方面，根据现实情况，对空间秩

序进行合理整合。

馆陶路历史文化街区正面临着停车不便的现实困境，所以在保护与更新街区历史风貌、再现街区肌理的同时，也应根据现实需要对原有的空间肌理进行优化整合，即可以充分利用馆陶路与陵县路交叉处的汽车站空间，优化整合出一处集旅游咨询、中转停车为一体的街区旅游集散地，以配套服务街区周边的旅游活动与社区活动。

第二节　确定更新原则

一、整体性原则

保护单个街区的传统建筑只是城市文化遗产保护和更新中的一个环节，而保护和研究街区空间结构与街区周边环境的关系才是街区更新的重中之重。青岛啤酒厂成立于1903年，是青岛市重要的城市文化遗产。为保护工业遗产的整体性，青岛啤酒厂并没有进行大拆大建，基本保留了老青岛啤酒厂的原貌和空间结构，无论是生产机器还是生产场景都是如此。而且，围绕着青岛啤酒博物馆，政府打造了青岛啤酒街，实现了内部空间结构保护和外部文化氛围营造相结合的整体性建设。这种将内部空间结构与外部环境相结合的整体打造方式，不仅实现了历史街区与城市外部的联系，还保证了城市街区大片区风貌的整体统一性和风格连续性。

图4-1　青岛啤酒街

二、原真性原则

在街区的保护与更新中，保护历史文化街区的原真性是遗产保护开发最为重要的前提。街区的原真性不仅包括承载着城市文化的物质实体，还包括街区中真实而自然存在的社会生活方式。始建于明朝的海云庵道观，在经历了几百年的发展变迁后，虽然只保留了主体建筑，周围建筑被付之一炬，街区的周边环境也发生改变，但是其建筑风格、空间格局仍然与过去相同。此外，海云庵在民俗文化方面仍保留着海云庵糖球会这一民俗盛会，成为目前市民感受传统生活状态、理解海云庵文化、研究城市发展变迁的重要文化载体。“原真性”是从文化遗产中提取和解码城市文化的前提和基础，如糖球会便是由青岛地区渔民出海打鱼前吃糖球祈福的传统民俗演变而来，如今糖球会已经被引入海云庵民俗文化片区，渗透进海云庵场所空间的物质载体、文化形态和社会发展结构中。

三、参与性原则

街区的保护与更新必须有社会组织和当地群众的参与与反馈，他们的声音是街区人文精神最重要的体现，街区的现代化更新应建立在更为广泛的社会基础之上。我们在调研海云庵民俗文化街时，曾与当地的小商户深入座谈，了解到他们对海云庵片区未来的打造有自己独到的见解与诉求，他们也很急切地需要一个可以与政府沟通的渠道。这些公众真诚的意见为街区的保护与更新提供了大力支持，为政府的下一步工作提供了极具价值的参考方向。这就需要政府在项目开展的初期，有计划地收集周边群众的反馈意见，并保证更新项目实施全程的透明性，接受社会群众的监督。

四、动态性原则

维系街区历史文脉、空间格局和社会生活的原真性，并不意味着一成不变地保留原样或原貌复制。为了跟进与适应社会的发展，街区的保护与更新工作应采取动态保护机制，谋求保护和更新之间的联系与平衡，从而实现街区的

图4-2 青岛道路交通博物馆

图4-3 青岛金融博物馆

可持续性发展。比如，馆陶路目前仍保留着大量的近代历史建筑，在进行街区更新时并没有原貌复制。一方面，政府主导修缮“取引所”旧址、齐燕会馆等旧建筑，还原馆陶路的历史风貌；另一方面，市北区政府与交运集团合作建设青岛道路交通博物馆和青岛金融博物馆。基于此，历史文化街区的保护和更新应与城市整体的“新陈代谢”相适应，针对不同的街区建筑和空间，评估出历史文化街区的社会承载力，分阶段分类实施城市更新，提升历史文化街区的可持续性发展能力。

第三节 制定具体策略

一、政府带头，多方参与，创新改造模式

在历史文化街区的保护与更新中，应采用“政府带头、企业协作、专家支持、居民参与”的模式，集思广益，共同协作，互动创新。首先，政府要明确自身定位，发挥带头引领作用，将历史文化街区的工作纳入领导责任制。其次，重视企业机制在项目运营开发中的积极作用，充分发挥企业的运营智慧与盈利策略。再次，打造互动交流平台，搭建社会实践基地，积极吸引高校智库

团队参与其中。最后，在项目方案的前期筹备阶段，应积极寻求社区居民的反馈与建议，真正做到为人民服务。

二、空间整合，特色规划，打造战略品牌

一方面，在项目规划的空间形态上采取整合化战略，即“点、线、面、网”相结合的总体打造策略，统一规划，全面覆盖，良性联动。具体而言，“点状”，即中共青岛党史纪念馆等红色文化节点；“线性”，即馆陶路等历史文化街区；“片状”，即海云庵等历史文化片区；“网状”，即博物馆群落。另一方面，在项目规划的方案打造上采取差异化战略，针对不同类型的历史文化街区制定专属的规划升级方案，有序规划，彰显特色。根据市北区的街区文化特色，针对细分市场，个性化打造深度的“专题旅游”，比如打造以“青岛百年工业”为主题的工业文化旅游线路，形成市北区独具特色的工业文化旅游品牌。

三、开拓思维，创新理念，打造“网红”街区

一方面，应积极学习历史文化街区保护和更新的经典理论，比如“修旧如旧”“有机更新”“生态共生”等街区更新理论。另一方面，在借鉴经典更新理论的基础上，也应注意紧跟前沿更新理念。针对受众的“猎奇”消费心理，打造“网红”旅游目的地，比如充分利用即墨路街道的传统民居空间，打造一个以民国时代为背景的密室逃脱主题街区。此外，也应注意充分利用新媒体的宣传渠道与推广逻辑，比如馆陶路“取引所”旧址改造项目就可以借助抖音短视频平台，直播记录整个项目的更新全过程，带领受众全方位地跟进一座老建筑的“焕然新生”。

四、案例研究，多方借鉴，吸取经验教训

首先，认真回顾研究大师们的经典改造案例，比如吴良镛先生北京“菊儿胡同”的有机更新项目、阮仪三先生福州“三坊七巷”项目等。其次，积极对标其他地区的知名改造案例，如西安市的传统文化街区、深圳市的城市特色街区、厦门市的经典美食街区等。最后，也应积极关注建筑师群体在历史文化

街区保护和更新方面前沿的更新逻辑与再造理念，积极跟进他们最新锐的创作想法，不断激发我们的更新再造灵感。

五、文化与经济并重，注重增强社区活力

市北区在历史文化街区的保护和更新中，应注重对彰显文化底蕴、人文色彩、社会风貌的建筑景观的保护。值得注意的是，这种保护并非杜绝商业化，而是要研究怎样更多地保留人文因素，从而达到项目地居住功能与商业功能之间的和谐与平衡。市北区作为青岛市传统的居民区，拥有丰富的文化资源，具有浓厚的人文色彩，这就要求市北区在进行商业开发时要注意保护人文气息，以此平衡经济效益与社会效益，打造文化与经济共同发展的活力市北。

第五章

解决方案

第一节　市北区城市文化旅游集群发展模式（总方案）

市北区城市文化空间存在资源分布分散、发展差异悬殊、时空关系交错、配套服务欠缺、功能定位仍处于战略转型期等问题。根据《国家新型城镇化规划（2014—2020年）》、山东新旧动能转换综合试验区发展战略、青岛加快建设“开放、现代、活力、时尚的国际大都市”这一发展目标以及市北区“百年青岛·记忆市北”城市区域品牌定位，我们针对市北区的城市文化空间再造议题，提出以全景浸入式文化体验网络作为体验模式，做好“市北区城市文化旅游集群发展规划”的建议，以增强市北区的文化吸引力和经济竞争力。

一、市北区文化资源：存量丰富但布局分散

市北区文化资源呈现出“存量丰富与布局分散”并存的特点。一方面，在市北区范围内，分布着大量近代民族工业遗产、红色革命旧址、历史文化街区、博物馆群落，孕育着历史悠久的民俗文化。另一方面，对标同为青岛老城区的市南区，市北区的文化资源存在着地理、年代、类型、管理和影响力分散的现实局限性，这就使得市北区城市空间尚未形成统一、交融、协调的整体结构，空间肌理错杂破碎，城区景观断裂感较为明显。

在青岛加快建设“开放、现代、活力、时尚的国际大都市”和市北区着力

打造“青春之城、活力之城”的政策背景下，如何增强本区的文化吸引力等综合竞争力，在青岛各区的发展中脱颖而出，以崭新的面貌助力青岛国际时尚城、国家沿海重要中心城市和“一带一路”双节点城市建设任务的完成，成为市北区创新发展的关键问题。

二、市北区文化旅游集群发展政策依据

习近平主席指出，“历史文化是城市的灵魂，要像爱惜自己的生命一样保护好城市历史文化遗产”。2014年出台的《国家新型城镇化规划（2014—2020年）》中强调，要“发掘城市文化资源，强化文化传承创新，把城市建设成为历史底蕴厚重、时代特色鲜明的人文魅力空间”。2018年，国家文化部和国家旅游局合并为文化和旅游部，标志着文旅融合成为今后文化产业发展的关键趋势。上述理念与决策为市北区城市文化旅游集群发展、城市文化空间再造、发展文化旅游产业提供了坚实的政策支持。

从山东省和青岛市的实际情况来看，山东作为新旧动能转换示范区，亟须打造经济发展新动能，助力产业升级。而文化产业作为产业升级转型的新动能之一，与山东省的发展方向充分契合。通过城市空间更新和文化资源的保护开发，可以有效带动居民就业、培育新兴业态、改造传统产业，进而为山东省新旧动能转换实践添砖加瓦。

青岛作为山东的核心增长极，十分重视文化事业的发展，近年来出台了多项关涉城市空间再造的政策规划。《青岛历史文化名城保护规划（2011—2020）》《青岛市城市风貌保护条例》《青岛市人民政府关于加强文化遗产保护的意见》等政策的颁布，为青岛市的城市空间再造和文化遗产保护擘画出发展的蓝图。市北区委、区政府提出的打造“一港四区六大载体”这一区域规划和《加快打造百年青岛（市北）历史文化街区休闲旅游目的地的意见》中提出的举全区之力实施“个十百千万”工程，打造“记忆市北”文化品牌的战略部署，则为市北区从文化维度开展城市空间再造指明了建设方向。

综上所述，推进市北区城市文化旅游集群发展有充分的政策依据和良好的发展前景。

三、市北区文化旅游集群发展规划建议

(一) 规划理论：全景浸入式文化体验网络

以全景浸入式文化体验网络为理论指导，全力推进市北区城市文化旅游集群发展规划。城市空间的再造，其内涵是城市空间形态为适应特定的历史时期和时空环境而做出的应时性转变。由于城市空间的文化属性是激活城市创造力的关键触媒，也是塑造城市独特身份的必要元素，因此文化再造是城市空间再造过程中至关重要的环节。所谓“文化再造”，就是以城市历史文化遗产保护开发政策和文化事业发展战略定位为指导，对城市空间的系统重塑。

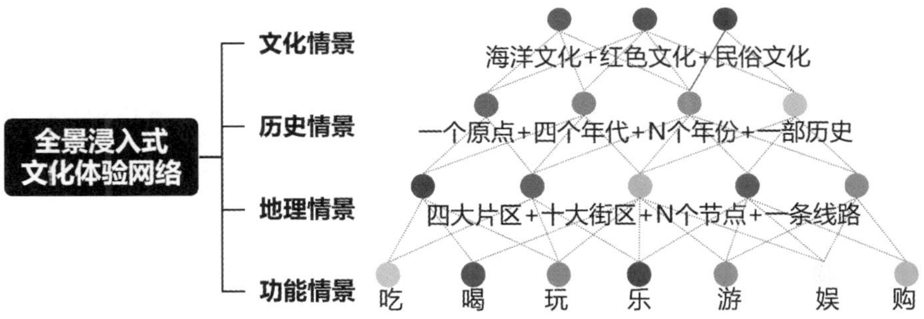

图5-1　市北区全景浸入式文化体验网络

全景浸入式文化体验网络作为推动市北区城市空间文化再造的整体化战略构想，植根于当前“全域旅游”的产业发展趋向。这一战略构想从构造文化情景、历史情景、地理情景、功能情景四个方面出发，对市北区城市空间的文化再造做出规划。其中，文化情景的主题是海洋文化、红色文化与民俗文化三个部分；历史情景的构建要以青岛建城为历史原点，以殖民时代、革命时代、建设时代和改革创新的当代四个年代为时代范畴，构成一部市北区创立发展的完整历史叙事；地理情景以红色主题、民俗主题、工业主题和历史主题为脉络，串联起“个十百千万”工程中的十大街区，突出其中的文化空间作为地标节点，形成一条市北区文化主题旅游的经典线路；功能情景则要依托上述文化空间节点，完善服务配套设施的建设，在满足访客精神需求之余，为访客提供包含“吃、喝、玩、乐、游、娱、购”等消费功能在内的高水平物质服务。四

大情景彼此交融，相互结合，将市北区打造成为精神内核统一、空间叙事完整、街廓肌理清晰的城市空间连续体。

（二）规划举措：四大原则＋七大路径

1.四大原则

第一，审时度势，明确市北区以文化资源为基础，打造“记忆市北”文化品牌的战略定位。

第二，理顺不同时代、类型、位置、文化资源存量之间的时空关系，以整体打造的思路开展市北区城市空间的文化再造工作。

第三，化弊为利，将不同时空属性的文化资源存量有机组合，为访客营造时空穿越感。

第四，突破街道之间管理的制度壁垒，以全域视角谋划城市空间营造，按文化再造的最优规划需求完善服务配套，力图达到区域内文化空间风格的内在协调统一。

2.七大路径

“全景浸入式文化体验网络”这一战略构想要在市北区真正落地并发挥作用，应以关键城市空间文化节点的功能提升为实践路径。具体而言，就是要以“百年青岛·记忆市北”这一统一的文化品牌符号统摄各个空间节点，并针对

图5-2　市北区文化旅游集群发展七大路径

工业空间、商业空间、生活空间、海洋文化空间、红色文化空间、民俗文化空间、博物馆群落这七大市北区城市文化空间节点群，制定符合其各自发展规律的功能提升策略，达到以节点功能升级带动区域整体空间更新的预期效果。

①工业空间的再造

在市北区工业遗产当中，较为突出的文化空间节点是纺织谷与青岛纺织博物馆。对于这部分工业遗产，应以增强交互性为原则营造浸入式游览体验。在改造的具体策略上，应着力构建博物馆的交互元素，让纺织设备“活起来”，强化访客的体验性，增强展陈趣味性，由单向面对访客宣讲的博物馆向互动式的科技馆、体验馆转变。这一转变也能够产生良好的社会效益，带动一部分纺织业从业者实现再就业，从而实现文化空间的社会公益价值。同时，市北区拥有一位纺织工业系统的先进工作者——郝建秀。作为全国闻名的先进工作者典型，郝建秀的个人事迹、敬业精神及其创造的工作方法是市北区工业文化空间再造的宝贵文化资源，当前尚需对此进一步展开深入挖掘，提炼出郝建秀身上所彰显的新中国纺织工人的精神，并采取摄制纪录片、编入校本教材、举办专题展览等方式予以宣传，充分提升市北区工业文化的社会影响力。

图5-3 团队参观青岛纺织博物馆

②商业空间的再造

市北区的近代商业空间节点，主要是馆陶路近代建筑群。馆陶路作为殖民时代青岛的金融中心，分布有多所外国银行、青岛“取引所”以及馆陶路汽车站，在民国时期就已发展为高度成熟的商业空间。当前青岛市的商业格局早已发生改变，馆陶路曾经的商业设施也都被列为历史保护建筑。对于这些曾经的商业空间节点的文化再造，需要以明确发展定位为先手，根据发展定位选择有

图5-4　馆陶路街景

实力、具备社会责任感的企业统一管理运营，充分协调街区文化内涵。在经营管理上一方面要完善相关现代市政设施，形成合理的功能配套，另一方面应通过事件营销，结合具有地方特色的产业布局，增加人气热点的集聚。最后，馆陶路作为金融街，本身的建设起点相对较高，又历经时间积淀，已成为具有独特异域风情的历史文化街区。对此，可以适时考虑引入影视制作企业，在这一区域开展影视产品的摄制，借助影视平台实现空间价值的强化推广。

③生活空间的再造

市北区传统生活空间的典型代表是东阿路近代民居群落。这一区域内集中连片分布着整体结构较为完整的青岛特色民居——里院。当前东阿路尚未经历整体性商业开发，保留着原汁原味的青岛老市民的里院生活形态。但是，这一街区也存在着建筑年久失修、整体规划混乱、街区形象杂乱等问题。当前，

图5-5　东阿路近代民居

政府正在着手开展针对东阿路片区的棚户区改造项目，对这一生活空间的商业开发也提上日程。对此，我们认为首先要多渠道融资、高起点定位、立体化开发，既要引入高品质的商业业态提升街区综合价值，又要因地制宜建设新型博物馆集群，以阐释这一生活空间的历史内涵，实现其社会价值。同时，在东阿路节点的开发过程中，还应秉持以人为本的观念，遵守相关法律法规，充分协调住户意愿，在住户自愿、满意的前提下完成街区改造升级。

④海洋文化的发扬

市北区海洋文化最为突出的代表人物是当代航海探险家郭川。郭川作为一名青岛本地的职业竞技帆船赛手，是第一位完成沃尔沃环球帆船赛的亚洲人、第一位单人帆船跨越英吉利海峡的中国人，也曾于2012年驾驶“青岛号”帆船，历时138天，完成了单人不间断帆船环球航行之旅，这在中国人的历史上尚属首次，也创造了国际帆联认可的40英尺（约12米）级帆船单人不间断环球航行世界纪录。他的航海探险故事，体现了人类与国家、历史与时代、城市与个人的完美契合，他作为青岛独特的城市文化符号，融家国情怀、时代精神与个人魅力于一身。因此，对郭川精神的传播与传承，就成为在海洋文化层面推动市北区城市空间文化再造的关键节点。我们认为，宣传郭川精神与市北区海洋文化的最佳方式，就是将郭川的航海事迹搬上银幕，以大电影的制作方式讲述最好的当代中国故事。

图5-6　国际邮轮母港

市北区海洋文化内涵丰富，不仅有郭川这样的杰出代表人物，还坐拥规模宏伟的邮轮母港。邮轮母港作为青岛海洋之路的起点和百年海洋文化的见证，是市北区海洋文化空间的核心节点。对邮轮母港文化内涵的挖掘呈现，最佳选择就是与郭川精神有机结合。对于将上述两个海洋文化元素结合的具体形式，我们提出建设郭川精神雕塑群和中国远洋博物馆的方案设想。首先，在青岛具有特殊意义的地理位置打造点面互动、遥相呼应的雕塑群，如自北向南，在不同地域节点分别打造寓意“船只——成长——帆船——远航——航洋”主题的雕塑，以“眺望深蓝”这一主题作为雕塑群的整体意象。在此基础上，可以考虑将雕塑的底座部分设计成远洋博物馆，既能够形成地标性建筑物，又能够实现空间集约利用，还体现了郭川精神与远洋探险精神的紧密结合。

⑤红色文化的挖掘

市北区从革命时期到社会主义建设时期，一直是中国共产党在青岛开展工作的中心区域。因此，这一区域红色文化积淀深厚，构成了市北区开展文化建设的独特优势。青岛最早的党组织、第一个农村党支部、第一个地下联络站均成立于市北，位于市北区的中共青岛党史纪念馆、浮山新区红色记忆党史馆中保存了大量革命与建设工作过程中的珍贵藏品。在新中国成立之初，郝建秀在国棉六厂总结研究出改进整个纺织业技术的“细纱工作法”并在全国推广，使得全国纺织系统产量大幅提高，郝建秀成为社会主义建设时期纺织工业战线

图5-7　中共青岛党史纪念馆

的典型劳动模范。市北区应珍视上述宝贵的红色文化资源节点带来的独特竞争优势，一方面要提供更多平台，强化基础研究与挖掘保护，尽可能还原市北区红色历史的完整图景；另一方面要活化红色文化，让更多的红色故事走出档案、走出书斋，以大众喜闻乐见的方式，化为人民群众耳熟能详的精神食粮。要增强红色文化宣传过程中的互动性和体验感，走进校园，走向媒体，结合微电影、动画、VR等技术手段，拉近当代群众与红色经典的距离，让群众在身临其境的体验中切身感悟红色文化的独特魅力和教育价值。

⑥民俗文化的挖掘

图5-8　海云庵民俗文化街

市北区民俗文化空间的重要节点，是作为“中国十大民俗节会”之一的海云庵糖球会和位于海云庵附近的青岛民俗馆。未来关于这两处文化空间的再造升级，应围绕“强化、活化、融合、动画”四个方向展开。首先，要结合山东省文化资源大数据工程，强化民俗文化基础研究与挖掘保护，将本地民俗归类建档，形成系统化的民俗文化数据库，作为文化资源开发的重要决策支撑。其次，要开展民俗文化场馆升级，增强布展的互动性，营造活泼生动的参观体验，让民俗文化“活”起来，让访客可以真正沉浸在老青岛的日常生活习俗中，让独特的青岛本地文化为访客带来全方位的感官体验。第三，要注重青岛本地民俗文化元素的融合，让民俗元素走出博物馆，设立竞赛平台，推出内容广泛、形式多样的青岛民俗文化文创产品矩阵，将民俗文化元素标签赋能于本地各类空间的更新项目，达成本地城市空间精神特质上的充分关联，使访客形成关于该区域城市空间风貌的完整认知，提升域内城市空间的文化内涵与辨识度。最后，要结合齐鲁文化动漫工程这一平台，积极运用多媒体形式，推动民俗文化的动画形态推广。化用本地民俗或民间传说，通过设计具有鲜明青岛地方特色的动漫人物，可以在很大程度上拓展青岛民俗文化的影响力，是推广青岛城市文化、打造城市品牌的重要策略。

⑦博物馆群落的打造

市北区作为青岛市中心城区之一，承载着青岛城市发展的诸多历史脉络，因而形成了规模较大且风格主题各异的博物馆群落，这些博物馆构成了市北区城市空间文化再造的关键节点。当前，市北区的博物馆群落存在着运营方式单一、主题内容过于集中、体验方式平面化、宣传推广未形成合力等发展问题，急需以新的博物馆经营思维加以重塑，从而使博物馆群落焕发应有的活力。针对上述问题，我们认为，在提升思路上要把握“运营模式多样化、主题内容多样化、体验方式多样化、宣传推广集群化”四大策略，对市北区现有博物馆群落实行综合改造。其中，“运营模式多样化”是指将博物馆由教育场所转变为内涵更为广泛的休闲公共空间，加入市集、特展、工艺课程等文化事件，辅以咖啡馆、茶室、餐厅等公共空间的营造，将博物馆打造成能充分激发访客兴趣、提升访客生活质量的多功能综合服务平台。“主题内容多样化”是指要尝试深挖展陈内容，如对啤酒文化、道路文化的挖掘，不仅限于啤酒与道路，而是要拓展到与啤酒相关的农事经营技艺、与道路相关的汽车主题叙事，增强策展内容的广度与深度。“体验方式多样化”是指运用现代多媒体与VR技术，在符合安全和文物保护规范的条件下适当开放展陈设备，告别以往扁平化的单向信息传播方式，确保访客与展陈内容的深度互动。“宣传推广集群化”是指要在微博、微信等主流社交媒体客户端上打造统一的市北区博物馆群落公众平台

图5-9 青岛海关博物馆

矩阵，将市北区博物馆群落向社会“打包推广”，告别以往博物馆宣传“单打独斗”的局面，以整体合力扩大市北区博物馆群落的社会影响力。

综上所述，通过对市北区七大城市空间文化节点群落分别制定提升策略，可以切实发挥市北区文化资源的社会经济效能，助力“记忆市北”文化品牌的打造，将市北区的城市空间再造为文化内涵深厚、精神风貌统一、富于现代气息的活力之城、青春之城，也可为青岛市推进建设国际时尚城的攻坚任务提供来自市北的强劲动力。

第二节　海云庵民俗文化片区全域旅游升级方案

在青岛市社会经济发展日新月异的背景下，海云庵民俗文化街区等老牌历史文化街区的旅游服务功能已显滞后，这尤其表现在街廓文化形象、商业层次、业态布局等方面，其直接表现则是街区休闲体验感下降、旅游吸引力不足、经济水平低迷等问题。根据党的十九大报告对社会主要矛盾变化的阐述、国家对城市功能和产业结构调整升级的相关政策要求以及青岛市和市北区的发展方略，我们建议本区域开展全面、统一、科学的旅游提升规划，以增强市北区的文化吸引力和经济竞争力，为青岛的国际时尚城建设贡献市北力量。

一、海云庵民俗文化片区现状分析

海云庵民俗文化街区位于杭州路、兴隆路和兴元路三条道路合围的区域内，总占地面积约为32000平方米，区域内以居住和工业用地为主，间杂部分商业、办公用地。目前，海云庵片区的发展存在下列突出问题。

（一）旅游功能层次较低

该片区位于原四方区老城区，受周边居民消费水平限制，该片区的发展

图5-10　青岛民俗馆现状

目标定位长期难以提高。作为域内核心旅游文化空间节点，青岛民俗馆已关闭一年。在海云庵与民俗馆周边，业态布局多未体现当地民俗文化特色，旅游业服务范围狭窄，停留在供应日常生活的功能层次，基础设施陈旧，游客承载力较差，街区整体状态偏离其本身的文旅定位，以致目前海云庵民俗文化片区商业热力值低迷，缺乏新鲜元素。

（二）业态分布较为混乱

海云庵地处青岛市区中部，周边地区人口基数较大。海云庵道观北侧的兴中路等部分商业街区缺乏统一管理，商业门市业态类型分散，诸如网吧、餐饮业、服装业等多种业态交错其间，未能形成产业集群效应和整体空间叙事。

图5-11　海云庵民俗文化街现状

造成这一问题的关键原因在于，该街区在业态引入的过程中没有预先统一开展产业布局规划，致使建筑板块产权分散，经营业态难以整合，而统一布局的特色摊点只在节庆期间入驻，造成了平时街区空间的闲置。

（三）文化形象趋于单薄

海云庵历史文化街区是青岛城市发展的基点之一，包含众多本地文化元素。但我们在调研过程中发现，海云庵片区丰富的民俗文化资源并未得到有效整合，受访群众对海云庵的印象仅限于道观与糖球会。同时，糖球会作为域内典型文化经济节庆热点，举办频率为一年一次，在周末等日常休闲时段，域内社区文化活动存在形式内容单调、品牌效应较弱的问题，亟须填充富有吸引力的特色文化活动，打造高频度、高流量的区域人气热点，以支撑起海云庵历史文化街区的立体文化形象。

二、海云庵民俗文化片区发展趋势

党的十九大报告指出，中国特色社会主义进入新时代，我国社会的主要矛盾已经转化为人民日益增长的美好生活需要和不平衡不充分的发展之间的矛盾。对城市发展而言，旧城区的落后面貌是这一矛盾的集中体现，老城复兴大有可为。文化旅游产业是老城复兴的重要动力，民俗文化街区的改造升级与文旅融合的发展趋势充分契合，有望对老城复兴形成强大的牵引效能。

就市北区层面而言，在文旅产业日益成为区域综合发展新引擎的新时代，海云庵片区被列入市北区打造“百年青岛·记忆市北”文化品牌的“个十百千万”工程，成为市北区着力建设的十大历史文化街区之一。如今，在青岛国际大都市建设目标实现的过程中，市北区也肩负着建设国际航运贸易金融创新核心区的重要使命。在此背景下，推进海云庵民俗文化片区改造升级项目，紧扣青岛与市北的发展脉搏，可以充分集聚时尚元素、培育商贸热点、激发老城活力，为青岛市打造国际时尚城以及市北区打造活力之区、青春之区的建设任务助力添彩。

就区域联动发展来看，《中车四方厂区保护更新规划及控规单元调整方案》于8月20日通过了汇报，将由中国中车与青岛市集聚双方优势，合力打造地标式工业遗产保护区，这将是与其毗邻的海云庵民俗文化片区改造和更新的重要契机。

三、海云庵民俗文化片区措施建议

鉴于海云庵民俗文化片区现存问题及目前的政策趋势，特建议本区域开展全面、统一、科学的旅游提升规划。

整体思路：海云庵民俗文化片区的旅游提升规划主要以全域旅游为目标，以胶东民俗文化为主题，打造“一核两带三区”的文旅融合发展格局，主要以胶东民俗文化为核心目标，共同发展文创产业带、民宿经济带、城市会客主题区、夜经济示范区、青春活力示范区。

（一）打造全域旅游，盘活老城资源

全域旅游的发展核心当以地方特色文化为核心，整合区域资源，发展整体经济，盘活区域活力。海云庵民俗文化片区是集胶东民俗文化、海洋文化、工业文化为一体的文化综合体，包含丰富的文化资源，是发展全域旅游的优质背景。我们建议以全域旅游为发展核心，打破以往海云庵民俗文化片区单一的景点建设，增加旅游项目、旅游设施以及综合服务，将单一的观光旅游发展为服务、购物、体验的综合体，打造开放式的“吃、住、行、游、购、娱”，以全域旅游的发展来促进旅游业要素的集聚，打造完整产业链。

同时，全域旅游的共享性能够有效激发老城活力，吸引更多年轻人参与进来。例如，本提案中的民宿经济带、文创产业带，一方面可以将时尚前沿的文化理念引入；另一方面，可以打破单方资本单方回流的局限性，将旅游业发展的红利惠及多个社会主体，在短期内吸引多方力量加入。这是在盘活旅游资源的同时激发老城的活力。

（二）政府统一主导，引入众筹模式

此建议主要针对海云庵北邻商业街区的改造升级项目，以建设民宿经济带、文创产业带为主要方向，统一规划管理街区业态分布，提升该街区的经营格局与服务层次，最终实现全域旅游的共建共享。目前，该区域的突出难题在于，产权归属复杂，限制商业街区的统一发展。首先，政府统一收购的成本较

高，财政负担较重。其次，该区域产权情况复杂，直接交由第三方统一接盘管理难度较大。因此，在政府主导下引入众筹模式开展商业街区改造升级就成为合理的政策选择。在此过程中，政府负责引导街区开发主题、把控业态经营水准，引入的第三方企业负责街区各经营单元的统一规划管理，而商户与群众则担当经营具体商业单元和入场投资消费的角色。这一模式的关键环节在于政府合理定位并引入第三方运营企业参与统一管理规划，目标在于以清晰的发展定位为指导，将本街区商业单元的经营结构、店铺位置、规模、形态与海云庵片区的特色传统民俗文化元素有机契合，精选重点项目，营造热点事件，完善基础设施，提升服务层次，聚集投资消费，在节约政府财力的前提下实现海云庵商业街区的改造升级。

重点难点：合理解决商业项目更新与周围生活区的矛盾。

（三）加强空间升级，寻求活力发展

此处建议主要针对青岛民俗馆及海云广场，以建设城市会客主题区、夜经济示范区、青春活力示范区为主要目标，将单级空间功能终端升级为贯通城市不同空间板块的“居中性”多元共享空间，为特色文化的交流与发展提供多种可能性。青岛民俗馆占地3000余平方米，虽然目前处于空闲状态，但是具备相当的人气基础。我们可借鉴法国巴黎圣母院和俄罗斯冬宫的案例，尝试在民俗馆内精心筹划以青岛各区域城市形象为主题的灯光秀活动；可借鉴成都太古里的经验，使海云广场与青岛其他商业高地联合，布局开放性的会展演出等多种营销活动，发展会展经济，将自身打造为都市人气新热点；可尝试以“鲁班圣诞会”民俗元素为纽带，贯通工业文化与民俗文化，与近期开展的四方机厂老厂区改造项目联动，在海云庵片区筹划四方机厂“工匠精神”主题展览，丰富海云庵片区作为多元共享“城市会客厅”的空间文化内涵。

重点难点：与青岛其他城市空间板块密切接驳，充分协调，引进时尚、新锐、富有吸引力的文化经济项目，将海云庵片区提升为青岛不可或缺的“城市会客厅”。

（四）深化胶东符号，开发当代“网红”

发展全域旅游的同时应重视旅游文化的建设，针对海云庵片区文化形象单薄的发展困境，可发掘、传播、传承胶东民俗文化，策划大型特色文化活动。海云庵在其五百余年的发展过程中已与青岛的海洋文化、工业文化充分交融。就海洋文化而论，开海祈福本是海云庵最为重要的社会功能。就工业文化而论，旧时四方机厂工人曾在海云庵开展以祭祀工圣鲁班为主题的“圣诞会”活动。对标东北查干湖冰雪渔猎文化旅游节，以当代社会价值规范为准绳，对上述地方特色民俗文化活动加以改造，在糖球会品牌凝聚起来的人气基础之上，布局多元化的特色民俗节庆活动，既可激发当地空间活力，带动区域经济发展，又是丰富海云庵片区文化形象的重要路径。

将胶东文化IP（知识产权）符号转化为当代“网红”。目前，海云庵糖球会已然形成了较大的规模和影响力，但受限于一年一次的频率，其影响力主要集中在正月，日常效益并不显著。如果能根据糖球这一海云庵片区民俗文化的经典符号，开发出内涵一致、形态各异的“海云庵糖球”IP矩阵，利用丰富的自媒体渠道包装成民俗文化故事广泛传播，可望达到突破糖球会时空范围限制、扭转该片区单调形象、深化海云庵片区文化内涵的宣传效果。在糖球之外，还应挖掘海云庵片区丰富的传统民俗宗教文化资源，提炼海云庵片区其他的经典文化IP。“海是龙天地，云为鹤故乡”这一楹联作为海云庵的命名根源，蕴含着丰富的文化意象。从此类细节着手，利用先进的多媒体资源延展创意，制作成形态丰富的文创产品，可以充分“活”化利用海云庵的历史文化资源，为片区内文旅产业的发展有效赋能。

重点难点：准确定位挖掘当地特色历史文化资源，以合适的传播渠道打造成“网红”IP符号矩阵。

第三节　即墨路传统民居空间保护与更新方案

城市传统民居对于当代城市发展来说，是一种具有特殊文化意义与空间功能的存在。城市传统民居文化空间有别于乡村地域的传统民居文化空间，有别于其他具有宏大叙事逻辑的城市空间，它作为城市地域文化的空间载体，是城市特色最鲜明的部分，是城市文化最接地气的部分，也是城市居民留存集体记忆、体现身份认同的地方。然而遗憾的是，这种特殊的意义往往被社会的各个层面所忽略，基于此，通过对城市传统民居空间进行保护与更新，不仅给予我们实现城市文化复兴和重现社区魅力的一个重要契机，也是我们活化城市文化空间、赋予其现代空间功能的良好时机。

一、城市传统民居保护与更新研究背景

根据知网指数的搜索结果，目前关于“传统民居”的学术研究，在学科分布上来讲，建筑科学与工程学的研究份额占据了82.17%的大比例，人文社会科学等领域的研究份额占比则比较少。目前，国内学术界在人文社会科学研究层面关于此话题的研究，大部分依托于文化地理学、文化人类学或者文化生态学等学术领域；一部分也会选择以空间句法、空间生产、场所精神或者集体记忆等理论为视角。在具体的研究内容与问题导向方面，主要涉及传统民居的文化解读、空间形态、历史演变、保护策略、更新模式等。除此之外，传统民居也经常被置于历史文化街区、传统村落等城乡文化遗产的研究范畴内，也有不少学者提出了有机更新、适应性更新等更新再造理念。

值得注意的是，本节关于城市传统民居文化空间更新与再造的探讨与分析，主要基于人文社会科学研究的学术大背景，更加倾向于文化批判的研究维度，有别于以建筑科学与工程学为主的理工科研究思维。在此认知基础上，本文主要从文化创意产业的学术视角以及“文化”与“空间”双维度的研究视

角，以城市传统民居文化空间为研究对象，以市北区即墨路街道传统民居为实践案例，进行保护与更新策略的探讨与分析。

二、城市传统民居文化空间的概念界定

“民居”一词，最早出自《周礼》：“相视民居，使之得所。”而作为建筑学名词则第一次出现在《宋史》：“民居皆茅茨，大止两椽……”自古以来，“民居”就是指平民百姓所居住的房屋，是相对于“官舍”而言的房屋概念。在全世界范围内，“传统民居”则是指那些民间而非官方的、由传统建造技艺保留下来的、主要功能以居住为主的“没有建筑师的建筑”。传统民居经过长期的发展演变与自我调节，具有强烈的地域性特征。[①]“城市传统民居”即是在“传统民居”概念的基础上限定了其所属的地域属性，指代的是城市文化空间意义中的传统民居，而非传统村落范畴中的民居形态。

本文所指的“城市传统民居文化空间”，即是在“城市传统民居”概念的基础上赋予了其“文化空间”的内涵，指代的是城市文化空间类别中的传统居住空间，这一类别的城市文化空间也是《雅典宪章》中所提到的“居住、工作、游憩、交通”四大功能之一“居住”功能的典型空间载体。在此意义层面，“城市传统民居文化空间”不再是简单意义上城市文化遗产的指代，它在“文化”与“空间”双重维度上与宏观意义上的“城市空间”存在着多元化、持续性的动态联系与互动。

三、城市传统民居文化空间保护与更新的必要性

通过梳理分析城市传统民居文化空间的研究现状和基本概念，本文基于文化与空间相互依存理论，将从“文化意义”和“空间功能”两个层面，以及传统民居所面临的“时代危机”视角，探讨城市传统民居文化空间亟待保护与更新的必要性。

---

① 董正：《山东枣庄地区乡村传统民居探析》，山东大学2016年硕士学位论文，第7页。

（一）城市传统民居文化空间的文化意义

在《漫长的革命》（*The Long Revolution*，1961）中，雷蒙德·威廉斯（Raymond Williams）对“文化”进行了清晰的表述：“文化是对一种特殊的生活方式的描述，它表现了不仅包含在艺术和学识中而且也包含在各种制度和日常行为中的某些意义和价值。”①在某种意义上讲，“文化”可以看作人们生活方式的体现与集合。法国社会学家亨利·列斐伏尔（Henri Lefebvre）也曾指出“日常生活与城市是不可分割地联系在一起的”。城市传统民居便是在城市与日常生活的互动联系过程中形成的文化空间，它作为城市文化空间的重要组成部分，代表的是一个城市在长期的历史演进过程中日常生活方式的形式化凝练。ICOMOS（国际古迹遗址理事会）于1999年颁布的《关于文化旅游的国际宪章》中，也曾指出“每一个社区或场所的特别的遗产和集体记忆是不可取代的，是现在和将来发展的一个重要的基础”。

相较于规模宏大、意蕴厚重的城市文化空间，传统民居拥有其独特的文化意义，应获得同等的社会关注与学界重视程度。正如学者冯骥才在其著作中指出的：大片的民居“是城市整个生活文化的载体，也是城市真正的独行性之所在。就好比北京的都市文化特征不是在故宫，而是在胡同和四合院里”②。也就是说，城市地域文化记忆的传承极少来自官方的宏大叙事，更多的是民间生活凭着感性经验所得来的文化感知，而具有地域特色的民间生活可以看作城市风格形成的源头。③所以说，城市传统民居文化空间作为城市地域文化的空间载体，是城市特色最鲜明、城市文化最接地气的部分，是城市居民留存集体记忆、体现身份认同的地方。

（二）城市传统民居文化空间的空间功能

正如意大利著名建筑师阿尔多·罗西（Aldo Rossi）在其名著《城市建筑

① ［英］雷蒙德·威廉斯：《漫长的革命》，倪伟译，上海人民出版社2013年版，第50—51页。

② 冯骥才：《手下留情：现代都市文化的忧患》，学林出版社2000年版，第48页。

③ 徐国源主编《空间性、媒介化与城市造像：文化诗学与城市审美》，上海人民出版社2015年版，第16页。

学》中指出的："作为人类建设的建筑场所，它们具有一种场所和记忆的普遍价值。……如果没有这种场所，一个环境的灵魂将是模糊不清和捉摸不定的。"法国社会学家莫里斯·哈布瓦赫（Maurice Halbwachs）在《论集体记忆》中也曾论述，"在任何意义上我们可以说记忆依赖于社会环境"，他还进一步指出："耶路撒冷并不是孤悬在天堂和大地之间的圣城，而是一座用石头建造而成、由他们所熟悉的房屋和街道构成的城市。正是由于这些东西的稳定性，城市的记忆才得以维系。"[①]

著名城市学家刘易斯·芒福德（Lewis Mumford）也曾提出"城市是文化的容器"的著名论断。所以说，"城市空间"对于"城市文化"而言，是后者孕育、生长之地，二者不可分割，也就是说，城市文化空间具有承载孕育城市文化的场所意义和空间功能。城市传统的民居文化同样有赖于一定的场所空间而存在，这种民居文化空间与其他类型的文化空间，一同构成了宏观意义上的城市文化空间。基于此，城市传统民居文化空间作为城市地域文化的空间载体，其所彰显的场所精神、身份认同对于居民、社区、城市的发展具有重要意义。

（三）城市传统民居文化空间的时代危机

目前，我国正经历着前所未有的快速城市化进程，这种超常规发展所建构起来的城镇体系和空间格局，在城市肌理、空间序列、文化特色等诸多方面正面临着高度趋同性的危机。正如1944年梁思成在《中国营造学社汇刊》上发表的《为什么研究中国建筑》一文中指出的："雄峙已数百年的古建筑（historical landmark），充沛艺术特殊趣味的街市（local color），为一民族文化之显著表现者，亦常在'改善'的旗帜之下完全牺牲。"这是目前诸多城市在文化遗产保护与更新过程中所面临的可悲现实。

然而面临这样的时代危机，在社会关注度层面，中国建筑遗产的保护还是局限在对重要纪念性建筑、文物古迹的保护上，日常生活遗产、社区建筑遗产难以得到重视。相较于规模宏大的城市文化空间，布局分散、规模较小的传

① 张松：《城市笔记》，东方出版中心2018年版，第4、189页。

统民居空间往往处于城市开发的最底层，是最容易被拆除、被破坏的对象。城市传统民居的生存空间逐渐被压榨，总是挣扎在被强制性拆除的边缘，传统民居的文化意蕴也正在逐渐消散，社区的集体记忆和居民的文化认同也面临被强制性遗忘的困境。比如，北京梁思成和林徽因故居被“维修性”拆除的事件，便警示着城市传统民居所面临的时代危机。

综上所述，城市传统民居文化空间在文化意义、空间功能、时代危机三个层面均呈现出亟待保护与更新的必要性。那么，在当今的全球化时代，如何在快速的城市化进程中，处理好、协调好传统民居保护更新与城市现代化发展之间的矛盾，从而真正地实现互利共赢、协调发展，值得我们深入思考。

四、市北区即墨路街道传统民居保护与发展现状

每个城市的传统民居都有独具代表性的民居建筑形制：北京有四合院与胡同儿，上海有里弄与石库门，青岛则以里院式民居建筑为近代传统民居的典型代表。里院建筑是在青岛近代殖民的历史背景下，青岛中下层居民在有限的城市空间中，探索出的一种融合了中式传统四合院和西式联排公寓两大建筑风格的民居建筑样式。里院大多平行街道而建，由围合内向的院落空间组织组成，建筑层数大约为两到四层。里院对外封闭，一般只在沿街设一处或几处通道对外联系，因此里院内部院落对住户具有很好的安全性，增加了邻里交往的机会。

相对于市南区而言，市北区的传统民居形制大多为里院式聚居建筑，独栋别墅式民居建筑较少。这种现象的形成主要基于以下两个层面的原因：一是

图5-12　即墨路街道传统民居现状

市南区朝阳的半岛区位吸引了大多数上层富人阶层的聚居，而市北区背阳的半岛区位则聚居了多数的中下层工人阶层；二是在城市化进程的前期阶段，市北区相对闭塞的交通区位条件，以及区政府保护政策的出台先于房地产开发等原因，这一类里院式民居建筑才得以相对留存。相较于独栋式别墅建筑形制，这一类里院式传统民居建筑形制，具有其自身独特的文化意义与空间功能，代表着近代青岛中下层工人极具地方特色的聚居文化。

位于市北区即墨路街道的里院传统民居，便是市北区里院聚居式建筑中的典型代表。传统民居大部分为20世纪二三十年代建造的日式建筑，其早期建设用途即是日本人为其工厂职工所建设的工人宿舍，楼层层数大致为两层至四层。近年来，市北区政府高度重视传统民居的保护与更新工作，在2016年至2019年已初步完成该区域内原住民的部分迁离工作，为后期的文化传承、产业更新以及商业布局等工作做好前期准备。但是，即墨路街道的传统民居依然存在着整体框架完好，局部破坏严重；建筑风格各异，风貌不够统一；空间布局分散，融资开发困难等问题。

五、市北区即墨路街道传统民居更新与再造策略

正如美国城市设计学者凯文·林奇（Kevin Lynch）所指出的：“为了现在及未来的需要而对历史古迹的变化进行管理并有效地加以利用，胜过对神圣过去的一种僵化的尊重。”[①]我们非常有必要对部分城市文化遗产做出适应性的更新，但应协调好保护与发展之间的关系，维护好城市文化风貌与空间肌理的根本底线。基于此，本书从基本理念和开发模式两个方面论述了市北区即墨路街道传统民居的更新与再造策略。

（一）基本理念

1.“文化意蕴留存与传承”与“空间功能转化与更新”相结合

历史学家西蒙·沙玛（Simon Schama）在其著作《风景与记忆》中指出：

---

① 张松：《城市笔记》，东方出版中心2018年版，第84—85页。

“虽然我们总习惯于将自然和人类感知划归两个不同的领域，但事实上它们不可分割。”[①]在一定地域内形成发展的“空间”与“文化”同样也是不可分割的，二者是相辅相成、相互依存的。本节对于传统民居的保护与更新，便是指基于“文化意蕴的留存与传承”以及“空间功能的转化与更新”这两大“文化”与“空间”的双重指向意义。

之所以从“文化”与“空间”这两大维度进行思考与分析，主要基于文化地理学家迈克·克朗（Mike Crang）所指出的空间与文化的相互依存理论，即一方面文化需要特定的空间来承载与展演，另一方面文化也赋予空间某种意义——通常是空间建（重）构者、利用者及被趋离者之间的权利权衡。[②]基于此，在城市传统民居文化空间的保护与更新过程中，必须将“文化”与“空间”统一起来进行探讨与分析。

2.“体验性消费”与“场景式营销”相结合

当下时代，对于消费者而言，人们喜欢的不再是产品本身，而是产品所处的场景，以及场景中自己浸润的情感。在更多情况下，人们消费的是商家所营造的场景，而非产品功能本身。对于运营商而言，已不再拘泥于自我本位诉求，而是激发用户主动传播分享。[③]在此意义上的消费过程，即是指人们进入预设的消费场景，在内心形成认知上的共鸣，自愿完成消费并主动进行口碑宣传的过程。在这个过程中，大部分人又会选择二次消费，从而形成一个良性循环的过程。

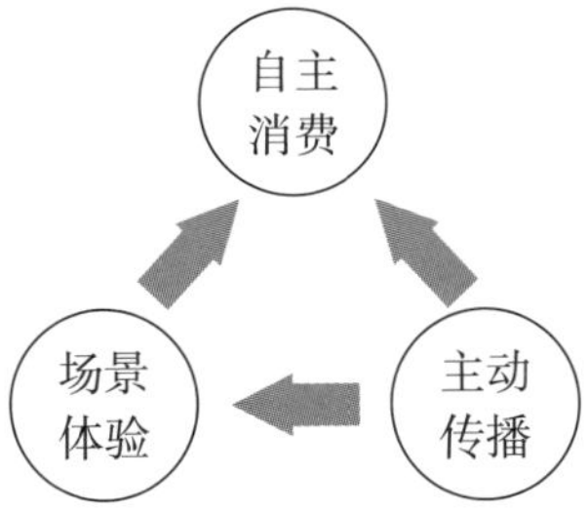

图5-13　场景体验消费模式

基于此，传统民居开发与运营的终极目的，已不再是简单意义上的建筑空间功能的更新再利用，而应是以打造场景消费空间为最终目的。传统民居更新与再造的整体定位，也不再是传统意义上的商业功能空间，而应是一种为当

① 张松：《城市笔记》，东方出版中心2018年版，第4页。

② 〔英〕迈克·克朗（Mike Crang）：《文化地理学》，王志弘、余佳玲、方淑惠译，巨流图书有限公司2003年版，第3页。

③ 吴声：《场景革命：重构人与商业的连接》，机械工业出版社2015年版，第10、55页。

地居民、为外地游客提供地域文化认知与交流、人生情感碰撞与共鸣的社交文化空间。

（二）更新模式

由于市北区即墨路街道传统民居在空间布局方面较为分散，在建筑体量与规模方面相对较小，不宜采取大规模的街区式开发模式与理念。所以关于传统民居的更新再造模式，本文以其所涉及的业态种类为依据，大致分为以下两种更新模式：一是多功能、多业态融合的综合开发模式；二是以单一功能或业态为主的主题更新模式。值得注意的是，所有的更新模式都应在对传统民居的建筑外观及内部结构进行保护性修缮的基础上，再进行内部空间的功能布局以及文化氛围的维护与营造，形成既保护民居传统风貌，又改善居住环境的传统民居保护路径。

1.综合开发模式

从市北区即墨路街道作为传统居民区的基本诉求出发，基于“文化事业”与“文化产业”两种维度，设计了包括“社区公共空间开发模式”和“商业综合空间开发模式”在内的两大综合开发模式。

①社区公共空间开发模式

社区公共空间开发模式，主要从丰富与充实基层文化事业的角度出发，以当地居民为主要目标群体，布局社区幼儿园、社区活动室、社区图书室、社区大舞台等社区公共文化空间。

在具体的开发过程中，首先，选取即墨路街区内部建筑体量较小的民居空间，充分利用里院式建筑所特有的内庭公共空间，以满足社区多元化的功能需求。其次，根据民居空间特性以及周边社区的功能需求，布局相应功能的文化事业服务项目。最后，在打造社区公共空间的过程中应以服务周边社区居民为目的，从而在空间功能上实现延续集体记忆、维系社区文化的最终目标。

②商业综合空间开发模式

商业综合空间开发模式，主要从文化运营与商业开发的角度出发，兼顾当地居民和外地游客两大客群市场，布局主题式民宿、个性化餐饮、休闲酒吧、艺术作坊、临时节庆场所等业态，旨在打造业态多元、功能融合的小型商业综合体。此模式与新加坡的“邻里中心”社区商业模式颇为相似，是一种以满足与促进居民综合消费为目标的属地型商业。

总体而言，商业综合空间开发模式是指在优化升级原有居住功能的基础上，延伸出诸如民宿、餐饮、娱乐、社交、艺术等多样化的产业功能，从而形成社区文化空间综合体的开发模式。首先，选取即墨路街区内部建筑体量较大的民居空间，通过分析社区周边业态布局的市场情况，下一步进行产业功能的优化布局；其次，根据民居空间的特性进行具体的业态布局。最后，该综合体的打造应兼顾外地游客与本地居民的双重需求，一方面，为本地居民提供综合性的消费空间；另一方面，为外地游客提供个性化的旅游空间。

2. 主题更新模式

从市北区缺乏特色旅游目的地的基本现状出发，根据即墨路街道传统民居的文化特色与空间现状，设计了包括主题民宿项目——“里院里的旧时光”、主题博物馆项目——“青岛里院记忆博物馆”、主题沉浸式体验项目——“里院十二时辰”在内的三大主题更新模式。

①主题民宿项目：“里院里的旧时光”

通过打造主题民宿，可以将里院“原有居住功能与文化意义的传承”和“当下民宿体验情怀的发展”相结合，在其原有“居住”功能延伸优化的基础上，打造一个情感交流、思维碰撞的社交文化空间。首先，注意选取即墨路街道交通区位较为便利的传统民居空间来打造主题民宿。其次，民宿的经营应尽量由曾在此居住过的原住民负责，他们可以以亲历者的身份与住客分享曾经的里院生活经历。再次，整体的运营管理应标准化系统化，整体场景风格的打造应尽可能地还原本真。最后，主题民宿的打造不再停留在简单的住宿功能本身，它为顾客提供的应是一个体验青岛传统民居生活方式的场所。比如，Airbnb（爱彼迎）官方网站的宣传口号“睡在山海间，住进人情里”，即是指民宿不再是解决住宿这一功能意义上的需求，而是倾诉烦恼、分享欢乐的人生“充电堡”。

②主题博物馆项目："青岛里院记忆博物馆"

在即墨路传统民居的建筑空间中打造一个以"里院记忆"为主题的博物馆，可以借用最合适的建筑空间来打造往昔的场景，实现了原有内生的空间意蕴与现在赋予的文化功能的完美契合。首先，以图文结合的方式展现青岛里院的演变历程，以3D（三维空间）视频或者实体沙盘的方式展示何为"里"何为"院"。其次，场景化地营造里院的生活场景，既可以借助道具进行实体场景的搭建，也可以采用VR等技术进行虚拟性地重现。最后，除了具体场馆的搭建，还应注重"记忆·里院"系列文创产品的创作与研发，比如可以开发以即墨路街道里院为基础模型的拼装玩具、3D打印便笺纸等。

③主题沉浸式体验项目："里院十二时辰"

以青岛市市北区即墨路街道传统的里院生活方式为基本场景，打造名为"里院十二时辰"的沉浸式体验项目。在此项目中参与者将被赋予特定的角色，以这个身份参与一天的里院生活，也可以自主选择在哪个时辰进入里院的世界。首先，可以引进专业的沉浸式体验设计团队，围绕即墨路街道传统民居特定的故事背景进行原创剧本创作；其次，即墨路街道里院对外封闭式的建筑形制为沉浸式体验项目的开展提供了绝佳的半开放式场所，此外应尽量利用当地现有的建材与道具进行现场的场景搭建。再次，除了专业的演员外，也可以邀请当地的原住民担任特别嘉宾进行助演。最后，在前期的宣传阶段可以采取免费抽取体验名额的方式，使得参与者在沉浸式体验中深度了解青岛里院文化，并在体验后自愿进行高效的口碑宣传。

综上所述，本节以市北区即墨路街道传统民居为例，探讨了城市传统民居文化空间保护与更新应遵循的两大基本理念："文化意蕴传承"与"空间功能更新"相结合；"体验性消费"与"场景式营销"相结合。根据其所涉及的业态种类，总结了两大再造模式：一是多功能、多业态融合的综合开发模式；二是以单一功能或业态为主的主题更新模式。

总体而言，本节基于文化创意产业的学术视角，从"文化"与"空间"两大维度也就是时间与空间的叙事逻辑，围绕城市传统民居该如何更好地融入当今城市发展、城市传统民居文化空间该如何进行保护与更新等问题进行了思考与分析。未来关于传统民居到底该以怎样的定位、怎样的姿态继续生存与发展，值得我们进一步关注与思考。

第四节　馆陶路历史文化街区保护与利用方案

历史街区作为一种动态型的城市文化遗产，对其进行保护与更新具有重要的文化、科学、教育及美学价值。①它不仅仅展现一座城市过去的风貌，也唤起了人们对这座城市的记忆。随着城市化进程不断加快，城市快速发展和人口数量的增加给城市稀缺的土地资源带来巨大压力，从而导致城市开发与历史街区的保护之间开始出现矛盾。随之到来的是世界范围内的历史街区风貌遭到破坏、活力缺失及各种较复杂的社会问题。在中国城市化快速发展的背景下，科学合理地对历史街区进行保护与更新是实现历史文化传承和发展的根本，也是解决快速城市化与历史文化遗产保护之间这类“城市痛点”的关键所在。

一、历史街区的相关概念

“历史街区”一般是指拥有一定规模的历史遗存，整体具有完整的历史风貌，延续了其社会结构和功能结构的街区。国内对于历史文化遗产的保护研究始于对文物单体建筑的保护，随后经历了一个发展到“历史文化名城”最终过渡到“历史街区”的过程。该理论最早体现在1950年梁思成先生在北京的保护规划中提到的对城墙的利用，由此中国开始了对单体古建筑的保护。1986年，“历史街区”概念在我国公布第二批国家级历史文化名城时首次被正式提出。1996年我国以历史街区为专题召开历史街区保护（国际）研讨会，肯定历

① 阮仪三、孙萌：《我国历史街区保护与规划的若干问题研究》，《城市规划》2001年第10期。

史街区保护的重要性，商讨保护规划工作的细节问题。2002年修订的《中华人民共和国文物保护法》将历史街区的保护真正纳入立法，随后颁布的《城市紫线管理办法》针对历史街区的保护做出了具体的法令规定。2008年《历史文化名城名镇名村保护条例》进一步规范了历史文化街区的概念："经省、自治区、直辖市人民政府核定公布的保存文物特别丰富、历史建筑集中成片、能够较完整和真实地体现传统格局和历史风貌，并具有一定规模的区域。"

二、历史街区保护与更新的研究背景

目前，国内外对历史街区的相关研究主要体现在对历史街区保护与更新方面的研究上。国内对历史街区的空间结构方面的研究多是从建筑学角度进行的，以游客感知为主要内容的研究较多。所关注的核心问题主要包括更新理论、风貌整治、活力复兴、社会问题、公众参与及旅游开发六个由表及里的关注"物质空间——人文要素——物质经济"的有机循环层次。①

历史街区保护与更新理论大致经历了18世纪大规模改造、19世纪旧城衰败和更新方式调整、20世纪可持续发展思想下的渐进式更新和21世纪更新理论的多元化四个由片面到全面、由静态到动态、由破坏性到可持续性逐步完善的阶段。②进入21世纪，历史街区的保护与更新理论开始更加注重其功能的复兴与强化，同时注重符合街区肌理发展和城市历史文化遗产保护的方式和策略；并且在国内开始出现有关历史街区的优秀案例，例如北京南池子，建筑方面它主要使用传统建筑工艺，保留四合院院落建筑群与北京特色街道形式——胡同，同时改善居民居住条件，完善基础配套设施，从而打造出一条具有地方特色的历史街区。上海新天地也是如此，通过保存历史文脉、建筑风格和空间布局，保留老上海石拱门里弄建筑形式、建筑外观和建筑环境、原有道路结构形式等，整体规划街区空间结构，指定法规严格规定保护要求，在法律法规的

---

① 黄勇、石亚灵：《国内外历史街区保护更新规划与实践评述及启示》，《规划师》2015年第4期。

② 黄勇、石亚灵：《国内外历史街区保护更新规划与实践评述及启示》，《规划师》2015年第4期。

科学指导下进行商业开发，逐渐产生经济效益和社会效益。

三、青岛馆陶路历史文化街区保护与更新的现状

馆陶路位于青岛市市北区，初建于1899年，被誉为“老青岛华尔街”、今日“德国风情街”，以及“青岛的外滩”等美称。馆陶路同时被认为是青岛在中国近代史发展中的一个缩影，记载着近代青岛城市发展与变迁的坎坷。20世纪30年代，这条路又被称作“青岛的华尔街”，已经成为青岛经济的“金融贸易中心”，影响着整个华东地区的经济及沿海地区的出口转口贸易。

（一）优势条件

馆陶路地处的市北区作为青岛市的老城区，历史悠久，文化底蕴深厚，有灿烂的红色文化、多彩的民俗文化和丰富的工业文化资源，为馆陶路未来的发展提供了丰富的文化基础。馆陶路所处的地域有胶济铁路穿过，毗邻青岛火车站、大港站、青岛港和海关，所以不论从城市功能分区还是地理方位来说，都具有得天独厚的优势。

2018年3月，市北区委、区政府提出了打造百年青岛（市北）历史文化街区休闲旅游目的地的目标，自2018年起至2021年，举全区之力实施“个十百千万”工程。其中“十”的概念就是恢复和提升十个历史文化街区，建设具有核心竞争力的标志性街区。

（二）存在问题

对于游客来说，与八大关、中山路等青岛其他历史街区相比，馆陶路并不具有较高的吸引力。目前，整条街发展较为“冷清”，从另一个角度也显现出馆陶路在现代社会发展中依然存在很多亟待解决的问题。

1.经营业态分散

如今馆陶路的发展并未形成一种统一的管理运营模式，缺乏政府指导与整体的规划。问题主要体现在馆陶路上各个建筑之间都比较独立分散，不仅仅是经营业态上过于自由，更重要的是产权问题。这样的现象就导致整个街区没

有整体的规划、标准和要求，无法达到“一站式”“一体化”的发展；如馆陶路上的部分海港和军事基地都属于军产，大量的文物保护单位和民居并未进行合理规划，这一系列的问题都给馆陶路未来的发展造成了很多障碍。

2.资源利用不充分

馆陶路上拥有大量文化底蕴深厚的德式历史建筑，如今却被大量闲置，部分历史建筑只是大型银行的支行所在，或者是被便利店租用。我们经过走访调查得知，部分特殊资源开发利用面临着诸多困境，例如历史文化资源的保护修缮、运转等所需资金多、周期长等问题，导致这些历史文化资源的开发利用存在着较大的瓶颈。目前，仅有几家餐饮和住宿的小商铺，大多数德式古建筑只是作为普通的老建筑并没有真正被当作旅游资源来开发或进行真正意义上的保护利用。

3.基础设施落后

通过走访调查发现，馆陶路的基础设施建设尚存在问题。首先对于整个街区而言，功能配套设施不到位，包括吃、住、行、游、购、娱发展都不到位，正是由于整个产业链的打造不完善等问题的存在为未来旅游业的发展带来了诸多的障碍。经过走访当地居民和游客得知，馆陶路上停车难问题较为突出，尤其是给大多数外地游客来参观游览时在停车方面带来了很多不便。

4.宣传力度不足

相对青岛市整体发展来说，馆陶路旅游文化发展滞后，商业发展较为衰退。加之定位发展不同，馆陶路与市南区竞争之下，并没有真正足够吸引年轻人的文化元素。市北区整体人口老龄化较为严重，年轻人占比较小，城区活力不足。同时由于未形成一个独特的超级IP，无法成为一个独立的文化旅游目的地，这导致整体的文化旅游发展薄弱。

四、馆陶路历史文化街区保护与更新的策略

（一）明确发展定位

明确清晰的发展定位，突显街区人文精神核心。在开发保护过程中不仅要将历史街区的所有建筑和场景进行保存，而且要侧重于街区历史文化元素的

保护和文化精神的传承，注重文化元素的挖掘。同时做到提升文化品位，充分地使文化融合发展，为馆陶路未来的发展奠定文化基础。

在金融商贸、特色旅游、影视文化、休闲娱乐等方面进行发展定位，尤其是在进行商业化开发的同时一定要规划好所要发展的目标，遵守保护原则，切忌过度商业化或是对历史文化资源造成破坏。发展出自己的特色产业，打造出自身的文化名片和创意IP，为历史街区发展带来经济效益与社会效益。

（二）统一管理运营

整合所有可利用资源，进行产业开发和区域功能定位，统一由政府或者专业运营者来市场化运营，进行商业空间的再造，并打造馆陶路近代建筑群。即便馆陶路历史文化街区在统一管理运营上面存在许多问题，但是也可以在整体规划与空间布局上进行协调发展以解决问题。我们可将军队和文物保护单位作为一种教育基地或者是影视基地来宣传，并纳入整体规划，甚至可以采用由政府统一调配，经营者分工合作、协调运行的机制。

（三）整体规划打造

馆陶路并未与附近的历史文化资源形成资源集聚区并开展全域旅游，这也是它在未来发展中所要面临的问题。未来馆陶路的发展应当将其联动开发，实现经济效益与社会效益的最大化，具体有关文化资源开发扶持的政策要到位，历史文化资源保护过程中历史建筑的权属和性质要变更。更重要的是，在开发过程中注重相关人才的培养，规划团队的建设；更新的建筑应最大限度地融入其所处的历史环境中，以保持历史环境的延续性、完整性；保留形式、功能置换和整旧如旧、新旧共生的思想和设计手法要综合运用，打造出一种符合馆陶路自身发展情况的整体规划模式；同时要合理地进行商业化开发，切忌过分商业化开发，避免街区规划走向一条“死胡同”。

（四）旅游相关产品开发

旅游产品要满足大众多元化的文化需求。我们要充分认清自身的特色，通过多种业态形式开发旅游文化产品，充分挖掘和激发大众的文化需求。开展线上线下结合的模式，借助一些新媒体的推广，将旅游产品以及馆陶路文化品牌以一种现代化的手段和方式带到大众的眼前。产品的开发再为馆陶路旅游发展建设增添新的经济增长点的同时，对宣传馆陶路旅游文化也能起到十分重要的作用。同时作为一个文化品牌，应注重多种业态的发展，类似青岛啤酒博物馆，添加一些自身文化知识普及和沉浸式体验环节，以一种全新的文化体验形式赢得大众的青睐。

（五）完善功能配套设施

完善功能配套设施，重点强化公共文化设施建设，并以全域发展的视角完善服务配套设施。完善功能配套设施，整体提升环境形象，挖掘呈现文化内涵。将博物馆作为开发的选项，打造博物馆群，争取足够的吸引力。虽然在馆陶路上有一座以交通安全主题为突破口，引入了“互动参与、亲身体验”等创新理念的馆陶路汽车站。它的目标是成为“看得见、摸得着、听得到”，既能玩又能学，多种交互方式于一体的乘客体验中心。但是它独立的出现对游客没有足够的吸引力。馆陶路凭借深厚的历史文化资源，应当以中国近代史的发展为脉络，在这条街上打造特色博物馆群，并对馆陶路历史文化资源进行挖掘和宣传。

（六）加强文化宣传

馆陶路历史文化街区要增强对年轻人的吸引力，更多的是打造一种新奇、有特色的吸引力，借助新媒体增强其热度是比较有效的途径。比如借助抖音、微博等，采用年轻受众群体广为接受的文化传播模式，带动提升馆陶路的知名度。馆陶路也可以完全借助自己所具有的历史文化底蕴，对每一座古建筑背后的故事采用纪录片形式的展示，甚至可以利用动漫讲述历史故事的形式展现，对于年轻群体来说，这些会有很强的吸引力。比如通过强化影视推广，电影的取景和一些经典画面的取材，都会为馆陶街提高人气起到推动作用。同时可以开发“慢”旅游概念和休闲产业，使馆陶路与其他大众化历史街区的发展不同，以一种“慢”旅游和休闲的生活方式去吸引大众，带给大众不一样的体验，让前来体验的人更多地体验到一种与日常生活不同的生活方式。

综上所述，馆陶路历史文化街区下一步的发展应对青岛历史街区特色资源的实现利用和开发，综合提升青岛历史街区的旅游品质、经济效益等，并开展一些相关的文化活动，充分体现历史街区的历史文化特色，以此为基础发展文化旅游产业，打造文化品牌。此外，馆陶路历史文化街区还可以打造影视基地，再现历史街区老青岛特色的生活背景；将老青岛的生活气息融入历史街区的建筑中，侧重对青岛历史人文精神的传承，在保护中发展，在发展中保护。

未来馆陶路历史文化街区的保护与更新发展在宏观层面上应以产业策划和空间规划为重点，明确目标与功能定位，实现功能衔接与规划布局、分片控制相结合。在发展脉络上应分类制定历史研究、综合交通整治、基础设施提升、产业运营与政策机制研究等专项规划。在具体细节上对重点历史文化资源应分别规划设计，并制定综合整治保护修缮提升方案。

综上所述，本书力图从青年学者的视角来观察和探讨市北区历史文化街区的保护与更新问题。在分析时代和政策背景的基础上，从文化与空间的双重维度，选取了市北区典型的历史文化街区作为调研对象，简要分析了各个街区的发展现状与策略。紧接着，在整体分析市北区历史文化街区发展优劣势的基础上进行了价值评估，并综合实地调研、专题访谈以及问卷分析报告等内容，对市北区历史文化街区的保护与更新提出了“两大目标、四大原则、五大策略、四大方案”的总体架构。

通过此次调研活动，我们发现在历史文化街区的保护与更新过程中，城市规划设计者应始终把握好以下三个结合，方能更好地促进街区的保护与更新进程，为城市文化发展助力。第一，在研究维度方面，注重文化与空间的结合。存在于城市空间的历史文化街区，会因文化特色的不同而呈现出不一样的空间形态。所以在研究过程中，在具备文化层面的时间叙事逻辑的同时，还应具备空间层面的空间叙事逻辑，在时空的双重维度下研究历史文化街区的更迭。第二，在参与主体方面，注重政府与企业的结合。完善政府与企业协作的工作机制与业务流程，在发挥政府带头引领作用的同时，激发企业在项目运作过程中的实操智慧。第三，在发展侧重方面，注重经济与文化的结合。坚持经济与文化效应的双效统一，始终是历史文化街区保护与更新的第一要义。

此外，本书在后半部分，将从“学者观点”“访谈分析”“问卷分析”“政策梳理”四个方面，进一步围绕“城市发展与街区更新”的核心议题，为“历史文化街区的保护与更新”的课题研究提供多维度、多层面的分析与探讨。

| 第六章 |

学者观点：城市发展与街区更新

本章节学者的文章观点来源于第一届城市文化·青岛论坛的主旨发言，诸位学者围绕“城市发展与街区更新”的核心主题，从城市精神、城市复兴、城市空间、城市形象等方面，为本课题的研究提供了学术支持与理论铺垫。

第一节　贝淡宁：爱城主义
——我们为什么需要城市精神

图6-1　贝淡宁

【学者简介】

贝淡宁（Daniel A. Bell），山东大学政治学与公共管理学院教授、院长，生于加拿大，国际知名哲学家、社会学家，曾任清华大学哲学系教授。

【学者观点】

城市的精神是有点抽象的东西，但是又不是完全抽象。城市精神的形成，可以与历史相关、与文化相关、与经济相关，甚至与城市的一座建筑相关。

Civicism（爱城主义），人们会爱上什么样的城市？答案是要有独特精神的城市。

为什么追求城市的精神？最重要的是归属感，较为独特的城市可以为人们提供归属感。城市的优点是开放、包容，且可以提供归属感。[①]

【正文】

一、不同的城市，不同的精神

城市的主流价值观必然与历史、文化相关，但有时一个独特的建筑就可以完全改变城市的精神。

毕尔巴鄂

西班牙的城市毕尔巴鄂（Bilbao）本是非常落后的城市且不具备独特的精神，但古根海姆博物馆的修建为城市文化带来了转机，这栋建筑成为城市名片。所以毕尔巴鄂的城市精神可以说具有艺术精神，能够吸引众多艺术家。所以，一个博物馆的建造可以完全改变一个城市的精神。

耶路撒冷

大家都知道耶路撒冷的精神与宗教有关，宗教的历史会影响城市的诸多方面，包括老百姓的生活方式、政治问题等等。

蒙特利尔

我的老家是蒙特利尔，我的母亲说法语，但我跟我父亲说英语。蒙特利尔几百年的历史都和语言冲突有关系。我们写了一篇关于蒙特利尔精神的文章，你会发现它和其他的城市完全不一样，一个城市能够因为语言的差异与冲突展

---

① 更多的讨论参见，〔加〕贝淡宁、〔以〕艾维纳主编《城市的精神2：认同与包容·导言》，刘勇军译，重庆出版社2017年版。

现它的特点，如今，讲英语的人们与讲法语的人们之间的关系是比较和谐的。

香港与北京

首先，香港的精神与资本主义有关系。香港有很多银行的建筑，跟政治有关系的建筑规模反而不如银行的建筑规模大。与此对比，北京是中国政治的中心，二环以内没有比与政治有关的建筑更高的楼房。而且这些建筑都与文化有关系、与儒家和礼乐制度有关系。

牛津

我在牛津读的硕士和博士，牛津的城市精神与学习相关。牛津的老师和学生们不喜欢暴力的冰球，反而非常喜欢打棒球，因为棒球更符合他们的城市精神。

柏林

大家都知道柏林在二战时期是最不宽容的城市，但是柏林现在是欧洲最宽容的城市，甚至建筑都是玻璃材料的且完全开放。

巴黎

大家都认为巴黎是很浪漫的城市，但是巴黎人对浪漫的定义与电影里的讲述是不一样的。他们的浪漫是喜欢非主流的事物，比如喜欢吃不健康但味道好的奶酪。

纽约

纽约是世界上最繁荣的金融城市，也是城市文化相对发达的地方，因为它是一座移民城市。

二、城市精神 —— Civicism

20世纪，当被问道“你是谁”，人们往往回答是某个国家的人，比如说我是中国人，我是日本人，我是法国人……而21世纪，大家觉得自己是世界的人，但实际情况并不如此。越来越多的人开始对城市有更多的认同——我是上海人，我是蒙特利尔人，我是青岛人……

于是，“我爱我的城市”此类标语开始出现并流行，这并不意味着是推广的效果，而是大家真的有这样的情感。所以，我们发明了一个词——Civicism。大部分人会爱什么样城市呢？答案是要有独特精神的城市，而那些没有独特精神的城市往往会被忽略。

什么是城市精神？并不是一座城市中大家一定要有同样的价值观，而是大家愿意共同讨论什么样的问题。比如北京的出租车司机会讨论国家政治，这与上海完全不同。我在清华当老师的时候写了一本关于选拔官员的书，因为我的同事们都在讨论怎么选拔官员、如何最有效率地选拔官员。如果我在上海就不会这样写，这就是受到了北京精神的影响。

如何描述一座城市的精神？我一方面会用比较客观的方法，比如通过问卷调查的方法去直接测量城市最重要的价值观；另一方面会通过历史研究的方法，比如通过书籍和文献了解一个城市的历史文化；或者通过“漫步式的方法”，与不同阶层的人散步、交流，通过他们的故事了解城市的精神。我们应该通过同样的方式来讨论城市的精神。

三、为什么追求城市精神?

城市的优点是开放、包容，城市可以提供归属感。21世纪还有一个现象就是民族主义的重新抬头，但过度的民族主义则充满恐怖。如果老百姓有较强的爱城主义，极端爱国主义就是一种约束和缓和。比如上海人、纽约人就不会有太过分的民族主义，这是因为他们有比较强的爱城主义。

根据贝淡宁在“城市文化·青岛论坛”(2018)上的演讲录音整理而成。

第二节　蔡静野：博物馆，城市文化阐释空间

图6-2　蔡静野

【学者简介】

蔡静野，山东大学历史文化学院助理研究员，主要研究方向为美术考古、新博物馆学、博物馆展陈理论与实务、艺术管理等。

【学者观点】

博物馆为社会和社会发展服务，既是城市文化的存蓄空间，也是城市文化的阐释空间。博物馆的数量与质量，是考量城市文化、经济进步的重要指标之一。

【正文】

国家文物局网站公布2016年度全国博物馆名录，4826座博物馆入围。山东省博物馆数量最多，共有388座，而国家一级博物馆仅有6座。博物馆未来发展任重道远，质量和水准具有较大提升空间。

博物馆名录统计表明，青岛市注册博物馆累计达到84座，66座博物馆免费向市民开放，包括国有及非国有博物馆，多元发展趋势良好。其中入围博物馆等级评定的有8座，市北区区域范围内，仅有青岛啤酒博物馆1座行业馆，入围全国二级博物馆，略显不均衡发展样态。

一、博物馆是城市传统文化的“记忆库”

博物馆承载着市北区民间物质与非物质文化和民间信仰，存续精华、摒弃糟粕；致力于恢复市北区民俗记忆，为普罗大众建立情感认同与精神归属空间；营造市北区民间节庆、家庭聚会心之所向，活化文化资源价值。

二、博物馆是城市多样文化的“粘合剂”

市北区近代经济、纺织工业、啤酒等特色行业一度引领时代；海洋文化、里院文化等异彩纷呈。博物馆将多元文化转译，将各行各业文化融合联动，营造共生区域文化氛围。

三、博物馆是城市文化创新的“助推器”

博物馆是推动中华优秀传统文化创造性转化、创新性发展的重要载体，如何整合文化资源，用文化引领区域发展，用经营的理念开发文化资源，活化区域创新动力，是市北区博物馆新时期的思考和责任。

回顾市北区百年城市发展进程，蕴含这片热土根深蒂固的文化积淀，映射着世代相传的思想智慧，饱含着民族工业乘风破浪的奋斗精神，更昭示着未来发展挑战和机遇的气魄和胸怀。

城市在更新发展的步伐中，追求文化内涵保存与阐释能力不断提升，追求文化脉络的建立与延续，寻求馆际间整体规划布局与个体特色。以史为鉴，挖掘文化价值，坚定城市发展节奏，博物馆便是最佳的承载和阐释空间。

未来期待市北区拥有一个专属的文化馆或是规划馆，具有新博物馆学观念的阐释空间，作为青岛市市北区文化龙头，回顾历史、创先现在、指引未来，支持城市文化发展与空间再造进程。

根据蔡静野在“城市文化·青岛论坛”（2018）上的演讲录音整理而成。

第三节　高迎刚：中国当代文化建设与经济转型的美学思考

图6-3　高迎刚

【学者简介】

高迎刚，山东大学艺术学院副院长，教授，博士研究生导师，山东大学公共文化研究中心主任。主要从事艺术美学、艺术评论，以及艺术产业与管理等专业教学和研究工作。

【学者观点】

21世纪以来，“公共文化”建设和“文化产业”发展，无疑是中国当代文化领域最为重要的事件。这一事件的背景即是中国经济从高速发展的巅峰逐渐向“新常态”的过渡。适应“新常态”显然不是我们的目的，经济社会的成功转型，才是中国发展面临的最重要任务。转型如何进行才能成功？思考这一问题可以有很多维度。而中国当代文化的建设实践，给我们提供了一个新的视角——美学。

现今的我们所提供的公共文化服务，大多是在社会文化与群众文化背景下的一种公共文化，相对来说这种文化内容的层次较低。在这种现状下，文化产品不能只是去满足大家简单的公共文化需求，而是应该在满足大家娱乐性和体验性的基础之上提高大家的审美能力和文化素质，在美学视角下提供更多具有引领价值的公共文化产品。从这个角度出发，审美可以作为当代文化建设与经济转型发展的一个纽带。

【正文】

一、当代公共文化建设的审美维度

公共文化审美维度基于文化服务建设而存在，它的主要内容大多与审美和艺术相关。柏拉图的“洞穴之喻”，认为群众文化、公共文化是低层次文化的视角，如同被束缚的奴隶，应该让“洞”外的阳光将它们照得更亮一些。这样才能更有效地提高老百姓的文化素质进而提高全民族的文化素质，这些都是公共文化应该发挥的作用。

未来时代必将是人工智能开启的一个全新时代。城市文化品牌建设也应面对未来社会形态做出适当的调整。这种调整将是一种关系的重构，其中包括人与自身的关系、人与社会的关系、社会与自然的关系等。故而，面临未来社会，在城市文化空间再造中，审美将会起到非常大的作用。

二、当代经济转型发展的审美维度

正如我们所见，高速发展的“工业化”以及对各种物质资源的消耗、对自然环境的破坏，都令人触目惊心，这种发展模式也是不可持续的。我国现阶段的经济发展，已经从高速巅峰时期逐渐回落到一种相对平缓的状态。这一状态称之为“新常态”。

当代经济经过转型发展，不期然就与公共文化建设走到了一起。而“审美”作为体验经济的核心内涵，也就成为连接公共文化建设与经济发展的最佳纽带。

三、“审美”作为连接公共文化建设与经济转型发展的纽带

从公共文化建设的角度来看，花样繁多、种类丰富的各种文化活动，培养了具备相当审美能力的人群，使他们成为潜在的文化消费者。

从文化产业发展的角度看，琳琅满目的文化商品、应接不暇的商业展演，为人们提供了满足各种审美需求的方式，丰富人们审美体验的同时也提高了对消费者审美能力的要求。

从美学的角度来看，当代社会的发展，带来了整个社会对审美之维的关注，这无疑是一个重要的美学事件；而从社会发展的角度看，整个社会审美能力的提升，既是社会发展的必然结果，也成为经济转型的内在动力。于是，审美不再仅仅是一个美学话题，更应成为一个推动当代经济转型的社会话题。

根据高迎刚在“城市文化·青岛论坛”(2018)上的演讲录音整理而成。

第四节　胡惠林：城市文化空间建构与城市再造

图6-4　胡惠林

【学者简介】

胡惠林，上海交通大学文科学部委员、原文化产业管理系创系主任，二级教授，博士生导师，国家文化产业创新与发展研究基地副主任、办公室主任，享受国务院特殊津贴专家。

【学者观点】

城市化进程是中国近代以来最深刻的历史变迁。这种历史性变迁既由中国社会历史发展自身的逻辑使然，同时也是全球化进程的中国反应和中国形态。

全球化进程对中国的城市化进程这一自然历史进程的深刻干预，使得这一进程不断呈现如生物大爆炸般的巨变效应，从而使得一个缓慢的自然历史过程演变为一个快速的社会历史过程。

城市文化空间建构是一种精神社会的空间表达形态。城市化进程中，城市病是城市精神社会失衡的反映。重建中国人的“天人合一”智慧，是根治城市病的文明良方。

【正文】

城市文化空间建构是一个历史过程，是一种文明的生产与表达方式。

一、中国的两种城市文明形态：传统城市文化形态和现代城市文化形态

1.在农耕文明基础上形成的传统城市文化形态

以农耕文明形式所建立起来的城市文明，它的城市文化空间建构的表达方式以及它的空间秩序与农耕文明的生产力方式相适应。

2.在工业文明基础上形成的现代城市文化形态

工业文明植入之后，所形成的一种现代城市。其文化空间的建构，无论是它的城市语言、城市表达、城市空间形态的建构、城市内部功能的形成都与以农耕文明为基础的传统文化城市有着巨大的差别，是一种文明生产力发展的差异。

不同城市生产的文明性质，建构不同城市文化空间的文明关系。传统的城市文化形态，更注重它与传统社会的关系。传统社会是农民和土地的关系构建的。现代城市文化形态，更注重它与现代城市文明之间的关系。现代城市培育建构了现代市民，现代市民意识建构了现代公共社会。城市是由工人和工厂关系建构的，工人是这座城市最主要的文明生产力形式。

二、城市文化空间关系本质上是人与城市的关系，人与城市的文明关系是由城市的生产力形成史构建的

在青岛，人与城市的文明关系就是以近代棉纺工业和啤酒酿造业联系起来的。正是这种近代的棉纺业和啤酒酿造业开启了近代青岛城市文明新的历史起点，这是一个突如其来的历史起点，这个起点与全球的历史进程密切相关。青岛城市文化空间是在近代工业文明的生成与冲突中展开和构建的，没有近代工业文明的植入就没有青岛城市文化空间建构的文明形态，这既表现了它的外部性，也表现了它的内部性。

城市更新不只是城市本身的结构和功能的更新，城市更新的本质是人与城市关系的更新。近代以来，棉纺业建构了青岛城市生产最主要的文明关系。棉纺业构成过程中，文明的冲突与文化的冲突极其尖锐。虽然在啤酒业的建构过程中间和铁路的建构过程中间也发生了这样的文明冲突和文化冲突，但是这样两种冲突的处理方式导致了不同的后果，当然这种后果与一战后的国际局势有着重大的关系。

未来的形态一定是从过去的形态中发展过来的，未来是对过去的一种超越也是对过去的一种继承。今天的市北区展示的是一种更新的文明形态，过去衰老的市北（棉纺工业、啤酒酿造业）在展示过程中被逐渐隐去，这就是城市文明的新陈代谢，是一个城市文明的更新过程、一种成效性的体现。

青岛，是国际化与本土性共同具备的城市，它的价值目标对于市北这样一个重组区的再规划来说非常重要。

根据胡惠林在“城市文化·青岛论坛”（2018）上的演讲录音整理而成。

第五节　韩若冰：现代城市空间的符号性表达

图6-5　韩若冰

【学者简介】

韩若冰，山东大学历史文化学院副研究员，主要研究方向为动漫产业与动漫角色经济、消费文化与文化消费等。

【学者观点】

城市意象理论认为，人们对城市的认识并形成的意象，是通过对城市的环境形体的观察来实现的。城市形体的各种标志是供人们识别城市的符号，人们通过对这些符号的观察而形成感觉，从而逐步认识城市本质。

角色是社会人文艺术的结晶，也是一种文化符号，更是一种文化消费商品。角色不仅具有社会属性，而且具有经济属性。角色的经济属性源于角色商品化的实现。

角色经济以角色产业为核心产业，逐渐形成具有较强市场竞争力和产业可持续发展特征的产业多维网络体系，即角色经济生态圈。

【正文】

城市意象理论，是指更关注城市受众，尤其是普通老百姓，当然也包括外来的游客。城市意象理论的主要元素，包括道路、边界、区域、节点和标志物等。

一、关键词一：现代城市

1.以城市宽度与城市厚度共同构筑城市空间

现代城市空间，它更多地聚焦于现代的城市文化。如果说历史奠定了城市的厚度，那么现代文化更多的是彰显一个城市的宽度。这样的厚度与宽度构建了一个城市具体的意象。

2.以创新的符号表达方式探索城市品格

我们常说的"窥一斑而知全豹"，人们可以从城市的点滴中去感知城市的品格。现代城市的发展面临着许多问题，如生活品质恶化、个体/集体归属感缺乏、全球化挑战等。一种创新的符号表达方式，可以推动这些问题的解决，赋能城市高质量发展。

二、关键词二：动漫角色

1.现代意义上的角色

现代意义上的角色利用则体现了现代社会的需要。角色是社会人文艺术的结晶，是动漫艺术的表现形式，也是一种文化符号，更是一种文化消费商品。角色不仅具有社会属性，而且具有经济属性。角色的经济属性源于角色商品化的实现。而角色之所以能够商品化，主要是因为角色本身所呈现出的标识性、符号性特征能被大众熟悉并被广泛认知。

2.角色＋城市

角色作为城市符号的表达及其角色消费市场的发展，可以有效推动城市的文化消费发展。角色经济新产品、新业态、新模式，可以很好地适应当下不断创新文化消费模式、促进文化供给侧改革的发展需求。

三、关键词三：角色经济

角色经济：新型经济业态带动经济发展

角色经济，即角色设计与开发、角色商品化、角色消费以及相关产业链条的拓展和跨界融合形成的一种新的经济业态。角色产业是角色经济发展的直接动力，文化产业是角色经济发展的广泛基础，构成了角色经济的核心层。

角色经济有助于实施创新驱动发展战略，尤其是数字经济的发展为其带来很大空间。跨界融合与生态化发展是角色经济发展的关键，也为城市经济描绘出未来切实可行的路径。

“小角色、大经济”，角色可以撬动经济社会各行各业的发展，开辟经济增长新空间，塑造经济新形态，促进经济整体发展。

根据韩若冰在“城市文化·青岛论坛”（2018）上的演讲录音整理而成。

第六节　刘家峰：青岛近代工业发展与历史景观的再造

图6-6　刘家峰

【学者简介】

刘家峰，山东大学历史文化学院副院长，中国近代史教授，博士生导师。

【学者观点】

要把整个城市看作时间、空间和经验上的一个产物，要超越对文物保护、历史名城保护中单纯的建筑保护，要强调整体性、互动性，尤其是历史与现实、城与人的互动。

经过半个世纪的发展，青岛形成了以交通运输、纺织工业、机械制造、食品制造等为特色的近代工业体系。在这个体系中，外资企业占主导，然而以华新为代表的民族企业在市场竞争中迅速崛起。

这段时间我关注了一战时期赴欧华工的问题，昨天参观了青岛纺织博物馆，才了解到市北区的华新纱厂和赴欧华工关系密切。

【正文】

一、青岛近代工业发展概况

1.青岛近代工业发展的三个阶段

①德占时期

1891年清政府驻兵建置，1897年德国租借并建设港口和铁路。此阶段工业以港口、铁路、基础设施，以及临港工业、市政民生工业为主，这是青岛工业文明开端的阶段。

②日占时期

1914年日占青岛，大力投资青岛。虽然在1923年日本将青岛归还北洋政府，到1929年南京国民政府接管青岛，这段时期工业发展仍以日资为主。这一时期是青岛工业的形成时期。

③国民政府时期

从1929年青岛成为南京国民政府的特别市，到抗日战争爆发，这九年是国民政府各方面建设的黄金时代，青岛工业也得到迅速发展，不管是外资企业还是民族企业，可以说达到鼎盛时期。

2.近代青岛工业发展特点

首先，经过半个世纪的发展，青岛形成了以交通运输为主，纺织工业、机械制造、食品制造等为特色的近代工业体系。

其次，在这个体系中，外资企业占主导，民族企业在竞争中崛起。工业发展带来的直接影响就是把青岛从一个小渔村发展成为一个宣道会的都市，成为国民政府的特别市、行政院的直辖市，应该说工业是青岛发展的第一推动力。

我们在中共青岛党史纪念馆可以看到，青岛的工厂、企业培养了中国较早的一批产业工人，并在他们身上播下了革命的火种，带动了青岛乃至全国的革命运动。

3.青岛工业遗产的价值

近代青岛工业的发展，成为今天我们应该珍视并加以利用的丰富工业遗产，具有多方面的价值和意义。

首先，是历史文化遗产价值。今天青岛的工业遗产直接反映了青岛近代化、城市化的历史。这些工业遗产也承载了一代又一代青岛人的城市记忆，成为一种人与城市、历史互动的纽带。

其次，这些工业遗产呈现出相当高的艺术价值，特别是那些具有欧洲风格的厂房建筑，是因中西文化交流、碰撞而成的艺术风格。

这些工业遗产也含有今天也要赞叹不已的科技价值，比如青岛啤酒厂，我们可以领略到当时最先进的酿酒设备、工艺。

对于今天的城市人来讲，这些丰富的工业遗产具有极强的保护利用价值，是城市文化建设的一个重要方面。

表6-1　　市北区工业遗产现状

厂区名称	厂区始建时间	厂区位置	厂区现状
四方机车修理厂	1900年	市北区杭州路16号	厂区仍在使用，1栋德占时期建筑，2栋日占时期建筑保留。
青岛大港	1901年	市北区港通路以北	港区仍在使用，殖民时期修建的防波堤加固后继续使用。
青岛汽水厂	1901年	市南区香港西路25号	厂区已停用，1栋日占时期建筑保留。
日耳曼啤酒厂	1903年	市北区登州路56号	厂区仍在使用，2栋德占时期建筑保留，保护改造成啤酒博物馆，1栋日占时期建筑保留。
总督府屠宰场	1903年	市南区观城路5号	厂区已停用，2栋德占时期建筑保留。
内外棉纱厂	1916年	市北区海岸路22号	厂区已停用，用于房地产开发，保留2栋日占时期建筑。
大康纱厂	1919年	市北区海岸路2号	厂区已停用，1栋殖民时期办公楼保留。
青岛纺织机械厂	1920年	市北区四流南路22号	厂区仍在使用，所有厂房已被完全改造。
隆兴纱厂	1921年	市北区兴隆一路149号	厂区已被完全拆除。

（续表）

厂区名称	厂区始建时间	厂区位置	厂区现状
钟渊纱厂	1921年	李沧区四流中路46号	厂区已停用，12栋日占时期建筑保留。
富士纱厂	1921年	李沧区兴华路以东	厂区已被完全拆除。
大英烟草英美卷烟厂	1923年	市北区华阳路、孟庄路	厂区已停用，3栋日占时期厂房保留，保护改造成家居卖场和产业园。
宝来纱厂	1923年	李沧区永平路2号	厂区已停用，所有旧厂房均已被完全改造。
同兴纱厂	1934年	李沧区沔阳路5号	厂区已停用，2栋日厂区员工宿舍保留。
丰田纱厂	1934年	市北区开平路28号	厂区已被完全拆除。

以上资料来自郭帅：《城市历史景观方法下的青岛殖民时期工业遗产保护更新》，青岛工业大学2015年硕士学位论文，第39—40页。

4.工业遗产保护利用的主要问题

中国工业化的启动比西方晚很多，所以在工业遗产保护利用方面的研究和实践也晚很多。英国早在20世纪50年代兴起了工业考古，他们对工业遗产保护的理念和方法都比我们早。严格来说，国内工业遗产保护的理念是在21世纪才开始进入人们的视野。我们现在开始注重保护，但是大都是对个别工业遗产的保护，很少做街区性的整体规划。因此，如果市北区能在这一领域做出探索，就有可能走在全国的前列。

二、关于城市历史景观再造

“城市历史景观”是一个非常重要的理论概念，尤其是在文化遗产保护方面。这一概念早在1976年就已被联合国教科文组织提出，当时用语是“历史和建筑区域”，这就已经突破了单个的孤立个案问题。(《关于历史地区的保护及其当代作用的建议》，又称《内罗毕建议》。《内罗毕建议》将“历史和建筑区域”定义为：包含考古和古生物遗址的任何建筑群、结构和空旷地，它们构成城乡环境中的人类居住地，从考古、建筑、史前史、历史、艺术和社会文化的角度看，其凝聚力和价值已得到认可。)

到2011年，教科文组织出台了《关于城市历史景观的建议书》。它的核心理念，不仅包括土地遗址、建筑等实体部分，也包括感觉、视觉、城市精神等，所以这是一个保护和创新利用相结合的平衡的理论。(《关于城市历史景观的建议书》将“城市历史景观”定义为文化和自然价值及属性在历史上层层积淀而产生的城市区域，其超越了“历史中心”或“整体”的概念，包括更广泛的城市背景及其地理环境；并提出了一个推行城市历史景观的方法步骤：a.对历史城市的自然、文化和人文资源进行普查并绘制分布地图；b.通过参与性规划以及与利益攸关方磋商，就哪些是需要保护以传之后代的价值达成共识，并查明承载这些价值的特征；c.评估这些特征面对社会经济压力和气候变化影响的脆弱性；d.将城市遗产价值和它们的脆弱性纳入更广泛的城市发展框架，这一框架应标明在规划、设计和实施开发项目时需要特别注意的遗产敏感区域；e.对保护和开发行动排列优先顺序；f.为每个确认的保护和开发项目建立合适的相应伙伴关系和当地管理框架，为公共和私营部门不同主体间的各种活动制定协调机制。)

“城市历史景观”的理念是把整个城市看作时间、空间和经验上的一个产物，超越了对文物保护、历史名城保护这一单纯的建筑保护，强调整体性，互动性，尤其是城市和人、历史与现实的互动性。

1.城市历史景观在市北区的应用

《青岛市历史文化名城保护规划(2011—2020)》于2017年获省政府批复，首次把工业遗产列入名单，列入规划的工业遗产有17处，其中大部分处在今天的市北区，所以说市北区享有工业遗产保护与更新利用得天独厚的条件。现在世界上工业遗产发展的几个成功模式，如工业遗产景观公园、创业体验基地等，这些都是青岛城市工业遗产开发可借鉴的模式。

2.青岛港、华新纱厂与一战华工

2018年是第一次世界大战结束100周年，欧洲有各种纪念活动，我特别关注了有关赴欧华工的纪念活动。华工为中国在一战中赢得了战胜国的席位，也为巴黎和会的谈判创造了条件。一战华工的征募，最早是从威海出发，但后来这14万华工中的大部分是从青岛港出发的。他们在乘船离开青岛之前，在华新纱厂进行了短暂的培训。一战结束后，华工回国大部分也是通过青岛港入关。所以说，青岛和一战的关系是非常密切的。

这对青岛而言也是非常重要的历史文化资源。在青岛纺织博物馆中，这段历史也有记录。法国政府对华工有很高的评价。最近二十年来，英国、法国和比利时等国，从政府到民间都非常重视这段历史。特别是在2018年，一战结束100年，他们举行了很多纪念活动。2018年11月11日，在巴黎举行的纪念一战结束100年的仪式上，有一位华裔女孩专门念了一封华工在战争胜利后写的一封家信，有80多位国家元首在场聆听。华工群体从来没有像此刻这样得到重视，青岛与华工的关系值得进一步发掘。

2018年9月21日，山东省政府代表团应法国前总理邀请，去巴黎参加“世界和平日”论坛。论坛开幕前在里昂火车站广场举行了华工铜像落成仪式，铜像是由山东省政府赠送给法国的。如图所示，这是巴黎最繁华的地方之一，每天有几万人经过广场。铜像所展示的华工形象出自当时的一位莱芜人。参加落成仪式的有中国驻法国大使、中法友好协会会长、巴黎市长以及华工后裔等，场面隆重而盛大。华工雕塑是第一个也是目前唯一一个在这个广场上伫立的中国人的形象。这是一百年前华工用汗水和鲜血为中国人争得的荣誉。

图6-7　华工雕塑

根据刘家峰在“城市文化·青岛论坛”（2018）上的演讲录音整理而成。

第七节　刘玉平：青岛城市文化的时空认知

图6-8　刘玉平

【专家简介】

刘玉平，山东大学历史文化学院教授，主要研究方向为中国古代哲学与传统文化、文化产业管理、文化策划学等。

【学者观点】

时空问题不仅关涉客观自然界，而且关涉人类社会，关涉任何人的生产、生活和一切活动。

时空认知，是城市文化观察、调查、思考、研究的逻辑起点。只有具备基本认知，才能展开全面、科学、有效的城市文化的研究、规划、建设、经营、传播等一系列工作，并取得有针对性的成效，而不仅仅是泛泛而论、纸上谈兵。

【正文】

21世纪的当代，面对当下及未来的都市生活、城市文化，积极汲取西方和中国古代时空思想的“合理养分”，建构反映现实并引领未来的具有中国特色、中国气派的城市文化，成为正在日益步入世界舞台中央的中国之现代学术的当务之急。

一、中西方文化中的空间与时间

1.西方：围绕物质运动界定时空

从古希腊到现代的时空学说，在不同角度和程度上影响了人们对包含城市文化在内的人类社会生活的认识和理解。近一个世纪以来的社会学、哲学对都市历史和生活、城市文化的研究，或多或少地汲取了以往思想家的“合理养分”。

现代中国的社会学、哲学主要来自西方学术，都市历史和生活探讨、城市文化研究，也是在西方哲学、社会学的思维逻辑和话语体系影响下逐步开展。

2.中国：时空统一观念

表6-2 中国古代时空思想举要

著述/人物	关于时空的表述与观念
《管子》	天地万物之橐，宙合有橐天地。 （橐，口袋的意思；宙指时间；合指空间；有即又）
《尸子》	上下四方曰宇，往古来今曰宙。
《庄子》	《庚桑楚》篇分别界定了宇与宙：“有实而无乎处者，宇也。有长而无本剽者，宙也。” 《齐物论》篇首次将二字连用：“旁日月，挟宇宙，为其吻合。”
《周易》	《易经》以简明的线条（阴阳爻）构成六十四卦并辅以简短经文，创新性地符示着天地万物时空的有限与无限，天地人“三才之道”。 《易传》（尤其是《系辞》）作为《易经》的第一个解释文本，则以“广大配天地，变通配四时”首次全面而系统地揭示与阐发了宇宙万物“生生不息”（“时”）之道与“周流六虚”（“空”）之理。
王夫之	提出“动静皆动”“天地之化日新”的变化观，认为屈伸（空间）、进退、往来（时间）都是物质的不同运动形态或状态，以其深刻而完备的理论思维表述了中国封建时代精神的精华。

自古以来，中国人把时间看作一个方向的不变量，即事物从历史到当下及未来的一维性；空间则是指事物的“长、宽、高”，即六个方向的三维性。远古时代“观象授时”的农耕文明，直接引发了先秦时期及其后世流行的时空统一观念。“宇宙”概念（包括“宙合”“宇久”等），作为时空统一的表述方式，是中国古代文明的一大创举，也是对人类整个时空理论的重要贡献。西方没有表述时空统一的概念，例如，英文表示时间的词是“Time”，表达

空间之义的概念是“Space”，而宇宙又以“Cosmos”来表示，三者看不到任何关联。

二、市北区城市文化的时空视角

1.市北区城市文化建设概述

市北区历史底蕴深厚，拥有百年港口、百年啤酒、百年纺织、百年烟草等一系列工业遗产，聚集了丰富的历史文化资源。这里，曾经是青岛城市的发源地。作为青岛历史文化记忆示范片区，市北区面临着：怎样建设和完善城市记忆的归属地，如何传承并弘扬城市文化魅力，未来是否成为青岛旅游新的目的地等问题。

2.时间纵轴视角：当下与未来结合

从时间的纵轴来看，包含时间间隔的计量和瞬间时刻计量。今日的青岛，既是青岛历史的长时段的积累，也是青岛未来延续和提升的起点。

城市文化应当根据实然与应然的统一来思考，并做出科学规划和设计。

在经济全球化、城市后都市化的背景下，站在当下节点，把握住时机，利用好时间，总结和梳理近一百余年的历史，分析和提炼城市文化、精神和品格，展望和规划今后城市的新发展，成为摆在市北区面前的重大任务，也是青岛城市文化研究的重大课题。

3.空间立体视角：多维结合分析

从空间的立体视角来看，城市空间可分为三维或多维，一般包括自然空间、社会空间和精神空间。

自然空间是由硬件包围而成城市的可见场所，硬件包括山脉、河海、湖泊、建筑物、道路、树木、边界、标志等；社会空间是由人们活动而形成的人文场域，主要体现为各种法律制度、规则、习俗节庆、工作环境、居住区域、人际交往圈层等；精神空间是由思想文化营造而成的氛围和环境，具有软性和虚拟特点，例如图书馆、博物馆、艺术馆、影剧院、书店、学校、网吧等。上述城市空间，存在有限性与无限性，也有实然与应然的问题。

青岛城市空间如何，需要通过对自然空间、社会空间和精神空间全面调查和实地考察，才能做出具体而有针对性的多维分析，经过深入思考，然后形成判断。

三、青岛城市文化的时空感知与形象再造

1.空间文化与城市形态

城市的形态、形象和意象，对于人们的时空感知有十分重要的意义。事实上，任何城市对于人来说，它不仅仅是自身独立存在的事物，而且应该是将其理解为由本地居民感受到独特文化的个性鲜明的城市。从区域和识别符号来看，青岛市城市布局与空间结构，明显受海岸线和山体等自然条件的影响；青岛的城市空间不同于已经固化的老城，发展仍处于地域的蔓延化阶段；青岛的中心商务区（CBD）、高级住宅区和旅游度假区具有地域上的共栖性，均表现出向滨海地带集聚的倾向，城市繁华程度依据海岸距离由近及远而呈递减趋势。

2.从《周易》角度看青岛城市文化形象再造

由《周易》天地人“三才之道”（天人和谐）和“同人”原理出发，观察青岛市市北区，我们可以看到其城市文化的研究和建设初露端倪。在时间维度上，历史要认真总结提炼，当前要从科学规划开始，未来更要注重前瞻和引领，应当坚持实然与应然统一。整个青岛市多个区域城市文化形象再造，区域层次结构认知应当清晰，定位应当明确。既要突出个性、多样性，又要强调相互之间的协调推进和提升。

3.城市文化构筑城市记忆

城市文化是值得认同的“城市记忆”。城市的文化结构就像浓缩与贮存历史的一个特殊容器、一个记录仪。青岛城市的区域、肌理、建筑物、纪念物等，都从不同侧面表征与记录着该城市特定时空条件下的社会事件和生活。

城市记忆体现已有的时空感知，是新的城市文化形象再造的逻辑起点。由此观之，青岛市市北区在当前和今后城市文化建设中，一个重要课题就是如何使参与该城市文化结构的历史要素以物化的形式凝聚下来，以精神的要素传承下去，作为未来文化发展的参照内容。这些都是政府管理和市民生活的题中之义。

根据刘玉平在“城市文化·青岛论坛”（2018）上的演讲录音整理而成。

第八节　牛淑萍："一带一路"倡议下青岛市市北区城市文化"走出去"路径思考

图6-9　牛淑萍

【学者简介】

牛淑萍，山东大学历史文化学院副教授。

【学者观点】

关于市北区文化走出去路径的思考，主要包括四个方面：市北区文化走出去的内涵；为什么市北区的文化要走出去；市北区文化走出去的现状以及促进市北区文化走出去的对策。

【正文】

一、市北区文化走出去的内涵，主要包括以下三点：

第一个文化内涵，是指以文化的方式向一带一路沿线国家宣传展示市北区的情况，同时积极主动出击，加强与一带一路沿线国家的交流与合作。

第二个文化内涵，是指市北区文化走出去，尤其是向一带一路沿线国家的辐射，主要包括文化交流。其中，文化交流又包括双边与多边两个方面。

第三个文化内涵，是指依托于市北区的贸易，尤其是文化贸易的扩大，即以文化贸易为基础来扩大对一带一路沿线国家的文化交流与合作。

二、市北区文化为什么要走出去？简单来说，利好主要有四个方面：

第一个方面，通过文化走出去，对于市北区的经济发展具有独特的意义。

第二个方面，可以推动市北区的新旧动能转换，尤其是推动市北区产业结构的升级和发展方式的转变。

第三个方面，增强市北区在一带一路沿线国家与地区中的文化影响力。

第四个方面，可以借助一带一路战略的实施，扩大与一带一路沿线国家的文化交流与合作，增强市北区的文化自信。

三、市北区文化走出去的现状与问题？通过实地调研走访，梳理出以下观点：

第一，在调研纺织谷的时候，了解到青岛纺织业与一带一路沿线国家的合作情况。一带一路战略辐射的国家与地区大概有60个，而“青纺”与一带一路国家的合作，主要涉及少数几个东南亚的国家。市北区文化走出去，尤其是向一带一路沿线国家的辐射，起步还是比较晚，可以说是刚刚起步，影响力还有待进一步地提升。

第二，市北区的文化应立足于青岛，先走出山东，再跨出国门，尤其是向一带一路沿线国家辐射，然后将文化的影响力扩展至欧洲，乃至全球，争取在国际上有一定的话语权。但要想达到这样一个目标的话，我们任重而道远。

四、如何进一步促进市北区文化走出去，关于市北区文化走出去的路径，大致有六点思路：

第一个思路，全面协调与统筹规划。

第二个思路，拓展文化输出渠道，比如影视合作、国际图书出版等。

第三个思路，注重文化品牌建设。

第四个思路，深挖丰富的文化资源内涵，加强资源的整合与优化配置。

第五个思路，加强与一带一沿线路国家的合作力度。

第六个思路，注重智力资源的挖掘，比如智库资源的建设等。

根据牛淑萍在“城市文化·青岛论坛”（2018）上的演讲录音整理而成。

第九节　潘德华：市北区历史文化保护困难问题与对策建议

图6-10　潘德华

【学者简介】

潘德华，中共青岛市市北区委党校校委委员，四级调研员。

【学者观点】

城市的魅力在于特色，而特色的基础又在于文化。文化特色既是城市景观中极具活力的视觉要素，又是构成城市形象的精神和灵魂。

【正文】

习近平总书记说过："历史文化是城市的灵魂。"随着社会经济、历史文化的发展，城市文化的保护成为一个非常重要的问题。市北区作为青岛的中心城区、主城区，实现建设宜居、幸福城区的目标，就要注重历史文化保护。

一、困难问题

市北区在历史文化保护方面，存在八大方面的问题：

第一，周期问题。历史文化资源保护、修缮、运转所需的资金多，周期长，资金压力大。

第二，资金问题。博物馆运转资金匮乏，后劲不足，新的博物馆建设面临困境。尽管提出建设100个博物馆群落，但除极个别像青啤博物馆运转得很好，大部分博物馆的运行较为困难，自身的造血功能严重落后。

第三，政策问题。文化保护政策扶持不到位。市北区文化保护政策当前存在空缺，跟市南区、崂山区相比，差距非常大。

第四，专业性问题。专业人才匮乏，为历史文化保护工作增加难度。没有专业的人才来做相关工作，聘请专家费用过高且无法报销。没有专业人才又没有专家费用，这对历史文化资源的保护也产生了一定影响。

第五，权属问题。历史文化资源建筑的权属和变更也是一个实际的问题。青岛市的规定是，由青岛市和区里共同负责，按照谁出资房屋归谁的原则，一切文物的房屋征收，面临一个后期运营、权属该如何划分和变更的问题。

第六，合作问题。分工合作、运行机制要整体做好进一步规划。市北区在历史文化保护方面，或者发展文化产业方面，是由很多部门负责的，不同的单位不同的部门，都在负责这方面的工作。效能和沟通机制还存在很多问题，影响工作的开展。

第七，产权多样。产权多样化，给历史文化资源保护带来很多困难。一些历史景点，例如馆陶路的街道，几乎每一个建筑都是一个很重要的景点，可是景点的产权都不在市北区，有的是军产，有的是企业所有。历史文化保护与产权分歧，带来很大的困难。

第八，需求不同。历史文化资源保护开发运营，可能和居民的需求存在一些矛盾。企业追求的是利润最大化，居民追求的是宜居和功能的完善，政府强调的是传承文化和更新。如果这些历史文物企业投资之后，产生矛盾该如何协调，这是一个必然的问题。

二、对策建议

为了解决这些问题，以期为市北区历史文化资源保护作出贡献，我们提出了五大方面建议：

第一，高起点规划，加强顶层设计。规划在历史文化保护的过程中至关重要，且有重要的引领作用。具体来说，在规划设计方面，一是增强规划的前瞻性、长远性。二是要统筹规划，区分层次。三是突出城市魅力，打造文化特色。四是进一步强化运行机制平台。

第二，有机更新历史文化风貌，注重保持青岛历史文化风貌特点。我们应该根据城市历史文化的特色而予以保护，不能为了改造而改造，不应单纯地以建筑的高大、漂亮等作为风貌保护的标准。一是确定更新改造原则。二是注重整体功能定位的转换、提升。三是在改造的模式上，避免修整一新，应做到修旧如旧。四是注意保持青岛历史文化风貌的特点。

第三，深入挖掘大小鲍岛、日式建筑、四方机厂等历史文化资源，扩大市级历史文化保护范围。《青岛市城市总体规划》中，一些对青岛发展具有重要历史记忆的街区、建筑等没有列入。我们应该进一步调研、深入挖掘这些历史文化资源的历史渊源、建筑文化特征等。择定其中部分具有代表性而保护较为完整的街区、建筑，上报青岛市相关部门，争取划为历史文化保护街区；大鲍岛、四方机厂等历史遗存也应上报青岛市，争取划入市级历史文化保护范围。

第四，实施精准招商，注重大项目带动。市北区也要用足用好丰厚的历史文化资源，分类施策，开展精准招商，推动老城区的复兴。一是注重大项目带动，即青岛国际邮轮港城和中粮大悦城项目。二是充分利用好无棣路、黄台路等历史文化街区的稀缺庭院建筑资源。三是健全完善招商资源电子动态平台。

第五，政府主导，市场运营，多途径筹措资金经费。历史文化资源的保护与更新在保护、修缮、运转上需要大量的财力、物力，单靠政府财政资金的投入往往是杯水车薪，应该在发挥政府主导作用的同时，积极聚集市场、社会民间力量，多管齐下共同努力，唯有如此，历史文化资源的保护与更新才能持久发展。一是政府主导、财政投入，二是引入市场机制，三是专业人才团队经营。

根据潘德华在“城市文化·青岛论坛”（2018）上的演讲录音整理而成。

第十节　唐建军：青岛市市北区城市文化新形象的打造

图6-11　唐建军

【学者简介】

唐建军，山东大学历史文化学院副教授，主要研究方向为文化遗产保护和管理、休闲旅游、国家文化安全等。

【学者观点】

城市文化形象是城市生存和发展的根本，是凝聚了城市历史脉络、人民智慧的结晶。城市文化形象的成功塑造，对外具有较强的人才、资源等吸引力，对内具有较强的凝聚力，是城市文明程度的重要标志。

【正文】

一、青岛市市北区城市文化形象面临的问题

青岛市市北区是自然和历史文化资源富集的老城区，既有山、河、港口等自然资源，也有民俗资源、工业遗产、商贸文化、德式风情建筑等历史文化资源，还有特色街、博物馆、天幕城等现代文化资源，但以往的市北区打造的文化形象、宣传口号，比如“走遍东西南北，购物就到市北”“市北，激情飞扬的城市表情”“朝观壁画夜观灯，购物休闲在台东”“青岛百年文化橱窗，国际时尚城市地标”等，都不能很好地概括市北区特色，不能改变人们对市北区是“老城区，没什么吸引力”等刻板印象，加之当前提供的休闲旅游产品档次比较低，以传统的商贸中心、购物中心为主，对外区、外地消费者，特别是年轻人，缺乏吸引力，而崂山区、市南区、黄岛区的快速发展也让市北区面临激烈的市场竞争。

二、青岛市市北区城市文化新形象设想

1.提出新形象设想的背景：变化的世界

①社会主要矛盾的变化：体现人们对美好生活的追求。

②旅游行为的变化：从观光到休闲度假。

③旅游区域的变化：从景点旅游到全域旅游，全面地满足游客的全方位体验需求。

④消费行为的变化：消费服务和环境越来越成为人们消费行为的关注点。

⑤对城市功能的重新认知：城市是依据人的需要而建的。人的需要发生变化，城市功能也在不断调整。城市绝不仅仅是自然的产物，更是人性的产物，人的需求决定了城市的产生，而城市的发展又进一步满足及延伸了人类的需求。与传统的城市功能不同，现代城市功能进一步从以生产为主演变为以服务消费为主，生产空间将逐渐边缘化、郊区化，制造产业逐渐向城市边缘地带转移，而公共休闲空间及与之相关的信息空间、服务空间、消费空间则趋向城市的中心和城市的社区，休闲经济将占据城市的中心位置。

2.青岛市市北区城市文化新形象：活记忆、慢生活、新感受

①活记忆：体验百年青岛文化（充分挖掘历史文化资源）。

②慢生活：充分享受闲暇时光（打造青岛文化休闲区，与其他区域形成差异）。

③新感受：依托啤酒、纺织等工业遗产形成新业态（吸引年轻人，改变老区刻板印象）。

三、青岛市市北区城市文化新形象打造的路径

1.打造新形象要遵循三个原则

①以人为本：项目是为人服务的，时时处处想到人的需要，不能为项目而项目，打造好项目等人来，研究当地人及游客的行为特点、文化心理是必需的。

②统筹规划：与周边城市、青岛各市区的产业互补、各项目的空间布局等。

③措施落地：即有所为有所不为，定位之后，产业确定、招商引资方面，

对不符合定位的产业拒绝引进。

2.打造新形象可采取的四大路径

①优化现有项目，扩大各产品功能性和时间延展性

以啤酒博物馆为核心打造啤酒文化，举办诸如啤酒知识大赛、啤酒文学大赛等活动，在啤酒博物馆和其他博物馆增加小视频、小影视剧等项目；

以葡萄酒博物馆为核心打造葡萄酒文化，举办诸如葡萄酒知识大赛、鸡尾酒调制大赛、葡萄酒文学大赛等活动；

增加民俗活动，比如春节期间的糖酒会、萝卜会，周末文化公园的扑克“够级”活动，通过持续不断的比赛吸引人流；

以步行街为圆心形成特色餐饮，形成符合现代人口味的多款特色餐饮品牌和其他全家皆宜的文化娱乐项目。

通过一系列活动，让人们的脚步慢下来，充分享受休闲时光。

②挖掘资源文化内涵，创造高端文化消费产品

以市北区工商业文化为背景，创作影视剧、动漫作品、戏剧等文化产品，深度宣传市北区文化形象。

③以纺织谷为龙头，将区域内工业遗产打造成新的文化地标

以纺织谷为中心区域，可以形成休闲文化艺术中心，在博物馆及其周边区域通过优惠政策吸引更多艺术人才和机构入驻，增加区域内创意人才数量，开展艺术教育、文化展演、文学创作、文创产品孵化等活动，提升市民艺术素养和文化创造力。

④针对游客整合资源，提供细致的旅游服务和旅游建议，留住游客

青岛作为海滨城市，游客往往认为除了海边，没有其他地方可去，留不下来。为了留住游客，可以采取以下举措：

提供旅游线路，组合旅游产品，解决景点分散、游客自主组织比较困难的问题。加强与市南区和崂山区合作，形成差异化产品，市北区可以重点提供夜间娱乐项目。加强对景点的介绍与展示，充分发掘历史文化资源的文化内涵，在一切可能的地方进行展示和介绍（比如德国风情街的建筑）。注重细节打造。在全域旅游背景下，游客对一个地方的印象是全方位的。

看文化，不仅是孤岛式的文化设施，也包括广告、标志等，感受一个城市的文化品位；看生活形态，街区、小饭馆、街边的小服务设施；看市民神态，晨练的、晚上跳舞的、走路的、放学的；看卫生状况，尤其是小街小巷的卫生，最反映一个城市的本质。

根据唐建军在“城市文化·青岛论坛”（2018）上的演讲录音整理而成。

第十一节　王晖：青岛市市北区文化发展战略定位

图6-12　王晖

【学者简介】

王晖，管理学博士，现为首都经济贸易大学城市经济与公共管理学院副教授、硕士研究生导师。主要从事城市经济管理、区域经济、城市文化等方向的研究，有丰富的科研和社会实践经验。

【学者观点】

从20世纪的“红瓦绿树，碧海蓝天”到现在的“依海崛起，环海竞核”，青岛市的竞争意识和战略意识是有目共睹的。按照品牌形态的演变规律，目前我国的城市品牌发展模式大致可以分为三种，即青岛模式、大连模式和东南沿海模式。青岛城市的品牌建设和城市文化的发展崛起，与青岛市北的发展密不可分。

【正文】

一、青岛市城市文化

《青岛市城市总体规划（2006—2020）》，体现了青岛的城市性质和城市职能。

青岛是中国东部沿海重要的中心城市，是国家历史文化名城、国际港口城市、滨海旅游度假城市。城市职能是东部沿海的区域经济中心、现代化服务中心、文化中心、国家海洋科研及海洋产业开发中心，国家重要的现代化制造业及高新技术产业基地，东北亚国际航运中心，国家重要的区域性航空港，国际滨海旅游度假胜地。

文化创意产业是青岛市的短板。要充分利用青岛人文和科研资源优势，重点发展具有青岛特色的互联网服务、网游动漫、网络出版、数字媒体等数字内容产业，加快发展数字设计、文化创意产业；发展商业性信息资源的开发和增值服务，加快发展数字影视、远程医疗和网络教育等互联网信息服务，形成一批规模化、国际化的数字内容和创意产品；发展高技术的基础设施，逐步形成相互接驳的产业链条，构筑顺畅交换传播的数字网络和一个高度市场化的交易平台，建成具有国际竞争力的文化创意基地。

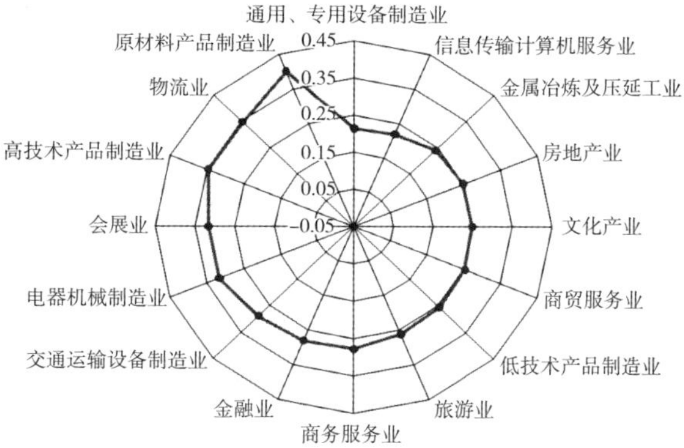

图6-13 青岛产业潜在竞争力指数雷达图

二、青岛市城市品牌

美国杜克大学富奎商学院Kelvin Lane Keller教授在他所著的《战略品牌

管理》一书中指出，像产品和人一样，地理位置或某一空间区域也可以成为品牌。在这种情况下，品牌名被相对固化在一处地理名称上。

因此，城市品牌是一个城市历史文化、地理资源、经济特色等诸要素被社会公众广泛认同的某种最具典型意义的称谓。它是从商品品牌、企业品牌延伸过来的，是市场经济发展的必然产物。在市场经济条件下，为提升城市的知名度、美誉度和受众目标对城市的忠诚度以及增强城市的综合竞争力，客观上就要求城市取得一个富有感染力品牌。城市品牌是城市形象的集中体现。一个城市一旦形成某种品牌，它就成为推动城市发展的经济力量，因而城市品牌也是一笔巨大的无形资产。

优秀的城市品牌一般包含独特性、延展性、实用性三个要素：独特性是指城市品牌具有不可替代的经济文化内涵和不可交易的专有功能。延展性是指依托城市品牌带动一个产业群，带动城市周边地区的发展，如“国际影都”洛杉矶。“大城市圈”的理论就是要发挥这种延展性。实用性是指城市品牌可以有效转化为商品服务或商业附加值，如德国小城汉诺威虽然地理范围和人口规模不大，却成为享誉全球的“会展业之城”。

城市品牌战略的一般架构如下图：

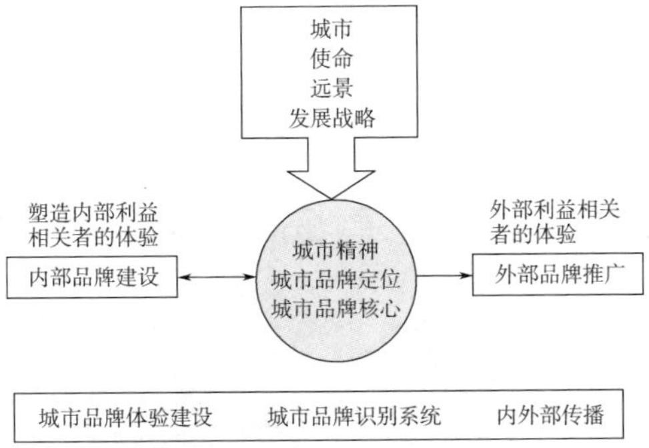

图6-14　城市品牌战略架构

构建城市文化品牌就要塑造城市经营新理念，打造城市形象新品牌，提升城市核心竞争力，其中：首先，以CIS（企业识别系统）理念规划城市，以艺术手段建设城市，以经营理念管理城市，增强城市综合竞争实力。其次，城市品牌的塑造要从城市发展目标体系中选择最能代表城市特色的发展目标定位、传播、展示、推介。最后，城市品牌塑造要注重城市人文精神的培育与城市文化品位的提升。

三、市北区城市文化发展

市北区是青岛市内三区之一，是青岛市工商业的发祥地，区内集聚了啤酒、纺织等现代民族工业，为青岛市区人口较为集中的地区，是青岛民俗文化的重要发源地和革命运动的摇篮。

市北区城市文化实施可以分为传播、培训、激励、约束四个环节。其中前两个环节可以培养市民认知，后两个环节可以培养态度认同。认知和认同共同促成了市民行为落地，进而成就组织行为落地，实现城市言行一致，使得文化品牌得以落地。

首先，在这个过程中最重要的就是市民行为落地。一个区域的知名度、美誉度，包括广大游客、顾客和利益相关者到青岛来体验的一切，这都关乎品牌的落地。其次，据我观察，青岛市官方网站是国内地级市网站中做得最好的一个，这种对外宣传有利于城市文化的传播。最后，目前青岛在国内的知名度、美誉度都比较高，但是忠诚度传播还有待提高，提高的方式可以从两个方面入手：有效的激励和文化有效约束，包括迁入约束、晋升约束、行为约束、业绩约束等。

根据王晖在“城市文化·青岛论坛”（2018）上的演讲录音整理而成。

第十二节　汪沛：青岛的城市精神是什么

图6-15　汪沛

【学者简介】

汪沛，复旦大学中国研究院助理研究员。

【学者观点】

青岛作为一个理想的城市，有古今中外的文化融合，形成了独特的城市精神。因此，在探究青岛城市文化内涵时，我们需要回溯历史。[①]

【正文】

青岛最初不是以城市的形态出现的，古代的青岛不是城市而是渔村。因此，当我们探讨青岛的城市文化时，我们需要明确近代史中发生在青岛的两个重要事件：

一、康有为为什么晚年时选择定居在青岛

当时青岛是中国城市化最高的城市，康有为在1917年的时候第一次来到青岛，当时他就盛赞青岛是“中国第一”。1923年随即购得福山支路五号院为住宅，命名为“天游园”。康有为还为此作诗《赞新居》：“截海为塘山作堤，茂林峻岭树如荠。庄严旧日节楼在，今落吾家可隐居。”[②]这首诗读来有一点黄庭坚《松风阁》的意味，不过康有为并没有像从前不得志的文人那样退而隐居在青岛崂山一带，反而积极地促成了很多社会活动。康有为不仅在青岛、济南两地成立孔教会（万国道德会）[③]，“昌明孔教，救济社会”；而且他尝试办大学，彼时康有为计划在曲阜创办大学，在青岛开设预科。尽管康有为的设想没能实现，但是当青岛大学成立之时，康有为为这所私立大学捐献了约10万

① 更多的讨论参见〔加〕贝淡宁、〔以〕艾维纳主编《城市的精神2：包容与认同》，刘勇军译，重庆出版社2017年版。

② 王桂云：《青岛崂山闻人觅踪》，中国戏剧出版社2009年版，第6页。

③ 康同璧：《南海康有为先生年谱续编》，转引自青岛市文化遗产保护管理委员会编《山海之间的诗意栖居：青岛文化名人故居概览》，中国海洋大学出版社2015年版，第17页。

大洋的图书。[①]青岛在康有为时期就已经形成了集现代化与儒学传统于一身的独特城市文化，这一城市文化的形成使得青岛与其他城市立刻产生了不同，也使它成为某一群体选择定居的关键所在。

二、卫礼贤传教的经历

1.多元的文化背景

考虑到20世纪初的青岛，不光处在一个中国古代传统向近现代传统转变的一个节点上，也处在一个被殖民的历史时期，可以说是位于中西古今的一个交叉点上，所以它承载和经历的文化是很多城市所没有的。同时青岛处在被儒家影响的山东，和其他城市相比就有它的特别之处。

比如在青岛天主教堂附近有一条曲阜路，路边有一个孔子的塑像，塑像与教堂之间夹着一个学校。雕像、学校、教堂，这三个标志性的建筑相互交融却没有明显冲突，可见当时大家对于儒家文化、教育和基督教三者之间的接受度较高。

德国和日本在青岛进行的其实都是殖民活动，但是青岛人对这两者的态度却截然不同。他们认为日本人完全是破坏，而德国人却做了很多基础建设（工作）。当然，在当时的背景下，普通市民并没有意识到这两种殖民方式实质上都是为了巩固统治。

2.卫礼贤的贡献

1899年，卫礼贤来到刚刚成为德国租借地的青岛，开始了他的传教生涯。同任何虔诚的传教士一样，他当时来中国的目的无非就是为了向广大的中国人传播上帝的福音。不过卫礼贤是一个对文学与艺术有着较高天赋和良好修养的人，所以从一踏上中国的土地，对于了解中华民族及其思想与文化的兴趣就远远超出了宗教事务本身。

卫礼贤在青岛开办了新式的学校，不仅教授西方知识，也教中国经典。值得一提的是，礼贤书院于1905年增设了女子书院，除了教授知识，他们还积极宣传，不让中国女孩子裹脚。卫礼贤在日本侵占青岛期间也坚守在青岛，那时候他将自

---

① 青岛市文化遗产保护管理委员会编《山海之间的诗意栖居：青岛文化名人故居概览》，中国海洋大学出版社2015年版，第19页。

己办的学校改造为红十字医院，自己身为红十字青岛分会会长，积极组织会员开展庇护妇女儿童、救治伤员、掩埋死者尸体等活动。那段炮火连天的岁月中，卫礼贤也没有中断他的翻译事业。[①]德国人所建的基础设施大部分在市南，但是礼贤中学在市北，离德国军人比较远，这说明卫礼贤想要真正帮助青岛人、帮助中国。

理想之城：青岛

在《城市的精神2：认同与包容》中，我们将青岛看作“理想之城”，认为青岛源于灵性和宗教的理想始于秦始皇，并一直持续到晚清；之后是近代德国殖民者的政治理想，以康有为为代表的具有浓厚儒家色彩的大同世界之构想，还有卫礼贤以传教士身份所进行的西方现代思想的传播。置于中西方以及古代与现代交会之地的青岛，充斥着政治家、思想家、教育家以及文人墨客的精神理想，并且传承至今。

在经济快速发展的现代背景下，整个青岛的氛围是很包容、轻松、休闲的。一方面政府着力于打造这样包容多元的城市文化形象；另一方面大家也愿意接受这样的城市特色，大家都愿意到青岛拍摄婚纱照，把爱和美的印象定格在这里，将其看作充满异域特色的、爱和美的，正是认为青岛市属于爱和美的城市。

根据汪沛在“城市文化·青岛论坛”（2018）上的演讲录音整理而成。

第十三节　王永章：做城市文化发展的助推者

图6-16　王永章

① 刘宗伟：《案卷里的青岛》，青岛出版社2016年版，第46—69、201—217页。

【学者简介】

王永章，中华文化促进会副主席兼文化产业（中国）协作体执行主席，原文化部文化产业司司长。长期在地方和国家文化部门工作，十分注重理论思考和政策研究，积累了比较丰富的文化行政管理和产业运作经验。

【学者观点】

“城市文化”是一个非常宽泛的概念，既包含一个城市的历史传统、人文建筑，又包括这个城市的文化设施、艺术活动、市民素质、对外形象。

2018年是改革开放四十周年，也是夺取全面建设小康社会胜利的关键一年，青岛市委市政府提出要推动质量变革、效率变革、动力变革，促进经济的平稳健康发展和民生福祉的持续改善。

要实现市委市政府提出的奋斗目标，必须加快城市文化发展，一个地方的城市文化发展水平如何，决定了这个地方全面建设小康社会的质量和水平。

【正文】

城市文化是一个非常庞大的系统工程，特别需要深入研究，以在新形势下，明确新的思路，提供新的动力，开创新的空间，创造新的佳绩。

一、发展城市文化的三点体会

1.摸清城市文脉，创新工作思路

发展城市文化必须摸清城市文脉，创新工作思路。文化是灵魂，城市文化反映了一个城市与众不同的个性，每一个城市都有不同的文化底蕴和人文风情，每一个城市都有自己的风格和城市精神，所以在城市文化发展过程中必须摸清这个城市的文脉，突出城市个性，强化公众认知，打造和培育城市特有的文化品牌和城市精神。

2.领头人要尽职尽责，勇于担当

发展城市文化，相关人员必须尽职尽责，手中有责，勇于担当，敢于负责。身居要职的领导干部和独当一面的部门主管必须切实加强责任意识和担当精神，这样才对得起组织对得起人民，才能把城市文化建设搞好。

3.集聚人才，发挥人才引领作用

发展城市文化必须集聚人才、盘活人才，建设一支优秀的城市文化发展专业队伍。城市文化的核心标准之一，就看你有没有科技、教育、文化、艺术、人文等方面的人才队伍以及领军人物，他们的一言一行往往会影响市民的生活方式和价值观，最终影响城市文化发展。

二、发展城市文化的工作思路："六个三"

1.确定三个目标

提高人民生活质量，促进人的全面发展，推动社会经济、政治、文化全面协调进步。

2.抓好三个重点

抓好基础设施建设，其中主要是抓项目、抓规划、抓资金、抓技术；抓好繁荣文艺，抓齐鲁文化、重大节庆、精品创作、对外文化交流；抓好文化市场管理，抓管理广度、执法力度、完善制度、健全法制。

3.拓宽三个渠道

积极争取市财政拨款，努力争取社会赞助，自己动手发展文化产业。

4.发挥三个优势

发挥好国家历史文化名城资源优势，发挥青岛文化名人繁多的人才优势，发挥好文艺队伍齐全、人才济济的团队优势。

5.打好"三化"要求

基层活动大众化，艺术创作精品化，文化交流国际化。

6.做到三个相适应

青岛的文化发展水平必须与青岛的经济发展水平相适应，与青岛在山东对外开放的龙头地位相适应，与青岛建设国际化大都市的奋斗目标相适应。

三、青岛市市北区的城市文化发展

1.市北区的城市文化战略

市北区作为主城的核心区之一，要独立构造一套城市文化的发展体系是不现实的，然而通过我们的努力可以打造一个具体的城市文化，为青岛的城市文化增光添彩、添砖加瓦。因此，市北区领导重视文化的战略眼光和长期思维，特别是与高校合作，借助高校的资源和智力来发展城区文化，非常有智慧，也非常有远见。

2.市北区的丰富建筑文化

建筑文化是城市文化的重要构成，而青岛城市文化最独特的就是建筑文化。市北区涵盖了青岛许多老城区域，我印象最深的是一块棚户区。我说拆光之后会让后人不知道以前这里的样子，一定要保留一个老地方，做成博物馆保护起来，叫后人看看一百年前、五十年前我们住的房子、建筑。

根据王永章在“城市文化·青岛论坛”（2018）上的演讲录音整理而成。

第十四节　姚子刚：城市复兴的文化创意策略

图6-17　姚子刚

【学者简介】

姚子刚，华东理工大学景观系副教授，同济大学国家历史文化名城研究中心研究员。

【学者观点】

在城市转型方面，目前中国城市面临着三种转型：首先是从功能城市向文化城市的转型，第二是从工业城市到创意城市的转型，第三是从旧城改造到城市复兴的转型。

将来的发展一定从城市复兴出发，城市复兴是四位一体，即城市经济的复兴、空间的复兴、文化的复兴以及社会的复兴。

文化资源通过创意转化形成合适的文化创意产业，这是城市从经济、空间实现全面复兴的核心要义。

【正文】

近三十年是中国城市大发展大破坏的年代，我们的“得到”与“失去”并行。面对未来转型，中国城市应当把握机遇，其中尤其要把握两个最重要的特质：一是从产品生产经济向服务经济转变；二是知识技术起决定性作用，走低原材料消耗低能耗、高信息高附加值的道路。

全球化背景下，我们的城市是一个全球的网络，这不是一个短期的、区域的概念，而是一个全球的、合作的概念。经济的输出一定伴随着文化的输出，趋同的发展模式会带来地方特色的衰落。

一、中国城市面临三种转型

在城市转型方面，目前中国城市面临着三种转型：首先是从功能城市向文化城市的转型，第二是从工业城市到创意城市的转型，第三是从旧城改造到城市复兴的转型。

1.从功能城市到文化城市

从1933年《雅典宪章》开始，城市划分为居住、工作、游憩和交通四大功能。2007年《北京宣言》提出了“千城一面”的问题，其中还包括城市的大发展和大破坏问题，以及从功能城市走向文化城市的倡导。

从个人实践来看，现代文化城市还面临着诸多困境：首先是过多关注经济价值忽视了人文价值；第二是过多注重西方文化，忽视本土特色；第三是重视地标形象，忽视整体特色。

2.从工业城市到创意城市

随着生产方式转变，工业城市会走向没落，能源不能承担高速发展和副作用的后果，故而未来一定是文化创意的时代。随着后工业时代的来临，工业城市必须要转型，市北区作为老工业生产基地和园区，也必然要积极投身于文化创意的大潮，转型成为创意城市的一部分。

对于创意城市而言，有三个要素十分重要，即“人”“物”“境”。“人”即创意阶层，其中有新型思维、创新思维、创意思维的人尤为重要。“物”即“创意资产”，包括硬件和软件，其中尤其重要的是“软资产”和“软实力”。“境”即创意情景，打造城市有文化内涵、有创意符号的情境。这三个要素集于一体则是从工业城市转型为创意城市的关键。

3.从旧城改造到城市复兴

中国城市建设经历了三个阶段：八十年代的大拆大建，九十年代的商业化，到现在的“旧城改造”与“城市扩张”并存。在中国，城市都是蛙跳式的发展模式，快速发展而没有循序渐进的发展过程，忽视了文化遗产和历史街区的重要性。而创意城市和文化时代的到来一定会是从从城市复兴出发，坚持三位一体，同时以城市经济复兴、空间复兴、文化复兴以及社会复兴为城市复兴的标准与尺度。

二、城市如何复兴

1.城市复兴的新问题

城市复兴面临一些新的问题：如重视城市美化，忽视传统风貌；重视城市经营，忽视公共福利。所以对创意城市中旧区改造要重视建筑的多样性价值、空间的多样性价值、文化的多样性价值。

2.城市复兴的文化创意策略

市北区有三大文脉资源：产业文化、历史文化、红色文化。

文化、创意、城市三者结合是我关注的重点。文化与城市一体化包括文化与消费升级、文化与体验经济、文化和资本、文化和生态四个方面。

文化资源如何通过创意转化形成合适的产业，以带动城市从经济、空间实现全面复兴，其核心就是把握文化创意产业。文化创意产业构筑了城市发展的动力、活力和魅力。当然，要完成文化创意产业的搭建与转化，也需要三力作为支撑——政府力、市场力、社会力。

3.城市复兴的思维

关于城市复兴的思维，有几个对市北有重要借鉴意义。

第一是渐进式的规划。重点在于规划途径的循序渐进和规划过程的控制，规划方法必须与城市自身和环境的动态变化相适应。

第二个是城市触媒。在规划中摄入催化剂的点，点再辐射形成网络。

第三个是城市针灸。它不是全盘的更新，是点状的更新，一个点的针灸会带来整体的活力。

综上所述，整体城市复兴的规划原则是“公共政策”非“技术工具”，是“弹性与刚性相结合”非单一“刚性规定”，是“过程控制”非“目标导向”。

“底蕴市北、幸福市北、活力市北”，我们在不断创造着历史，历史也将回馈我们美好的遗产，只有将其活化利用，方能彰显我国的产业和资源优势。

根据姚子刚在“城市文化·青岛论坛”（2018）上的演讲录音整理而成。

第十五节　章军杰：新型城镇化进程中的城市文化空间生产

图6-18　章军杰

【学者简介】

章军杰，山东大学历史文化学院助理研究员。

【学者观点】

新型城镇化关注的重点，应该放在存量城市的再城镇化以及人的城镇化上。城市不仅是一种生产空间，更是一种空间生产，在城市文化空间生产中，我们应该合理考量并发挥权力、资本与文化的交互作用，在对空间关系再调适的过程中创生一个包括政府（机构）——企业（产业/资本）——大学（科研）——用户（市民）的创新生态系统。

【正文】

一、城市文化空间生产的提出

法国学者塞尔托认为，城市是现代性的机器和英雄。但我们向往怎样的城市？2017年青岛城镇化率为72.57%，到了一个非常高的程度。城镇化的新城市空间发生了转变，人的户籍身份也发生了转变。但城市的文化身份和人的文化身份，还停留在传统的身份标识中。人的城镇化落后于物的城镇化，半城镇化问题凸显。这种状况下，新型城镇化关注的重点，或许应该放在存量城市的再城镇化以及人的城镇化上。

城市不仅是一种生产空间，也是一种空间生产。“空间不是一种纯粹的外在物质存在，是人的实践和创造的物质，是一个社会过程。”现代性表征的以消费主义为导向的空间商品化，有可能对我们的城市文化、对我们的历史造成开发性、创造性的破坏。城市文化空间生产，沟通了城市的物质存在和人的城镇化，是城市空间生产过程中值得期待又复杂的着眼点。

二、城市文化空间生产中的权力、资本与文化

城市文化空间有不同类型，既包括博物馆、图书馆、文化馆等公共文化空间，也包括文化企业、文化艺术区、文创产业园等商业性文化空间。不同的文化空间，其文化空间生产的作用力和作用机制不同。比如绍兴黄酒产值约100亿元，它的产值远低于纺织、化工等其他主导产业。但绍兴黄酒在绍兴城市空间中的地位，对绍兴城市文化形象的营造，其影响是不可简单地用产值来衡量的。这就不仅需要市场的作用力和作用机制，也需要政府的力量。黄酒特色小镇就是多种力量作用下城市文化空间生产的典型实例。绍兴黄酒指向的是农业文明之下的一种文化空间，它在新的文明形态下面临更新的问题。我们的青岛啤酒是工业文明生产形态下的一种文化空间，在后现代文明形态下也面临更新的问题。

可以说，当代城市文化空间的营造，已经由传统的历史地理、文化地理，逐步走向文化经济地理。我们要考虑权力与资本在文化空间生产中的关系问

题，地域文化是沟通权力与资本的一种要素，并在沟通中成为一种不断生长的新文化。比如宁波博物馆，收集了30多个村庄、600多万废砖旧瓦作为博物馆建设的基础素材，建成了一座有回忆、有记忆的博物馆，见证了城镇化进程中消逝的历史，也形成了一种新的文化积累。在未来文化空间生产中，或许也可能成为一种新的作用力。

三、城市文化空间生产创生新的文化积累

城市文化空间生产关注的不再是物质空间的营造，而是文化空间中社会关系的再调适。这或许是新型城镇化进程中值得关注和期待的增量。在权力、资本与文化的相互作用下，创生出一种不断生长的新文化，或可成为城市再造的一个突破口。

当然，新型城镇化进程中的城市文化空间生产，并不排斥现代性、新的文化的产生。比如中南卡通，它在整个中南集团所占的份额并不大，集团产值50亿元以上，中南卡通产值约1000万元，但中南卡通极大地推动了中南集团产业的再生长，集团产值从10亿元变成了50亿元，很好地促进了二产的转型升级。我们的青啤，是否能通过新的文化空间的营造形成新的文化品牌，促进二产主业的发展？当然，这也需要“学术话语”的互动甚至交锋，创生一个包括政府（机构）——企业（产业/资本）——大学（科研）——用户（市民）的创新生态系统。

根据章军杰在“城市文化·青岛论坛”（2018）上的演讲录音整理而成。

第十六节　张黎敏：从国外博物馆文化看市北区博物馆建设

图6-19　张黎敏

【学者简介】

张黎敏，副教授，博士，文化产业硕士生导师，山西财经大学文化产业教研室主任。

【学者观点】

在产业融合的趋势下，我们需要用文化旅游的产业思维和文化空间的社会思维来重新审视博物馆这一特殊载体以及它所创造出的文化与价值。在规划建设中尤其要注意博物馆“以人为本”的理念，增加其互动性与体验性，打造全浸式的文化空间。

【正文】

一、博物馆的浸入式体验

文化部和旅游部的合并使得文化和旅游合二为一，这种融合趋势要求我们用文化旅游的特点和规律去建设博物馆。这种融合基于游客的心理，更多地迎合游客休闲娱乐的需求，因此博物馆也要提高它的体验性和互动性，使得参观者能够亲身体验，融入博物馆的文化氛围中。

从这一点看，国外主题公园的一个成功之道就是优秀的体验性。比如：在洛杉矶的环球影城主题公园中，孩子们可以亲身体验到哈利·波特神奇的魔法棒；在菲尼克斯乐器博物馆中，乐器一改展品冰冷的模样，而展现出亲和的态度，向所有参观者展示着乐器背后源远流长的历史故事。这些环节的设置使得博物馆变成了一个可以体验的场所。

市北区拥有数量较多的各种类型的博物馆，在展品陈列和文化输出方式上对游客心理层面的考虑与游客体验层面的关照较少，建议学习国外博物馆互动体验式的环节设置，从游客听觉、视觉、触觉全面出发，打造成全浸式的体验博物馆。

二、作为第三空间的博物馆

美国社会学家雷·奥登伯格（Ray Oldenburg）从社会学的角度将社会空

间分成三个层次：家庭空间、工作空间和两者之外的其他空间，即“第三空间”。“第三空间”是一个中性的、具有包容性的、让人忘记烦恼的、交流的地方。“第三空间”涵盖广泛，其中包括咖啡馆、酒吧、书吧、美容院、杂货店等。星巴克就是一个介于家与办公室之间的第三场所，其经营的精髓就是让顾客在享受咖啡的时刻，同时享受到放松的心情和愉悦的气氛。

作为“第三文化空间”的博物馆、图书馆等本质上也是一个“文化空间”。它吸收了奥登伯格三个空间理论中“第三空间”“轻松、自由、平等、交流”等特点。博物馆、图书馆有着鲜明的文化特质并作为青少年教育基地而发挥作用。博物馆要想留住青少年，必须让其成为一个学习的空间、交流的空间、表演的空间、灵感的空间。

“第三文化空间”不仅仅是一种概念，更是很多图书馆正在进行的实践：

1.新加坡裕廊地区购物中心的图书馆

1996年3月新加坡政府在地铁站附近的裕廊坊开设了裕廊区域图书馆，开创性地将图书馆开进了购物中心，不仅让读者最大限度地享受方便，还把图书馆变成广大民众的时尚好去处。这个图书馆中的青少年活动空间、婚姻咨询站、电玩交流会等都很具特色。

2.韩国国立中央图书馆免费婚礼厅

韩国国立中央图书馆为市民提供特殊的婚礼服务，每场婚礼只收取约合人民币300元的场租费，同时还向新人赠送结婚礼物，基本上等同于免费。这一服务吸引了大量年轻人去图书馆。

3.美国盐湖城公共图书馆的“特色广场”

盐湖城公共图书馆不仅仅是一座公共图书馆，更是一个巨大的室内公共空间，因此人们有时将其称为“广场”。在这座“广场”中，有别具一格的“阅读廊”，这里有天台花园，有会议厅、报告厅，还有商店、餐厅……盐湖城公共图书馆已成为居民心中一个理想的公共活动场所。

三、“以人为本”的规划建设理念

博物馆在建设过程中还要落实“以人为本”的规划建设理念，充分考虑“人”的因素，为市民和访客的便利着想。国外公共场所的建设大多重视对弱势群体的关怀，在任何的公共场所都能看到“老弱病残”的相关服务标识，这一点在我们国家却不多见。因此我们要强调“以人为本”的理念，注重对弱势群体的关怀。历史奠定了城市的厚度，现代文化彰显了城市的宽度，但是细节决定了城市的高度，更决定了城市的温度。

四、博物馆要有产业思维

这里的产业思维不仅仅指盈利，比如博物馆的衍生品为博物馆带来了经济效益，更指的是通过一种延伸的产业思维将博物馆的文化内涵带出这个空间，走向更广阔的外部空间中。博物馆虽然有时空限制，但是它的文化内涵是没有限制的。只有亲身体验、亲临其境，并通过某种方式将其转化并传播，才能够使其文化得以保存，使其价值得以发挥。要打造市北区城市文化的名片，也同样要有产业思维，一定要自下而上，睹物思人、睹物思校、睹物思城，“百年青岛·记忆市北”，“爱城主义”一定是潜移默化，润物细无声的。

根据张黎敏在“城市文化·青岛论坛”（2018）上的演讲录音整理而成。

第七章

访谈分析：他们眼中的市北

考虑到专题访谈活动的全面性与深度性要求，本次调研活动的访谈专辑主要涉及市北区历史文化街区保护与更新的四大参与主体——政府、学者、居民、企业，围绕市北区历史文化街区保护与更新的核心议题展开相关话题的讨论。调研团队通过与各方参与主体进行座谈，对政府、学者、居民、企业四大参与主体各自关于历史文化街区的保护与更新议题的诉求与建议形成了明确认知。

第一节　政府视角：青岛市市北区文化和旅游局

为更好地了解市北区文化旅游发展的整体状况，调研团队特意对市北区文化和旅游局副局长于镜龙与市北区文化和旅游局文化产业管理办公室主任林刚进行访谈。此次座谈主要围绕市北区文化旅游发展情况展开，重点对不可移动文物的保护与开发及市北

图7-1　团队与市北区文化和旅游局领导座谈

区文化旅游建设议题进行了研讨。

访谈对象：市北区文化和旅游局副局长于镜龙

市北区文化和旅游局文化产业管理办公室主任林刚

一、基本情况

首先，在物质文化遗产方面，市北区目前共有187处不可移动文物，其中有28处重点保护文物，以及在第三次全国文物普查中新增的159处不可移动文物。在28处重点保护文物中，有3处是全国重点文物保护单位，包括青岛啤酒厂早期建筑、青岛山炮台遗址和胶澳海关旧址，还有12处山东省文物保护单位，其余为青岛市文物保护单位和区级文物保护单位。针对这28处重点保护文物，文保单位进行过一定的资料整理，建立了相应的档案。新增159处文物的后续普查工作正逐步进行。这187处不可移动文物的保护与开发，是市北区文旅局目前重点进行的一项工作。

其次，在公共文化服务方面，市北区有优越的地理位置，人口集中，教育体系完整，拥有足够数量的博物馆。市北区致力于打造城市博物馆群，在已有博物馆的基础上，进行资源整合与开发，使博物馆再次焕发生机。在博物馆建设之外，市北区公共文化建设也是政府的重点工作之一。公共文化主要服务百姓精神文化生活，目前市北区主要有四大品牌公共文化活动：春天有“舞动春天”，夏天有“群众文化艺术节”，秋天有“基层文化大比武”，冬天有“萝卜·元宵·糖球会”。而其中萝卜元宵糖球会是市北区传统民俗活动，有较长的历史。萝卜·元宵·糖球会从正月初九到正月十六为期八天，最早最出名的是四方区的糖球会，为正月十四、十五和十六三天。糖球会起初不是很正规，主要依靠海云庵民俗开展，糖球会上杂耍表演多，以商贸为主。萝卜会最初是在三区合并之前的老市北区举办。老市北区有贮水山，现为贮水山儿童公园，萝卜会曾在此举办，时间为正月初九到十六。老台东有清溪庵，春节期间举办元宵山会。后三区合并以后，就成为现在的萝卜·元宵·糖球会。最早是沿袭商贸活动，上合峰会后，改成“5＋3”模式，前五天为文化活动，后三天为商贸活动。

最后，在政策扶持方面，市北区目前出台有“个十百千万”工程，力图打造“百年青岛·记忆市北”文化旅游休闲地。这个工程里面，“个”是指叫响“记忆市北”文旅品牌；“十”是指恢复和提升十个历史文化街区、建设具有核心竞争力的标志性街区；“百”就是此次认定管理办法中的“六个100”，分别指100处历史文化记忆民宿、100个历史文化记忆主题酒店、100个历史文化记忆经典美食店、100个历史文化记忆名优特精品商店、100个历史文化记忆博物馆、100个景区化文化记忆街区；“千”是指1000家历史文化记忆企业和1000名志愿者做市北故事讲解员，培育热情好客的服务环境；“万”是指10000家弘扬优秀传统文化的家庭示范户，营造特色浓郁的历史文化传承氛围。

二、面临问题

(一)新增159处不可移动文物所面临的问题

市北区新发现159处不可移动文物，由于当时普查工作较为仓促，目前还存在很多问题。首先在普查过程中，虽进行了一定的考察，但由于多方面原因，如时间较长、城区建设等，有些文物只存在于文字记录中，本身已不存在或者只有旧址。因此需要对159处文物重新进行考察，核实当下保存情况。其次，同28处文物一样，对于这159处文物也建立相应档案，但由于档案建立时间较早，出现与实际情况不相吻合的情况。同时部分档案记载不详细，未设置到四级档案。最后，文物价值评估缺乏相应的体系。因此，在实际考察基础上，重新建立档案，形成一套相应价值评估体系，对于其中有较高历史价值和艺术价值的需要重点关注。

(二)公共文化管理所面临的问题

1.经济问题

市北区经济发展道路较为坎坷，相比于市南区与崂山区，市北区经济处于弱势地位。这就使得市北区政府相比市南区与崂山区没有雄厚的经济基础来做如国有博物馆这样的建设。政府经济实力相对较弱，市民消费水平和购买能力也不及崂山区和市南区。经济基础决定发展，市北区曾经建立大型商贸市场，拉动经济发展，但效果并不显著。而且市北区在文化资源方面又有得天独厚的优势，经济实力偏弱限制了市北区的文化建设，但从另外一个角度看，市北区更迫切地需要进行区域发展转型。

2.管理问题

以萝卜·元宵·糖球会为例，萝卜元宵糖球会是在三区合一后建立的，虽然是在三区合一后建立，但是始终是市北区一项传统活动。而如今举办大型活动需要层层申报，申报十分困难。另外一方面，上合峰会前后，曾一年禁止举办大型集会活动，虽然经过协调，形式改变，但安全问题始终是首要问题。政府曾考虑购买服务，选择专业团队来承办活动，不过这又涉及安全问题。目前，活动都有公安部门做保障，如若承办，公安部门可能无法提供保障，相应安保团队也有一定风险。因此，管理问题始终是目前公共文化建设中一个需要值得重视的问题。

3.其他问题

市北区目前拥有一定的文化资源，但是缺少标志性建筑或者说缺少必要的旅游景点。如何使市北区成为青岛旅游不可缺少的一环，也是市北区的工作重点。同时，面对这些文化资源，如何保护如何更新也是一个难题。

三、开发设想

（一）文物的保护与更新方面

对现存历史建筑邀请建筑专家进行安全等级评估。进一步挖掘文物背后的历史，为后续文化服务打下基础。不可移动文物本身就承载着历史，在保护基础上如何更新是需要重点考虑的。要对已有资源进行梳理和整合，挖掘背后价值。

文物产权方面需要制定相应的政策。制定相应文物产权政策，以便后续保护和更新，也更能实际操作。

（二）区域文化旅游建设方面

1.建立城市博物馆群

市北区有足够数量的博物馆，但是质量等方面还有欠缺，在此基础上进行进一步挖掘整合，形成独具特色的城市博物馆群。同时面对没有雄厚经济实力的情况，政府可以考虑以“政府搭台，企业唱戏”这一模式进行发展。

2.恢复老青岛面貌，重建青岛购物街

市北区经济产出不如市南区和崂山区，但市北区一直是青岛的传统商区。从老中山街到馆陶路，包括胶州路、北京路、济南路等，这一片区域在过去是青岛的商业街。这一片区域消费定位不是很高，但能够满足人们吃喝玩乐。后因拆迁，现在一部分区域为科技街，过去的老台东步行街有幸被保存下来。从这一点出发，以购物而非高端消费为目的，致力于展现青岛风貌，重新打造老青岛购物街风貌。

3.推动邮轮母港的建立

邮轮是青岛的特色，但是由于其目前知名度不高，而且地理位置等各方面条件有限，还未形成相应完整的产业，因此接下来要大力推动邮轮母港的开发，以此形成独具青岛特色的邮轮休闲旅游方式。

访谈实录

问：您如何评价青岛目前的旅游发展现状？

答：青岛整个旅游其实做得不是很好，甚至不如济南、烟台和威海。很不好的原因在于，青岛是这一条旅游线的经过点，不是一个过夜点，更不要说是一个目的地。现在很多线，比如山东半岛几日游，在青岛时间只有一天，早上来到青岛，看天海一线，然后跑到崂山，爬个崂山，接着到日照或威海去住。去日照威海住，成本较低，所以游客一般不会在青岛过夜。几年前，上海市有过这样的经历，上海一个副市长曾经提到一个观念，我认为是非常值得肯定的，就是要清楚城市旅游的定位。青岛作为东方好莱坞也好，东方曼哈顿也好，你一定要把青岛旅游的定位要定好。青岛要清楚自身定位，青岛完全可以做一个高端旅游。青岛这个城市，量很大，但是经济增长不多，而且成本反而增加，人力成本、交通成本、城市污染成本都算进去。比如夏天我们去海边洗海水浴，本地人都不去，一是海水污染，二是人太多。车没办法停，沙滩没有位置，喝一瓶饮料都买不到，更不要说餐馆，有地方的餐馆定价非常高，这样的情况其实非常不利于青岛旅游的发展。

青岛旅游其实有很大的发展空间，其中最主要一点就是交通。我作为一个济南人来讲，我说去青岛，我抬腿就走了。为什么，因为现在济青高铁修通，济南到青岛只有两个小时，如果可以，最好能提到一个半小时，像济南到北京这个速度。我说来就来，说走就走，交通十分便利。青岛这个交通发展其实受限于山东整个交通发展，20世纪90年代，山东交通走在全国之前，然而21世纪以后发展越来越慢，特别是从2001年以后，火车从北京到上海非常快，但是进入到山东特别慢，尤其是从内陆到胶东地区非常慢。

问：现在邮轮母港是已经实施了一些更新升级计划了吗?

答：现在有些正在实施。一方面，加大基础建设，加强靠岸服务业的发展；另一方面，提升邮轮母港知名度。目前只有国内几个知名邮轮把它作为停靠港。国外大的邮轮一年经停几次就已经很好了。所以一方面加大宣传邮轮母港，作为旅游路线上的一个点进行宣传；另一方面，就是走出去，扩大客群市场，目前主要辐射还是山东半岛，希望继续往内陆辐射。

问：国外邮轮经停青岛主要去哪?

答：主要走“日韩”线。

问：日本和韩国的邮轮每年都有吗?

答：每年都有，一开始很多，还挺不错。推出这种邮轮旅游，青岛人民感觉还是挺愿意的，包括老头老太太的都挺愿意去体验。然而后来因国际关系复杂，这样青岛邮轮母港日韩业务也跟着波动变化。

问：海云庵民俗馆关闭的原因到底出现在哪?

答：海云庵，当时开馆政府投资很大。目前海云庵产权一半是市北城防集团，还有一半从个人手里租来的。现在情况是，投入很大，游客量很少，无收入。前期还是挺好的。

问：前期是以什么业态来打造的?

答：手工展和各种小商小贩，海云庵和海云庵的广场，之前在广场也有一些，民俗街也有。民俗街有些像逛大集，比如杂耍一类的。后续海云庵也有一些非遗的东西。再后来，就有一些老年人会过去，但年轻人不会再去，没有什么创新。还有一个原因，房屋维修，入不敷出。再到后来个人不再出租，想要干一些别的，到2017年8月，逐渐就停止了，2018年1月正式关门。我们也接到了政府这边的通知。目前就是这样状况。

问：整体投资多少？

答：政府投入在3500万元到5000万元，前期打造确实是风风火火。

我简单补充一下。因为市里又整理相关材料，我还是比较了解的。前期做这个民俗馆，是因为在老四方区和老市北区合并之前，老四方区要搞一个区域亮点。于是，四方区考虑将海云庵这种热闹景象通过一种形式再现出来。当时是政府投资，就做了民俗、木雕等一些大型场景，非常用心地在做这件事。但是，后续再过去考察，海云庵就一直保持这样状况，没有什么更新。再后来两区合并以后，海云庵固有印象一直在那，做得再好再有特色，没有实际回报，所以此后就不再做了，就一直放在那里。最初我们是改造了整个街区，包括服饰、餐饮、购物等一些业态性。这里面存在两个问题，在业态方面，第一个是保留了当时民俗集会一些东西，就很热闹，人多以后，做小买卖的也有很多。这里就存在政府无法管理一些问题，包括食品安全问题、城市管理等，然后就清理了一些。这里面又涉及一个问题，这些房子产权多样化，因为这里不是说由政府可以控制或者说某一个企业控制，这里面有很多个人产权。后期为了生存，里面就比较乱，比如干理发店的我让你进，小卖部我也让你进，这就造成内部很混乱，这是一个原因吧。第二个原因，政府改造还是面临产权问题。政府想引导做一个整体产业，然而老百姓要比过去更加聪明，就有一个潜在矛盾。比如需要政策扶持，这还是落实到经济问题，再加上老四方区消费能力比较弱，比老市北区还要弱，整个经济业态就衰落下去了。

问：后期运营方式是怎样的？

答：后期房子往外租，还是想依托传统民俗，比如一些手工业商品，多往民俗方面去靠。那些东西的市场不是很抢手，唯一还不错的地方，就是餐饮业。

我认为政府是可以投资，应该让政府搭台，企业唱戏。政府运营本身存在很多条条框框，有很多东西被框住了，比如你花的每分钱都需要写出来。我记得地铁大道，哈尔滨黑龙江那里就做得很好。

问：我觉着您说得非常对，政府在制度上本身存在很多框框，所以政府搭台，政府唱戏，不是很好的选择。

第二节　学者视角：青岛市市北区委党校

访谈对象：青岛市市北区委党校校委委员、四级调研员潘德华

一、主要内容

图7-2　团队与市北区委党校学者座谈

潘德华老师1987年毕业之后就来到市北区工作，长期为市北区老城复兴出谋划策，本次就市北区历史文化街区保护开发现状、保护过程中的问题等方面进行座谈。

（一）保护开发现状

市北区没有市南区的天时地利人和，也没有李沧区和四方区的那种老工业基础，市北面临更多的是压力，人口密度大，基础设施落后，资源承载力弱，即同样的区域范围内，财力和物力承担不了过多的人口。合区前，市北区的弱势群体，老年人、残疾人、贫苦户，包括失业人群，占到市内四区的三分之二，市北的经济压力大，财政压力大，而且很多的财力用在扶持贫困的人群上，用于他们免费的教育、贫苦人口帮扶等，没有其他资金用于基础设施的建设。

后来市北区领导开始践行“特色发展”的思路，先发展特色街，从一条街、两条街开始，然后打造十几条，最后打造成特色街区，带动老城区发展。

当时通过实践这个思路之后，市北各方面的发展包括经济发展、形象树立、道路环境、老百姓的认同感明显取得突破。

（二）存在问题

在城市发展过程中，改造和保护是矛盾，政府领导和民众生活也可能矛盾。政府追求更快更好、街区发展得更漂亮，要政绩，而老百姓对老房子有儿时的记忆、有感情，不希望它被破坏又希望内部设施改善，保留记忆，这是矛盾。

第一，财政问题。老房子的保护需要很多钱，不比盖新房子少，而且时间成本更高，这个钱来自哪里，政府有没有这个财力，市北区这方面比较弱，财力不足，要保护老建筑，需要政府出政策，吸引社会力量。但是另一方面，社会力量也就是企业或者市场要追求利润最大化，现在“取引所”就被企业承包，投入很多，它们肯定要考虑产出，考虑后期的收益，因为有这样文化情怀的人太少。

第二，军产问题。青岛很多历史文化街区的产权都是私人的企业的或者军方的，包括馆陶路，想进去深入研究就不可以。青岛的军产很多，建筑和文化的保护就存在矛盾，这些怎么协调怎么解决是一个矛盾。

第三，人才严重不足的问题。目前文旅专业人才队伍建设还存在短板。政府其实可以通过第三方服务成立专业保护队伍，解决这些问题，而且文化购买服务是政策允许的。

二、思考启示

（一）区市协调

历史文化街区的保护和发展靠一个区的力量是不现实的，首先需要市政府重视，有关部门牵头，前期不同部门协调才行。青岛的里院很破旧，街区是联通的，这边属于市南那边属于市北，只有一个区的保护是不够的，一条街道不可能一半在保护开发、一半不动，需要市里统筹安排。

（二）做好宏观规划

宏观规划一定放在第一位，没有好的、长远的、全面的规划，往往这种文化利用不容易成功，光看眼前怎么能成功。台儿庄古城做得很成功，背后原因就是它的规划，做的时候规划很周到、长远，规划论证和建设时间合理，实践证明这是对的。

（三）改造里外相结合

街区应该作为整体的功能区考虑，既要做到历史文化保护，也要包括文物本身、周围居民、游客等各方面在里面生存运作，怎么才能达到这种目的，不是单纯修修补补就好，要考虑水、电、管、网、环境、人性化设施。

除了内在看不见的这些东西，还要修缮外表，“修旧如旧”，根据原来的面貌进行修复，再就是周边的配套，道路要建设好，馆陶路道路本身和人行道都很落后，也不平，都需要完善提升。

（四）分类对待

分类对待不同文物，典型的建筑可以保留，通过博物馆、酒吧等方式发挥它的作用，质量不好、不是典型的建筑就不应该保留了，可以进行改造，围绕代表性的建筑进行改造，符合附近的建筑风格，服务于核心建筑。

（五）让街区“活”起来

对历史文化街区的保护不能千篇一律，那样会造成审美疲劳，使用稍有差异的形式更好；武定路和上海路的环境，绿化和道路就很差，太破败了，环境改造应该有更多的投资；街区要保留一部分人口，一部分疏解出去，建筑进行业态丰富，不管是博物馆还是书店，要让街区活起来，现在就缺乏生机，全是居民，都没法“活”起来。

访谈实录

问：针对市北区历史文化街区的整体现状，和其他城市相比有什么特色，有什么问题？

答：先介绍一下自己，我是山东大学1983级科学社会主义系学生，本科毕业之后就来到市北。30多年前，也就是80年代，市北区很落后，我家乡是潍坊安丘的，那时候坐长途车到四方车站，从车上下来，就觉得四方区太落后了，市北区稍微好一些，但是和市南比差距很大，来到中山路，就感叹市南怎么就这么繁荣。好多人来青岛玩都是去市南的，市南那时候是青岛的一条金边，地理上从南到北，市南、市北、四方，是越来越落后、越来越穷的。我们去逛街，从海边走越往北，越让人觉得，这哪像青岛啊。

30年来市北区一步步发展，我也一步步见证它的成长，写了不少论文和书，我对市北区是有很深的感情的。在市北待了30多年，所以我和其他人相比是稍有不同的。第一是，我有更多的真情投入，或者说是兴趣和爱好，有了深情的投入，我在表达对问题的看法时，不是为了完成任务，在认真程度和锻炼程度上，质量更高一些。第二是，那时候的教育和信息沟通和你们现代相比差很远，在实际工作中，需要更多的观察和比较，提出一些不同的看法，如果看见了只是单纯地抱怨一下，市南区条件那么好，市北条件这么差，这完全没有意义。

我在市北区和四方区合区之前对市北区有一个概括，市北区没有市南区的天时地利人和，也没有李沧区和四方区的那种老工业基础，市北面临的更多的是压力，我们人口密度大，基础设施落后。我使用了“资源承载力弱”这个词来形容市北，就是同样的区域范围内，你的财力和物力承担不了那么多人口。现在合区之后情况还好一些，在之前，市北区的弱势群体，老年人、残疾人、贫苦户，包括失业人群，占到市内四区的三分之二，市北的经济压力大，财政压力大，而且很多的财力用在扶持贫困的人群上，用于他们免费的教育、贫苦人口帮扶等，没有其他资金用于基础设施的建设。

后来市北区领导开始践行“特色发展”的思路，先发展特色街，从一条街、两条街开始，然后打造十几条，最后打造成特色街区，带动老城区发展。现在来看，特色街区没有以前那么火了，但当时通过这个思路之后，市北区各方面的发展包括经济发展、形象树立、道路环境、老百姓的认同感明显取得突破。

取得成效之后，市北区的领导想要总结概括一下这个经验，提出了“特色发展”这个词，后来领导改成了“特色市北”，我们使用这种思路，不断打造特色经济和特色文化，取得了很好的效果。那时候是2009年，提倡科学发展观，不仅要注重经济发展，经济和社会文化也要协调发展，要让老百姓获得发展的收益。市北区经过10年左右的发展，在青岛市的科学发展综合考核中连续三年获得了“优秀”等级。市北区有很多劣势，优势很少，能取得这种成就真的很不容易。

2009年年初的时候，市北区的书记王建祥，现在是西海岸的书记、省军民融合办公室常务副主任，提出要总结市北特色发展的经验，与先进的区市相比，寻找有什么差距，当时我接手了这个工作。在这之前，针对青岛市市北区我写过综合的调研报告和论文，论文已经发表，报告也得到了相关领导的批示，作为区里向市里汇报的报告，但是我还是感觉有些单薄，本来我把以前的报告和论文交上就行了，我还想和其他地方有更多的对比，想要更多系统地思考。我的提纲修改了很多次，专家和领导也不断提出意见。有一次讨论汇报，有个领导说，你根据这个研究提纲，是要写一本书啊。

2009年，我们就组成了专家组编写这本书，以省委党校为主，加上市北党校的我和薛老师，我们不断出去考察、反复修改，最后完成了《老城区发展研究》。

当时能写成确实不容易，可现在来看里面有些观点，由于时间问题、眼界问题，不是那么先进了，但是总的观点很多都是可以借鉴的。

我们市北区的文化是非常多的，红色文化、工业文化、民俗文化等，有些概括得不是那么准确，但是深入去看就会发现很多东西。我希望你们一定都要进行实地调研，实地考察获得第一手资料，而且不同的人看到的东西不一样；第二点一定要学会观察、对比和思考，市北区的这些文化保护得到底怎么样，继承得怎么样。比如青岛火车站，现在就保存得很好，很大程度上体现了青岛的海派文化，但是济南火车站就被拆掉了。那时候，不光是很多专业学者认为它很重要，我刚上大学时，没有太多文化，第一次见到济南火车站也觉得它很特殊。现在济南火车站一直作为历史文化遗产保护失败的案例，被好多专家举例，因为太典型了。一座城市有没有文化遗产是一个问题，怎么保护利用又是一个问题，有时候这之间存在矛盾，一个城市要发展，历史文化又要保护，如何做可选择的路径就是多样的。现在你们的调研可能更多地看到的是一个点，我建议你们选择几条线，不要一帮子人坐车去看，而要两三个人到那里去感受和体验。比如馆陶路，它不只是一条街，还有周边的店铺、建筑、居民，而且光了解一个点用处不大，要将它和武定路、上海路联系起来一起感受，这里面有旧有新有改造，然后你自己去思考如何去保护，就会感受不一样。不要总听讲解员讲，要坐下来和当地居民去聊，了解他们的感受。

在城市发展过程中，改造和保护是矛盾，政府领导和民众生活也可能矛盾。政府追求更快更好、街区发展得更漂亮，而老百姓对老房子有儿时的记忆、有感情，不希望它被破坏又希望内部设施改善，保留记忆，这是矛盾。老房子的保护需要很多钱，不比盖新房子少，而且时间成本更高，这个钱来自哪里，政府有没有这个财力，市北区这方面比较弱，财力不足，要保护老建筑，需要政府出政策，吸引社会力量。但是另一方面，社会力量也就是企业，它们要追求利润最大化，现在"取引所"就被企业承包，投入很多，它们肯定要考虑产出，考虑后期的收益，因为有这样文化情怀的人太少。上次我去调研和他们说，单纯一种业态维持收益很难，应该搞多种业态，吸引顾客，否则时间长了这种文物保护谁也承受不了。

青岛也有这种历史文化保护开发失败的案例——中山路的改造。中山路在我刚毕业时候，到后来很长时间内都是青岛最繁华的地方，90年代之前，到了青岛的人，第一是去栈桥，第二就是去中山路。中山路那个时候，第一特别繁华，第二是德式欧式建筑，非常美，城市氛围非常好。但是随着城市的发展，政府一看破旧了，就想拓宽道路，一些老树也都砍掉，看起来条件改善，但没有了欧式味道，青岛当地人也没有那种感觉，没有人气，现在来青岛中山路绝对不是要去的地方，但它是很长时间以来、几十年青岛深刻的记忆，是青岛发展和繁荣的象征。后来它改造了好几次都失败了，为什么呢？改造过程中没有保留原先的文化和记忆，没有在原有基础上发展创新，把优势的风味去掉，看着粉刷得很漂亮，但已经失去那种味道和历史文化。2006年，市南区又在改造中山路，花钱很多，青岛市政府和市南区政府还在想怎么恢复过去的荣光，因为这是青岛的象征。馆陶路南边就连着中山，过去中山路特别繁荣，但一往北到馆陶路就不行，现在就没有那么繁荣。馆陶路现在叫德国街，以前是搞经济建设的，还有一条体育街，丰富群众生活，昌乐路是文化街，还有黄台路街区，后来这些街道将历史文化都融进去改造了。

青岛市曾经出过一个规划，保护欧式特别是德式的建筑，对日式不太重视，但是市北区日式建筑多一些，这就是政策上给市北区提出的一个问题。专家觉得日式建筑文物价值没有德式的高，市里对市北区的日式建筑保护没有支持。历史文化街区的保护和发展靠一个区的力量是不现实的，首先需要市政府重视，有关部门牵头，前期不同部门协调才行。比如昨天咱们去青岛港，研究邮轮文化不仅要考虑一个区或者一个青岛港，要从全市的角度，市南、市北、西海岸这些区都要协同发展，要全面考虑。青岛的里院很破旧，街区是连通的，这边属于市南那边属于市北，只有一个区保护是不够的，一条街道不可能一半在保护开发、一半不动，这需要市里统筹安排。

宏观规划一定放在第一位，没有好的、长远的、全面的规划，往往这种文化利用不容易成功，光看眼前怎么能成功。台儿庄古城做得很成功，背后原因就是它的规划，做得时候，规划很周到、长远，规划论证和建设时间就差不多，实践证明这是对的。全国的古城有很多，山东就有青州、聊城的古城，现在看山东最成功的就是台儿庄，原因可能有多方面，但是规划先行肯定发挥了比较好的作用。台儿庄区域优势没有太多，聊城被称为“水城”，但是没发展好，规划非常能体现专家和领导的眼光。

市北区的规划，如果光看眼前的武定路、上海路，拆迁改造可以赚很多钱，但现在不能开发，还要维护基础设施，这就是矛盾，改成高楼大厦，那青岛的海派文化肯定要损失很多，中山路已经损失了很多，如果馆陶路再改了，那青岛肯定受很大影响。

对你们的调研而言，文化保护一开始不要看点，要看区域，深入民居，单纯一个点而没有区域概念是没有用的。你们可以根据兴趣爱好，选择某一个小角度，做更深的研究，比较其他城市，会有意外的收获。

问：您刚才提到，台儿庄做得很好，全国有没有其他您觉得做得好的地方？

答：上次城市文化·青岛论坛的时候，姚子刚老师提的，苏州平江路也非常成功。苏州大家都知道，“上有天堂，下有苏杭”，江南类似的古城是很多的，但是相比较，各自有各自的特色，大体风格差不多，但是和当地文化民俗融合得比较好。即墨古城、青州古城等和本地文化融合得都不如江南好。

我去厦门之前，很多人和我说厦门特别好，我去厦门之后发现，厦门并不像大家说得那么好，没有青岛好，但是为什么外界印象比其他地方好呢，厦门的宣传推广思路特别好，咱们山东人或者说北方好听一点就是实在，厦门不一样，通过各种途径让别人知道。去了鼓浪屿之后，我在欣赏风景的同时，把它和青岛的八大关、信号山相对比，它们和青岛的风景差远了，它就是树多一点，但总体上比不上信号山，鼓浪屿的石头也和青岛差不了多少，天气好的时候你站在小鱼山上就是青岛“碧海蓝天，红瓦绿树”的景色。我后来还发现他们其他地方也做得很好，他们有小吃，在线路设计上很聪明，小吃街放在最后的必经之路上，大家都走累了，正好在小吃街又吃又喝，体验景色之后还体验了当地的饮食。咱们的八大关强调保护，是很美，但缺乏人性化导致设计不足，参观以后就会发现没有厦门这些东西，没地方休闲一下，这一方面北方城市都做得不够。有一年在青岛的三民论坛上，我给发改委提了一个意见，在一些主要道路上增设厕所，那么长的路上没有公共厕所，你让游客怎么解决问题。后来他们还回复我说现在已经达到标准不用建了，过了几年还是又建了厕所。我们有时候去公园里也这样，找公共厕所很难。鼓浪屿还有一点，走着走着就看见开放半开放的别墅，但是在八大关你进不去，它们的产权都是私人的企业的或者军方的，包括馆陶路，想进去深入研究就是不可以的。青岛的军产很多，建筑和文化的保护就存在矛盾，这些怎么协调怎么解决是要考虑的。

问：除了军产的问题，在保护过程中还有什么困难?

答：除了前面提到的财力不足的问题，历史文化保护应该是市里和区里一起来做，现在青岛市有政策，谁出资房屋归谁，市里的国开行有更多的资金，一个房屋，市里投入更多的资金，所以产权从原先的市北移交到市里，但是具体的保护还是要在市北区进行，存在产权和使用权的矛盾。

有一次和文旅局的同志交流，他们提出人才严重不足的问题，到了深层的保护还是做不好。政府其实可以通过第三方服务成立专业保护队伍，解决这些问题，而且文化购买服务是政策允许的。

昨天去的邮轮母港是由邮轮母港管理局主管，政府机关做得是整体上的大方向协调管理，青岛港是企业，具体到邮轮母港国际旅行社也是企业，政府机关和企业考虑问题的角度就不一样。市北区的文化保护，有历史文化记忆片区管委会、文旅产业中心、文旅局，前面两个是协调机构，后面是政府机关，还涉及街道办事处，同样一件事，在不同单位看问题的角度和看法就不一样，在保护过程中的协调和分工就存在信息沟通不足、效率低下的问题。如何协调不同的相关方就很困难，是成立总体的协调机构呢，还是不同机构负责管理项目开发不同的方面呢。

问：有没有更具体的问题，比如停车的问题，我们在馆陶路“取引所”开发过程中就发现了这个问题。

答：停车问题不仅是馆陶路的问题，昨天去的邮轮母港也存着这样的问题，一出门的两条路都很窄，周围都是居民区，没有空地建停车场，过去在建设过程中没有考虑停车这个问题。在馆陶路只有汽车站那里有空地可以建停车场，别的地方只能停放几辆车，但是馆陶路汽车站不是市北区说了算的，需要市里协调搬走。搬走之后建成停车场，不仅能解决馆陶路停车的问题，它距离邮轮母港也比较近，也可以缓解邮轮母港的停车问题。

我在中央商务区，就发现路比较窄，好多年前我就和管委会提出来了，要发展CBD必须解决停车问题，道路要拓宽。他们答复我说，道路拓宽市北区说了不算，需要市里向国务院报批才能拓宽。停车问题后来也没解决。我提建议在合适的区域建一个停车场，后来建了地下停车场。所以应该建议市北区政府协调市政府搬走馆陶路汽车站。

问：您觉得：理想的历史文化街区未来应该是什么样的，应该呈现出什么样的风貌，发挥出什么样的功能？

答：历史文化肯定是需要保护的，习近平总书记也提出了要重视历史文化。街区应该作为整体的功能区考虑，既要做到历史文化保护，也要包括文物本身、周围居民、游客等各方面在里面生存运作，怎么才能达到这种目的，不是单纯地修修补补就好，要考虑水、电、管、网、环境、人性化设施。居民在这方面的需求还是很强烈的，现在那些房子从宜居的角度说质量很差，作为政府必须重视居民的这个问题。

除了内在看不见的这些东西，还要修缮外表，“修旧如旧”，根据原来的面貌进行修复，再就是周边的配套，道路要建设好，馆陶路道路本身和人行道都很落后，也不平坦，都需要完善提升。

另外，要分类对待，典型的建筑可以保留，通过博物馆、酒吧等方式发挥它的作用，质量不好、不是典型的建筑就不应该保留，可以围绕代表性的建筑对其进行改造，做到符合附近的建筑风格，服务于核心建筑。

里院可以改造成怀旧的民宿，让人感受青岛的欧派风格，全国各地都有各种各样的风格，我们可以根据我们原来的欧派风格改造成酒吧等，这些房子不住的话老化得更快，还有一些建筑物有展示的作用，所以要分类分层进行保护。

对历史文化街区的保护不能千篇一律，造成审美疲劳，使用稍有差异的形式更好；武定路和上海路的绿化和道路都很差，太破败了，环境改造应该有更多的投资；街区要保留一部分人口，一部分人口要疏解出去，建筑进行业态丰富，不管是博物馆还是书店，让街区“活”起来，现在就缺乏生机，全是居民都没法“活”起来。

辽宁路（科技街）有一部分建筑是没有改造的，那是青岛原住民生活的地方，有很多筒子楼，那些建筑也很有特点，是改造得不错的地方；铁山路和商河路日式建筑比较多。

啤酒博物馆老厂房是改造比较成功的地方，有展馆、生活体验，但还有点不足，内部最后休息的大厅做得还不够好，到了最后总是有一些遗憾，体验感觉不够。鼓浪屿最后有一个小吃街就不会有这种感觉。

问：青岛出台过哪些文化政策，什么时候开始有了这种文化保护的意识？

答：这个保护意识没有那么具体。不同区有不同的情况，但保护意识也只是近几年才有的。为什么市南区中山路的保护不算成功，他们当时是从商业和旅游的角度来开发，而不是从历史文化的角度出发，战略性考虑不足造成了问题，没有文化的元素，发展持久力就弱。南京秦淮河就做得很好，整片区域都做得很好，而不是一片区域保持活力，只有一片区域没有联动性。鼓浪屿不怎么样，但是它的体验感就很好；八大关建筑和环境都很好，但体验感就不好。

市北区的一些政策和其他区的政策相比没有太大竞争力，崂山区同样出一个政策，就比市北高很多，市北区的财力不足，经济基础决定上层建筑。比如博物馆和文物的政策，崂山区可以给予很大的支持，市北区没有钱没有地，达不到它们的标准，跟市南区、崂山区相比有很多劣势，所以一定要招商。市北区一般是“理想很丰满，现实很骨感”，非常被动。

第三节　居民视角：海云庵民俗文化片区

采访对象：海云庵道观道士

海云庵附近广云书院负责人、佛具店店长

一、海云庵道士

问：海云庵道观是基于什么原因建立起来的？

答：当时建庙传说是因为观音大士的点化，有一天晚上村里所有的老人都梦见海上漂来一棵大木头，后来人们到海边一看果真有一棵大木头。村里人觉得这是观音大士在点化，需要用这块木头修建道场来庇佑这一方人民，于是村里人就齐心协力把木材打捞上岸，建成庙正好木头

图7-3　团队与海云庵道观工作人员访谈

用完。之所以命名为海云庵是源自诗句“海为龙天地，云是鹤家乡”。

问：海云庵糖球会是怎么形成的？

答：海云庵庙会最早形成于建庙之初。建庙之初周边都是以海上作业为主的渔民。正月十六是每年的第一个大潮日，过了正月十六渔民就要出海打鱼，当地的居民每年会在正月十六到庙里祭祀，祈求能够风平海静，满载而归。后来时间一长便有人发现这个商机，带一些糖球来卖，慢慢地，人们觉得糖球味道较好且是红色的，寓意较好，象征着新的一年甜甜美美。

糖球会是一种自发的活动，是海上渔民自发组织的，后来形成一定的规模，且在2009年海云庵糖球会荣获“中国十大民俗节会”称号。

问：您是什么时间到这的，您到这里的时候糖球会是什么样的情况？

答：我是2008年到的，当时糖球会已经具备一定的规模。海云庵庙会在政府的支持下正在慢慢扩大，同时会在道观外边的街区中引商过来，为满足现代人的各种需求，小吃摊位等越来越多。每年的糖球会期间，在海云庵文化广场上会有各种民俗文化演出，内容都是关于如老游戏、太极拳、老年歌舞等传统文化的，与庙会也密切相关。

问：像现在周边的业态比较杂乱，比如酒店、饭店等，如果政府或者高校智库参与进来，要入驻新的业态，您认为什么样的业态比较合适呢？

答：如果要入驻新的业态，需要与民俗文化、传统文化、宗教文化相契合，避免业态的散乱。现在的能力范围内，我只能做好庙内的工作，庙外的无法干涉，而且那些业态存在肯定是有人需要才存在。因为建庙之初，庙宇面积规模很大，是历史上有名的四方大庙，后来受到破坏。老一辈的人比较熟悉四方大庙，但对于年轻人而言是通过糖球会熟悉海云庵的。

问：在咱们这个区域，这一年中除了糖球会还有其他活动吗？

答：除了糖球会之外，相关的集中民俗活动也有，主要集中在庙里。如庙里各个神仙的圣诞日，既能够为神仙祝寿又能够祈求国泰民安、风调雨顺。每个神仙的圣诞日都会举行一定的祈福法事，但是要因地制宜，每个庙情况不一样，海云庵主要供奉观音大士，主要节日是农历二月十九、六月十九、九月十九。太清宫主要供奉太上老君，主要节日是农历二月十五，每个庙的节日、时间不同。

问：所以这些活动都是在海云庵道观里面举办吗？

答：对。《中华人民共和国宗教事务条例》有规定，所有的宗教活动只能在合法的宗教场所内进行，如果需要在其他地方进行活动，需要向有关部门进行报备。

问：目前海云庵道观的人流量如何？

答：目前的人流量不固定但并不多，它是一个香火庙而不是旅游景点，每月的初一、十五的人流量相较而言较多。目前海云庵道观需要购票进入，门票5元，举办法事的时候免费。

问：您认为需要进一步传播海云庵的民俗文化吗？

答：这个需要一定的契机。海云庵文化的向外宣传需要一定的时机，比如妈祖巡游全民参与等，要遵循道法自然的观念进行传播。

现在的庙会在正月，道观也在思考如何利用现有资源向外宣传推广海云庵的民俗文化、宗教文化，但这是一个长期的过程，需要各方的共同努力。比如说我们可以举行一个大型庙会，但需要多方的支持和努力。

问：您关于海云庵的国际化是如何考虑的？目前的国际游客多吗？

答：目前海云庵小，关于国际化的问题没有考虑过，时机到了自然会向外传播。海云庵文化的国际化是一个漫长的过程。

二、广云书院负责人

问：您的书院主要经营哪些业态？

答：主要是教太极拳等传统文化方面的，还有书法、古琴、中医等，放假期间主要做太极拳。

图7-4　团队与海云庵民俗文化街广云书院店长访谈

问：您为何会选择

入驻这个地方？

答：我从小学习太极拳，后来开店需要找场地，太极拳练习需要较大的场地，在海云庵附近落户可以提供训练空间，学员也可以在海云庵广场练习。最重要的是，海云庵的整体风格与太极拳主题比较贴合。

问：海云庵民俗文化街是怎么发展到现在这样的？

答：海云庵道观始建于明朝，后来周边的建筑都是按照海云庵的风格建造的，最开始的时候是海云庵商城，1992年竣工，当时只是商业运作的商场，后来政府想要使之与海云庵风格一致，进行了重新改造。糖球会在新中国成立初期就已经有这种风俗了，一直延续到现在。海云庵广场会进行一些民间艺术表演，展示非物质文化遗产如民间剪纸等，有一些社区也会做传统文化活动。

问：之前海云商城的运作情况如何？为什么改成民俗馆？

答：那是改革开放初期，一开始商城运作较好，后来政府介入，想要带动周边，全部打造成海云庵民俗街。后来政府就在负一层将近两千平的地方建造了海云庵民俗馆，主要是加强年轻人对民俗文化的了解。

问：政府的初衷较好，实际结果如何呢？

答：现状不太乐观，周边商户纯粹从事民俗活动的极少，有很多普通的饭店、宾馆等。

问：目前海云庵广场的利用率如何？

答：海云庵广场早晨基本上是老人在打太极拳，周六周天的白天社区会进行一些活动，晚上主要就是跳广场舞的场所，居民消费都很低。

问：如果政府进行再规划，您觉得进行一种什么样的开发比较好呢？

答：如果政府再规划，我希望不管做什么开发，首先开发出一定的成效，让大家都受益。另外政府本身的初衷，就是将传统文化进行开发传承，希望更倾向于传统文化方面。我觉得这个需要政府主导，企业家与小商户进行配合。比如说现在政府进行整体收购，但要考虑到成本问题，目前的问题较多、较复杂、较久远，很难解决。比如说产权问题，海云庵附近的门头房的产权都在个人手里，比较难解决，现在大部分业主想要出售或者租赁出去。

问：除了糖球会之外，附近还有什么活动吗，或者需要改变什么呢？

答：我跟你说一下我的个人想法。目前青岛正在整体学习深圳，对外学习成功的经验，但针对某个区应该针对特定的城市学习，海云庵应该向西安、开封等有传统古建筑文化的城市学习，学习古建筑如何修缮、保护、开发、经营等，学到的应该是长期的、有自身特色的经验。

问：海云庵附近的古玩集市多吗？

答：海云庵民俗街的古玩不多，政府之前有过古玩大集的想法。青岛市的古玩以前集中在昌乐路文化街、镇江路的古玩城、台东的文化街等，其余的比较零散，目前遗留下来的只有昌乐路文化街，其余的都已经面临倒闭或者已经倒闭。原因可能是布局太分散，且供过于求，竞争过于激烈，缺乏特色。我觉得做文玩行业首先要考虑到文化底蕴，其次要考虑到周围的环境，海云庵附近的消费能力较低，周边居民老人居多，搞古玩市场不大。

三、佛具店店长

问：您是从哪一年入驻海云庵民俗文化街的？这几年糖球会的发展怎么样？

图7-5　团队与海云庵民俗文化街佛具店店长访谈

答：我来了不到两年。糖球会从2019年开始有分区，主要原因是人流量太大、难以承接，周边停车设施不完善，需要大量人员来维持秩序。糖球会期间会有大量的全国的特色民俗的摊位，如潍坊的年画等，活动也很丰富。

问：您在这边做生意，想问一下您这边人流量大吗？

答：目前人流量不是很多，但是每天晚上有较多的老人和小孩，周一到周五一般是居民自发在海云庵广场上活动，周六周日有社区组织的演艺活动，如唱戏的文艺演出等，但参与人数较少。人流量较前几年而言在下降，但每天晚上有较多的老人和小孩，最热闹的是一年一度的糖球会的时候，大概持续半个月，人流量极大。

问：您觉得这边想要重新开启民俗馆的话，有什么需要改进的地方？

答：如果想再重新运营，我觉得首先要有好的项目入驻，但我想的跟现实有一定的差距，因为需要大量的资金投入，应该需要政府力量的帮助。

问：目前一年里糖球会这样的活动只有一次，您对这个事情怎么看？

答：平时都有活动，但参加的人很少，比如社区的文艺演出等。海云庵广场还有一定的商业促销活动，但整体效果与糖球会相距极大。海云庵周围属于生活区，老人较多，他们属于"老青岛"。

问：您觉得海云庵未来的发展定位应该是怎样的？

答：未来开发的定位，海云庵地区首先是生活区，相较于青岛的其他地区物价较低，我认为海云庵的功能分区不会有太大的变动，这已经是一种历史传统，变成商业区是很困难的。对于目前与民俗文化不相符的业态，我认为十分难变动，不是人力能维持的，是一种文化心理习惯。

第四节 企业视角：青岛国际邮轮母港

访谈对象：青岛国际邮轮有限公司刘文韬总经理助理

青岛国际邮轮有限公司孙博涵总经理助理

图7-6 刘文韬总经理助理

图7-7 孙博涵总经理助理

孙博涵总经理助理任职于投资发展部，刘文韬总经理助理负责市场营销工作，熟悉邮轮母港产品和业务，本次就青岛国际邮轮母港的历史、发展规划、面临困境等方面进行座谈。

图7-8　团队与国际邮轮母港领导座谈

访谈实录

孙博涵：非常欢迎大家，各位有什么问题或是课题可以随意交流，我们一定开诚布公地说。

王广振：在2017年的时候，经过当时青岛市委书记和山大校长的决定，山东大学和青岛市市北区政府成立了山东大学城市文化研究院（青岛）。

城市文化研究院现在要做的工作，一是要扎根于市北区的老城复兴，打造“时尚之都”概念，然后把青岛市的文化符号、城市精神做一个高端化的提升。二是我们关于历史悠久的市北老城区做了相应的文件材料梳理，想以此为基础编撰一份市北区的文旅融合规划。

要做市北区发文旅融合规划首先要考虑到的就是邮轮母港。青岛市本身是一个港口城市、海洋城市，因为港口而诞生了之后所有的工业，从这个意义上来讲，我们脚下的这片土地应该是从前保留下来的工业遗产。邮轮母港现在正处于一个转型期，从原来的港口货运式的工业化港口转向一个旅游型的对内对外的展示窗口。

关于转型我们提出以下的问题：第一个是整个大港区的转型理念、方向，或者说大的规划是什么；第二个是如果从工业文化遗产的角度出发，从原来纯粹的工业码头转向以邮轮为主题的文旅融合项目后该如何运作。

孙博涵： 我们公司主要承担的是整个邮轮母港的运维以及围绕着邮轮模块的整合功能，下面有两个分公司，主要围绕邮轮产业及其衍生品的运作。

我觉得现在最需要解决的问题是如何扶持整个邮轮产业的发展。在转型开发的方向理念方面，我们都围绕着将邮轮母港打造青岛的景点甚至名片，提到邮轮母港便想到青岛或者山东，这是我们要打造的理念。我们在这方面做了很多工作，现在急需突破的是规划方面，因此公司近期也邀请专家做规划。

专家规划的主要思路还是围绕工业和旅游结合的方面来进行，重点保留海港文化。比如港口的粮罐，外形是保留的，里面可以改造成书店或者博物馆。除了旅游还有军事化方面比如军舰，整体来说还是比较国际化的。像国外的很多港口，也是有军事和海关的作用。

我们下一步的发展将会是多样化的，货运功能将逐渐退去，只保留一些城市必需的清洁货运功能，基本上是把港区还给整个城市。因为港口占地面积5平方千米左右，目前港口和城市的冲突已经很明显了，港城矛盾突出。所以下一步我们将把它还给城市的旅游功能，努力振兴市北区整个文化产业。

王广振： 我们的调研围绕整个市北区，包括工业文化遗产，还有纺织谷博物馆、啤酒博物馆、馆陶街、党史馆、邮轮母港等地点，这些构成了一个文化综合区。市北区的文化业态非常明确，第一是海洋文化，第二是红色文化，第三是民俗文化，第四是工业文化。

邮轮母港是青岛诞生的载体，所以我认为青岛市的第一步就是从邮轮母港开始的。从整个邮轮母港的发展来说，将会是工业文化遗产的利用与开发。港口的很多东西将保留下来，外观呈现出之前工业文化遗产的态势，但是内容将会做成与文化旅游、文化业态相结合的基地。

市北区曾经有很多工业，但是现在四方机车厂、纺织机械厂、卷烟厂以及其他的化工厂都已经搬走了。那么留下的工业应该如何利用呢？第一是全部拆掉发展房地产；第二是长期利用，发展工业文化遗产。基于此，今年和明年两年的主题便是“老城复兴”。老城复兴面对的一个问题就是港城矛盾，这个问题存在的原因之一就是当今大众对邮轮游艇的概念还停留在初级阶段，但凭借这里是内海，比较风平浪静，适合停留比如家庭、俱乐部的游艇的优势特点，未来五到十年，人们对邮轮母港的看法将会发展形成一个比较整体完善的概念。而且这里有军港的功能，未来邮轮母港可能会和军产直接产生结合。

孙博涵：公司聘请的专家也在征询这方面的意见，因为无法把军事功能置换出去，所以就思考如何把它们融合起来。关于市北区的文化业态，我认为可以再增加两个：一个是邮轮文化，海洋文化可以说是很宽泛的，而邮轮文化又是一个非常系统的、有历史的、前瞻的、国际的东西；二是军民融合文化，这是一个比较有中国特色的文化业态，比如军舰的旅游参观。

特别是邮轮文化，我们也是以做这个为主，兼顾商业。做文化产业需要投资，因此需要一定的商业业态来反哺文化产业，在内部达成一个系统性的微循环。现在随着青岛东部的开发，西部在逐渐淡化，如果邮轮母港作为新的亮点出来以后对外开放，将极大便利附近人民的生活，比如居民夜跑、游客旅游，还有宽阔的阳台可以开放用来进行一些沙龙等活动，形成青岛市西部的业态集聚区，并进行业态的调整。

王广振：确实如此。我们之前对邮轮母港形成初步的设想，第一是邮轮母港应该有一个大符号，比如去美国的港口看到自由女神像，我们相应地思考可以做一个什么样的雕塑，使人们来到大港区不仅看到邮轮，还有这个能代表青岛市城市精神、国家走向深蓝的文化符号；第二个是打造中国远洋博物馆，顺应总书记十八大之后提出的“走向深蓝”的概念。关于位置我们做了初步的设计，就在大港区这里，结合邮轮母港整个的规划，做成一个军民融合的、旅游的、文化的点，过去我们讲“文化搭台，经济唱戏”，现在思路则转变为“经济搭台，文化唱戏”，用文化来吸引国人以及外国人来青岛。

所以能否在市北区的沿海地带对照黄金西海岸做一个文化符号，经过我们对美国自由女神像的研究，提出了相关的概念，在下面五到六层的基座上建造一个博物馆，这个博物馆不仅做成展览馆，还是绝佳的观景点，更要做成一个综合体，例如中国远洋博物馆。然后在综合体上面五六十米的高度，打造一个作文城市文化符号的雕塑。这个雕塑经过我们反复论证，找到了一个文化符号——郭川，他是中国历史上第一个也是唯一一个持有远洋帆船执照的人，是当之无愧的中国环球远洋第一人。此外，我们还写了一份剧本，打算把它拍成电影，这是目前的思路。

在前四种文化业态基础上加入邮轮文化以及军民融合文化的思考非常合理，我们这次调研就发现，走到哪里都是军事管制区，我们下一步要打造军民融合，让游客来到这里能体验参观军舰，这是很有意义的体验，可以作为未来的发展方向之一。

孙博涵：现在我们的工作积淀还不够，工作侧重于产品的宣传忽视邮轮文化的建设。现在有很多产品，但对文化积淀还是较浅的。所以我们和开发商还在考虑怎么把邮轮母港的邮轮文化宣传出去。

王广振：这方面我们有专门的智库平台，同时下一步正计划建设城市文化研究院的平台，会形成一个围绕市北区老城复兴、工业文化遗产保护与再利用的系列专题。在此之中可以做一个邮轮文化的文化专题论证，进行专题研究。

市北区文旅局、市文旅局在这方面也有些政策、立项、扶持资金等措施。我们可以让政府牵头，再加企业、学校等智库，多方共同来做这个课题。而且，城市文化研究院本身就是青岛市文旅局、山大研究团队和市北区党委等形成一个很大的研究团队。

那接下来的工作便是对邮轮文化进行梳理挖掘以及对文化形象提炼，包括打造文化体验性。其实，文化产业就是一种体验经济，讲一个非常准确的案例，邮轮母港二楼三楼平台，将来打造成为一个市民的文化休闲聚居地，整个业态将会更加丰富，因为在这个地方既可以观景，又可以赏评文化，回顾历史，再有一种休闲的业态，那么这个地方应该是一个绝佳的位置。而且将来这个地方很可能打造成一个帆船俱乐部，因为它是内港，最大的优点就是港湾风小浪少。如果今后将工业的功能向外迁，将城市的功能融入的话，那么这个地方就会成为海、港、人融合的区域。

刘文韬：邮轮母港近三年按照市北区的要求正在实现快速发展。现在全国的六大港分别是：上海、南京、深圳、广州、厦门、青岛，中国邮轮真正起步走到现在是十三年，普遍陷入一个困境，对未来发展道路非常迷茫，尤其是像广州、厦门、上海都在探讨，邮轮文化如何与当地区域进一步融合。

当前很困扰我的一个问题是邮轮到底怎么搞，中国市场是特殊的，并没形成相应的文化氛围。

我在厦门有过一次坐邮轮的经历，当船靠港之后中国人基本会下去在鼓浪屿拍照购物，但是外国人几乎是没有下船。因为我具有职业的敏感性，很关注他们的行为、语言等，他们大部分在看书、晒太阳、打牌或者在泳池中游泳。邮轮是舶来品，欧美等传统航海国家对邮轮的体验是一种放松休闲的生活方式，与中国传统认为的是旅游产品或者交通工具的观念是截然不同的，所以说邮轮文化在当今与中国人普遍的观念出入非常大，所以这个产品面向中国市场怎么做是个很大问题。

具体到市北区来讲，虽然具有天然的海洋文化优势，但是我们该怎么打造时尚国际化这样一种氛围还需要很深的研究。如何把邮轮文化，还有港口、港口发展史与市北区的发展有效地结合起来非常值得思考。

王广振：把邮轮作为一种生活方式、休闲方式或者旅游方式，或者是打造成文化理念是非常必要的。中国的旅游方式已经从之前的慢旅游到目前的快旅游，但是很快可能会又返回慢旅游。慢旅游形态内涵就是我们现在说的如宿营地、露营、房车，邮轮也是一种典型的慢旅游形态。

中西方的海洋文化有很明显的对比，尽管中国有3000多公里的海岸线，但是始终是一种大陆文化，比如中国历代的古都没有一个建立在海边；而西方文化一个最典型的特征就是它是海洋扩张文化。

直到现在，作为现代的一种休闲模式、生活模式、旅游模式，海洋文化尤其是邮轮文化对于寻常百姓家还是很难进入的。所以如何把邮轮是一种休闲生活方式、旅游度假方式这样的观念宣传深入人心，我认为是下一步应该研究的内容。

刘文韬：市场不好的原因是中国邮轮现在调整可能有些困难。其中存在很多问题，第一个是技术水平，现在国际上能造邮轮的并不多，只有欧洲四个国家。因为邮轮不同于一般的船，作为海上的移动酒店，船的建造技术、空间规划、服务水平要求非常高，成本巨大；第二个是设计理念，有的船在中国非常受欢迎就是因为造船理念，比如北极星，非常符合亚洲特别是中国人需要，内容丰富，可玩性极强；第三个是环保方面，这个涉及环保理念和材料的使用，科学技术和成本要求都很高。

对于中国来说，邮轮文化的宣传与普及的方法确实不多。我觉得不能单纯地宣传，而应该是结合中国的东西，研究怎么能让中国人认识、体验、感受邮轮文化，这是十分必要的。

王广振：邮轮母港现在有自有的邮轮吗?

刘文韬：并没有，亚洲码头都是提供一个靠泊服务。邮轮是属于轮船公司自己的。

王广振：邮轮在中国的发展有两个很难解决的点：第一个是根深蒂固的大陆文化；第二个是邮轮不是一种方式而是过程，在游轮上就算作旅游，对中国人来讲，这一点的思维很严重地限制着邮轮的发展。中国人对于坐邮轮可能普遍会想：从某地到某地，很难会想出来坐邮轮本身就是一种旅游。

邮轮文化对于我们来讲是一个很大的挑战与命题。如果在中国人心中邮轮不再是一个工具和出行方式，而成为一种旅游目的地的话，这将是最好的一种改变。在接下来的课题研究中，我们会把国际上的对标案例整理出来，看看国外的邮轮到底怎么做出来，怎么成为人们生活一部分的。

潘德华：关于宣传方面，青岛有些平台是不是可以利用起来做宣传?比如啤酒节、海洋节、西海岸的电影节，我觉得这些都是很好的平台，这些平台既有区域性的、国内的，同时有很多国外的企业来参加。通过这些平台去宣传，是不是能够取得一些事半功倍的效果?另外一点是，现在青岛或者中国“一带一路”搞得非常好，能否借此机遇去一带一路沿线国家去做宣传呢?

此外，我想问现在一般邮轮产品的价格在什么层次上?

刘文韬：价格要根据船的标准、吨位而定。就像酒店一样，邮轮也是评星级的，不同的船一般1500元—7000元不等，相差很大。而且每艘船内部也是不一样的，可能内舱7000元，但到豪华套舱便可能几万元，甚至是10万元。常态化的价格是两三千元，大家也都能接受。

王广振：感谢两位的介绍。邮轮文化专题也将列入我们下半年的工作计划当中，希望我们随时保持联系。

第五节　企业视角：青岛故事文创商店（市北城投集团）

访谈对象：青岛故事文创商店店员刘小姐

图7-9　团队与青岛故事文创商店店员刘小姐访谈

问：请您大致介绍一下青岛故事文创商店的更新主体与再造背景。

答：青岛故事文创商店位于市北区海泊路37号，它是作为市北城投集团民居改造的样板间项目来进行打造的，包括广兴里在内的市北的征收区域均由市北城投集团建设。里院民居的改造方式采用“修旧如旧”的方式进行，包括一楼顶部的房梁都是原有的，还特意留下了院落里面的一堵残墙，未完全修复，让游客可以驻足观赏这座里院沧桑的历史与记忆。

问：里院故事传统民居改造项目占地面积多少？花费多少时间与资金？

答：青岛故事文创商店所在的里院占地面积大约为561.6平方米，从2017年11月开始为期一年的更新再造项目花费大约300万元。这栋建筑有115年的历史，始建于1904年，最早为孟氏家族所有，院内的东侧的楼道里有具体的里院历史的介绍。

问：咱们青岛故事文创商店的文创产品，除了十大里院砖雕设计、青岛小嫚形象设计之外，还有没有别的原创设计？是否有专门的运营部门进行开发设计？

答：青岛故事文创商品店目前开发了两大经典文创商品：一个是青岛小嫚的形象设计；另一个是十大最美里院砖雕设计，包括5个市北区的里院和5个市南区的里院，具体包括怡情里（武定路5—7号）、元吉里（宁波路28号）、立德里（海泊路23号）、安庆里（芝罘路6号）、博山路9号、广兴里（高密路56号）、裕德里（上海路42号）、平康五里（黄岛路17号）等。砖雕文创产品市场售价为499元，砖雕的原材料均源自老里院建筑的砖头，具有极高的历史收藏价值。

目前，市北建投集团并没有设置专门的文创研发部门进行文创产品的设计与创作。前面提到的两大文创产品设计，是公司在基本创意想法的基础上外包给其他专门加工企业生产的。

问：除了里院故事文创商品店之外，市北建投集团还有哪些类似的民居改造项目正在或者即将开展？

答：由于财力有限，集团无法在已征收的民居区域进行大规模的改造与更新，所以选择一个规模较小的民居空间，以“样板间”的形式进行更新再造，这就是青岛故事文创商店诞生的背景。

除此之外，集团也开发了一些类似的项目，比如位于高密路56号的广兴里，曾经是与劈柴院、台东商业市场并称的老青岛三大市场之一。目前准备交由清华大学设计院进行投资建设，预期投资建设规模为6000多万元。距离此处不远的一处幼儿园所处的里院建筑，将交由一家上海的投资建设公司负责，旨在打造一家咖啡博物馆。

第六节　企业视角：青岛纺织博物馆

访谈对象：青岛纺织博物馆副馆长贺洪伟

问：市北区目前有25个博物馆群，现在已经形成了一个博物馆群落，我

图7-10 团队与青岛纺织博物馆副馆长座谈

们想初步了解下青岛纺织博物馆和青岛纺织谷的发展现状，并想跟您探讨一下博物馆和园区未来如何更好地发展。

答：纺织是青岛的母亲工业，历史上曾经支撑青岛经济半个多世纪，在青岛早期经济的发展中占据重要地位。虽然目前纺织所占的比例有所下降，但是它仍是一个千亿级的产业，2017年青岛纺织工业总产值为1300多亿元。随着经济发展，技术进步，其他产业快速发展，青岛一共七条产业线超过千亿元，纺织是关系青岛民生的产业，虽然原来的支柱地位被取代，但对历史来说，纺织对青岛的贡献是永恒的。纺织产业为青岛城市发展和经济发展奠定了坚实的基础。

现在纺织产业的影响力仍然很大，园区以引领时尚和科技研发为重点，随着20世纪90年代纺织工业逐步淡出了人们的视线，国有纺织业在全国纺织业中的占比为4.7%，并呈逐步下降的趋势，以民营经济为主的多种经济成分在中国纺织业占95%以上。现在国内的一些企业到其他地区设立企业，都是受经济利益驱动。

问：青岛纺织博物馆和纺织谷是工业遗产保护再利用的典型案例，您可以简要介绍一下园区转型发展的契机和历程吗？

答：工业遗产保护问题，从青岛纺织产业对青岛的贡献，可以得知其历史地位，历史上我们青岛的纺织素有“上青天”之称号，青岛在解放后，其质量标准设备水平操作方法在全国是一流的。博物馆于2018年被国家工信部命名为国家工业遗产保护单位。

2014年，随着劳动力成本上升，国有纺织业面临转型，园区所有产业被转移到胶州和枣庄，有一房地产商愿意出16亿元购买该区域（占地面积210亩，建筑面积210万平方米），在市北区领导和企业的共同努力下，保留了老厂房，作为文化园区来建设。

园区作为工业遗产之后，不能再被拆除，这是保护的第一步，工业文化遗产保护的目的是开发利用，其与文物保护不同，开发利用是工业文化遗产价值的彰显。包豪斯风格的厂房设计风格，设计的重点是人而不是物，一切的设计都是为了人的需要，锯齿形北向天窗设计风格就是一个典型代表，淋漓尽致地展现了“以人为本”“简约美观”“建筑与艺术的统一”等设计理念。

问：我们在参观纺织谷的时候，发现其宣传语为“百年经典，演绎时尚”，您可以阐述一下这句宣传语背后的文化内涵吗？

答：纺织谷的建立旨在传承百年纺织历史，其口号为“百年经典，演绎时尚”。纺织谷以科技研发，引领时尚为主题，设有青纺联，产业还在继续做。中国纺织印染的生产制作标准，均来于青岛纺织，因此该园区被命名为“中国‘上青天’文化传播基地”。青岛的劳动模范郝建秀，是工匠精神的代表，实体经济、工匠精神，任何时期都不会过时。

百年经典指的是青岛九大纺织厂的化身，园区现在有140家文化企业，我们都知道，博物馆门票收益不高，因为博物馆还担负着社会职能，门票不值钱，但是文化值钱，这些企业都是按照纺织谷的业态来安排，很多是和纺织相关的，在园区内现在有几百名设计师，有工业4.0的生产基地，包括打样中心、打板中心、物流中心等。以恩雅科技为例，该公司经营高端服饰定制业务，有较高的设计水准。中国纺织品在世界上所占比重很高，但是品质不高，多为中低端产品。在国际时装周上，中国品牌不多，所以要实施品牌战略，科技纺织、绿色纺织、文化纺织，是园区未来发展的重点，虽然目前文化园区的收益不大，但是这是一件利在千秋的事情。

问：请问青岛纺织博物馆和纺织谷目前的功能分区和盈利模式有哪些？

答：博物馆是一个天然的遗址博物馆，不只是在室内做展览，在室外则布满常春藤、水塔等景观，共有九馆十八景。园区目前共分为三个部分：第一部分是青纺联，“百年经典，演绎时尚”，被命名为国家级的文化创意产业园区，它有着自己的设计团队，中国纺织品联合团队的总部也设置在我们这里；第二部分是会展中心，面积大概为300平方米，有1200个标准展位，每年有30多个展会，有服装展览、汽车展览、家具展览、乐器展览等，该处位于老城区，人流比较大，关注度比较高，成本比较低；第三部分是博物馆，做文化创意，每年进博物馆的人数大约为3万人，每次展会能够吸引5000至1万人，一年大概有20万人，我们要做的就是把人吸引过来，游客除了参观博物馆外，还能带动其他消费，这会促进产品和服务的发展，让游客能够消费，乐于消费，舍得消费。

问：请问目前入驻园区的企业类型为何种，租金如何，我们除了给这些企业提供空间之外，是不是还有别的配套服务？

答：目前，园区以中小微企业为主，设计团队为主，入驻我们园区的企业虽然规模不大，产量不高，都是小批量生产企业，但是商品价格很高，企业营业收入很高，有足够的能力支付我们的房租。

园区租金每天大约为每平方米2元，租金较高，以恩雅科技为例，该公司为政府推荐，其目前占据面积为1万多平方米，来公司的客人都要参观我们纺织博物馆，原因是因为该公司成立于2009年，刚成立10年，但是其可以对外宣称自己传承了百年青岛的纺织文脉，它能看到文化的重要性。

问：刚才您提到园区有展会，请问园区还有秀场吗？

答：园区内有两个秀场，在车间的一个仓库中设计了华秀168秀场，它能够容纳500人，青岛高端的服饰展会、模特周、青岛小姐选美都在这里举行，这个周还开展了少年时尚大赛，通过这些活动，我们来展示青岛高端的服饰文化。华代表中国，秀是时尚，168为国棉一厂、国棉六厂、国棉八厂的合称。

华秀168，并不单纯指秀场，提到时尚，就想到168，不从侧面宣传的点不同，整体叫作纺织谷，但还有华秀168秀场、华秀168展会，从不同侧面定位主题。

问：M6创意产业园跟华秀168有什么关系？

答：不一样。M6目前划归李沧区政府管辖，他们那边虽然保留了老厂房，场所很大，有些景点更具震撼力，但是文化内涵比这边差很多。

问：上次我来的时候，听说这边有一些日本独立建筑群，作为职工宿舍，请问那块区域将如何开发？

答：日本宿舍建筑群（1934年），与工厂一墙之隔，占地面积240亩（1亩为0.16平方千米）产权，目前为政府所有，因为产权与工厂不相关，所以开发很难，政府目前也认识到宿舍区域与纺织谷一起开发更有意义，目前该区域已经搬空，16栋独立的别墅保留原貌，内部结构完好，但外部状况很差，修复需要很大资金，处于待开发状态。

问：目前博物馆文创产品有哪些？

答：博物馆现在的文创产品有扎染、纺织、捏泥人等50多项目，旨在开发儿童智力，主要针对中小学生，博物馆提供一个良好的平台和环境，老师授课，二者互惠分成。目前已经做了国棉五厂大卖场，但还处在发展初期，我们想要做成“小展示大卖场”的模式，一方面为了传承文化，另一方面是为了推广产品。

第七节　企业视角：青岛“取引所”旧址运营商

访谈对象：青岛“取引所”旧址运营商（青岛贰拾贰号酒店有限公司）王克清总经理

问：目前青岛“取引所”古建筑的现状如何？

答：目前该建筑不对外开放，因为工程还未完全完工。著名钢琴家郎朗最近会在此拍纪录片，政府也是根据我们的建筑风格选择了我们这个地方拍摄纪录片。

图7-11　团队与青岛“取引所”旧址王总访谈

问：“取引所”过去的用途是什么？

答：“取引所”大概是在1920年到1925年建成的，是当时亚洲最大的交易场所，日本叫作“取引所”，现在叫作股票交易场所。1945年时，它由国民政府接收，当时是国民政府在山东的一个司令部。1949年解放后由政府接收，当时解放军6月2日解放青岛，6月1日就驻扎于此处，青岛市的第一警备区司令部也驻扎于此。海军于此处筹建，它于1950年到1955年是海军基地，1955年到1958年就是北海舰队的成立基地，1958年到1960年是海军干部培训学校。从1960年开始，该建筑成为海军俱乐部，例如苏小明的《军港之夜》就是从这里一炮打响的，当时这里也是一座综合性的场馆。90年代，该建筑才对外出租，用来开饭店、经营旅馆等，以致对整个建筑造成了较大程度的破坏。一直到2000年以后，国家将这里收回，收回是因为这里当时起了一把火，火把建筑多处烧塌了。从2000年以后，国家对文物保护才开始一定程度上有了认识，到2014年我们中煌文化传媒有限公司开始接手。

问：预计未来经营什么业态呢？会不会接一些影视拍摄类的商业活动？

答：我们会馆最终的目标是开发一个综合性会馆。整个建筑面积较为庞大，例如今年10月德国方面要在这儿举行一场风琴展，就因为这个建筑有十二米六的空间，并且没有柱子，为此次展览提供了较为便利的条件。其中大会堂空间能容纳700多人，全坐满能达到1000人。

同时会接一些影视拍摄等商业活动。我们下一步要拍一个这儿的历史，比如之前黄渤拍的《青岛风云》的续集就要在此拍摄，还有《父母爱情》也是在这里取景。一年中，在这里取景的影视剧有30到40部。

问：修建的过程中是不是记录了一些视频和资料呢？

答：修建过程中我们有完整的相关资料，未来会交给国家文物局还有当地一些部门。

问：这个建筑闲置很多年了吗？

答：是的。我们公司查找相关资料，根据建筑原貌，尽量恢复它的原貌。该建筑闲置了十多年，我们从前年开始进行修缮。该建筑修缮前大多数地方已经出现坍塌，但主体建筑还存在，换句话说就只剩下一个框架。

问：修建过程中最大的困难是什么？

答：最大的困难是在修建过程中没有原始图纸，大多数建筑材料我们是根据原始的材料去进行专门的加工定制，目的是尽量恢复它的原貌。

问：建筑修复材料从何而来？是不是有些需要进口？

答：是的，因为这个建筑的设计师是日本人，所以我们有些材料需要去日本买。尽管如此，但是由于时代久远，很多材料都已经没有了，所以寻找材料的过程也十分困难。2014年受到地方和军队的委托，我们公司开始接手来修缮这里。第一年我们先做建筑破坏程度的鉴定，目的是确认破坏程度达到哪一级。所以它并不像盖一栋楼那么简单，没有图纸和原材料，过程是很麻烦的。

问：未来停车问题该怎么解决？

答：曾经建筑修建的时候是不会考虑这个问题的，所以现在也成为政府和我们都头疼的问题。目前来看，未来如何停车依旧是一个值得思考的问题。

第八章

问卷分析：品牌偏好与街区认知

考虑到调查问卷的针对性与全面性要求，本次调研问卷共设计了两种不同类型的问卷：线下纸质问卷和线上电子问卷。线下纸质问卷主要针对市北区当地居民发放，旨在了解当地居民对于顶层设计相关政策的基本认知以及对政策传达效率进行评估；线上电子问卷主要面向当代大学生群体，旨在初步了解大学生群体对于历史文化街区保护与更新相关问题的认识与了解，具体的问卷分析报告如下：

第一节　线下问卷报告

《关于“百年青岛·记忆市北”文旅形象品牌认知度的实地问卷调查——基于居民游客感知与偏好视角》

2019年暑期，山东大学历史文化学院“山海岛城”赴青岛市市北区关于历史文化街区保护与更新专题调研团以“老城复兴：青岛市市北区历史文化街区保护与更新”为课题，于7月12日至7月18日在市北区按照前期“点——线——面（片）——网（群）”的线路规划进行了为期7天的实地考察与调研，包括实地访问参观、实地访谈与实地问卷调查等工作内容。其中，实地访谈主要面向企业负责人、专家学者，而问卷调查则以本地居民与外地游客为访问对象。

为充分发挥历史文化街区在复兴历史记忆、助推文化旅游产业发展中的基础地位和带动作用，推动新旧动能转换，2018年市北区出台相关文化政策，提出加快打造百年青岛（市北）历史文化街区休闲旅游目的地，即充分挖掘利用辖区珍贵的历史文化资源，实施“个十百千万”工程，举市北全区之力打造“记忆市北”品牌。

在此次推出的实施“个十百千万”工程中，“个十百千万”的具体内涵为：“个”——叫响一个“记忆市北”品牌，打造有感召力的市北文旅形象。“记忆市北”既是市北区文化旅游形象品牌，也是整合市北区文化旅游及相关资源的产业品牌，又是代表市北区文化旅游产业品质的服务品牌。通过整合挖掘、提升重塑文化旅游资源，将“记忆市北”塑造成为中外游客青岛情怀之旅、人文之旅的首选品牌，驰名中外的文化旅游目的地，吸引创业投资和游客消费的金字招牌。“十”——恢复和提升10个历史文化街区，分别是红色文化经典街区、东方酒文化历史街区、海云庵民俗文化街区、百年老港历史文化街区、中车四方国家级工业旅游示范区、纺织谷国家级工业旅游示范区、里院风情历史文化街区、金融商贸历史文化休闲街区、博物馆群落历史文化街区、老东镇商业文化街区。“百”——重点打造“六个100”文化旅游全要素产品，分别是100处历史文化记忆民宿、100个历史文化记忆主题酒店、100个历史文化记忆经典美食店、100个历史文化记忆名优特精品商店、100个历史文化记忆博物馆、100个景区化历史文化记忆街区。“千”——组织实施“两个1000”，分别是培育1000个历史文化记忆企业文化示范单位、培育1000名志愿者做市北故事讲解员，为游客服务。“万”——培育评选10000个弘扬优秀传统文化的家庭示范户。

时任市北区委书记郑德雁同志强调，要以“个十百千万”工程为抓手，聚焦品牌培育推广，聚焦打造特色精品，叫响“记忆市北”文化旅游品牌，把市北历史文化保护好利用好，奋力打造一流的历史文化街区休闲旅游目的地，为全面提升城市生长力、加快建设更有温度和厚度的主城核心区作出贡献，在落实全省新旧动能转换重大工程、全市“创新＋三个更加”目标要求和“一三三五”工作思路中彰显市北担当、作出市北贡献。

为贯彻落实《关于打造百年青岛（市北）历史文化街区休闲旅游目的地的意见》精神，实践团队围绕市北区打造“记忆市北”文旅形象品牌政策相关内容，进行实地问卷调查，主要目的为：第一，了解、收集现阶段民意民情，以备相关部门开展后续工作时参考；第二，积极宣传“个十百千万”工程等政策相关内容，为推广“记忆市北”品牌贡献力量。

一、问卷调查基本情况反馈

表8-1　　调查问卷发放计划

时间	所属路线与地点	对应市北区四大特色文化	发放问卷（份）
7月12日 周五	海云庵民俗文化片区	民俗文化	30
7月13日 周六	博物馆群：青岛啤酒博物馆、纺织博物馆	工业文化	20
7月14日 周日	馆陶路历史文化街区、东阿路古民居文化街区	民俗文化	30
7月15日 周一	百年老港历史文化街区、青岛海关博物馆	海洋文化	10
7月17—18日 周三至周四	红色文化节点：市北区委党校、中共青岛党史纪念馆	红色文化	10

表8-1是问卷发放计划。时间安排是与其他调研任务（实地参观、各方访谈）统筹兼顾的结果。调研团队选取了市北区历史文化街区的代表性地点（均为本次专题调研的考察对象）进行问卷发放，每个地点的问卷发放数量主要取决于实地发放问卷的可操作性与实地潜在被访对象的数量。

本次调研实际问卷调查共发放问卷100份，回收97份，回收率为97%；经整理，剔除被访者少选、多选、乱选的问卷，得到有效问卷78份，有效率为80.4%。调研前期，问卷无效率较高，出现的情况有：1.被访者未认真审题，导致少选、多选；2.对于排序题中出现的选项（对象），很多被访者表示并不了解，从而增加了答题难度与被访者的心理负担，甚至出现消极答题行为，导致问卷无效。实际上，根据问卷设计的初衷，并不要求也不需要被访者提前对选项有详细的了解，仅需要被访者凭字面意思、根据主观印象与个人喜好进行优先级排序即可。问卷设计在问题表述上秉持了简洁、连贯、科学、条理的原则，但在测试问卷可操作性（让3名—5名本科生与研究生试答问卷）时，对普通群众的审题认真程度、审题能力等考虑不够充分，导致实际调研中发现，问卷缺乏部分文字解释帮助答题者审题。

发现该问题后，问卷设计员向调查员们就问卷题目进行了补充解释与说明，对问卷设置有了进一步理解的团队成员及时调整了工作方式，积极与被访者互动，提醒被访者注意题目要求，并通过通俗易懂的解说让被访者迅速理解排序题中的各个选项，使得访问效率与质量大大提高。

表8-2　受访群体基本情况统计

指标	选项	频数	占比
性别	男	35	0.45
	女	43	0.55
年龄	A.“90后”—“00后”	36	0.46
	B.“80后”	16	0.21
	C.“60后”—“70后”	21	0.27
	D.其他	5	0.06
来源地（居住地）	A.市北区	34	0.44
	B.青岛市其他各区	19	0.24
	C.外地游客	25	0.32
	D.国际旅客	0	0.00
婚姻状况	已婚	35	0.45
	未婚	43	0.55
闲暇水平	A.有大量可支配闲暇时间	24	0.31
	B.工作繁忙，休闲时间较少	37	0.47
	C.学生	17	0.22
样本量		78	

在指定地点随机发放调查问卷，最终全样本容量为78。由表8-2可知：1.男女受访者数量较为均衡。男受访者与女受访者的比例为45∶55。2.受访者年龄分布情况为，近一半（46%）的受访者年龄在10岁—29岁（结合实际情况，几

乎全部受访者年满18岁），“80后”（30岁—39岁）和“60后”—“70后”（40岁—59岁）的受访者分别占了21%、27%，剩下6%的受访者年龄在59岁以上。3.在受访者中，市北区当地居民（44%）与外地游客（32%）数量较多，除市北区外，青岛其他区（市南区、崂山区、李沧区等）的市民占比超过五分之一（24%）。除此之外，受访者中没有国际旅客，体现出市北区作为老城区，国际游客量较少。4.与男女比例相同，已婚与未婚人数之比也为45∶55，比例较为均衡。5.在闲暇水平方面，大多数（47%）的受访者认为自己工作繁忙而休闲时间较少，有三分之一（31%）的受访者认为自己有大量可支配的闲暇时间，剩下五分之一（22%）的受访者为学生身份（该群体的闲暇状态相对其他群体具有一定的特殊性，自身具有相对一致性）。综上，是对全样本受访者基本情况的大致把握，由此能够看出，在取样数量有限的前提下，本次调研在选定区域内（在市北区内）随机发放问卷所得样本具备一定程度的有效性、代表性、广泛性。

表8-3　各年龄段的男女婚姻状况

子样本	样本量		未婚女性	未婚男性	未婚	已婚女性	已婚男性	已婚
“90后”—“00后”	36	比例	41.6%	52.8%	94.4%	5.6%	0.0%	5.6%
		频数	15	19	34	34	0	2
“80后”	16	比例	18.7%	37.5%	56.2%	37.5%	6.3%	43.8%
		频数	3	6	9	6	1	7
“60后”—“70后”	21	比例	0.0%	0.0%	0.0%	71.4%	28.6%	100.0%
		频数	0	0	0	15	6	21
59岁以上	5	比例	0.0%	0.0%	0.0%	40.0%	60.0%	100.0%
		频数	0	0	0	2	3	5
全样本	78							

表8-3统计了全样本中各年龄段婚姻状况（为简化统计，婚姻状况分为已婚与未婚）。可知：1.在“90后”—“00后”的受访者中，绝大多数（94.4%，其中男性占52.8%、女性占41.6%）未婚；仅有少数女性（5.6%）已婚。2.在

“80后”的受访者中，未婚者（56.2%）略多于已婚者（43.8%），且女性已婚者（37.5%）与男性未婚者（37.5%）多，女性未婚者（18.7%）、男性已婚者（6.3%）少。3. 40岁及以上的受访者均为已婚状态（已组建家庭）。

表8-4　　闲暇水平与年龄段、婚姻状况

划分依据	子样本		选项			总人数
			有大量可支配闲暇时间	工作繁忙且休闲时间较少	学生	
年龄段	“90后”—“00后”	比例	17%	39%	44%	36
		频数	6	14	16	
	“80后”	比例	31%	69%	0%	16
		频数	5	11	0	
	“60后”—“70后”	比例	43%	52%	5%	21
		频数	9	11	1	
	59岁以上	比例	80%	20%	0%	5
		频数	4	1	0	
婚姻状况	未婚	比例	19%	44%	37%	43
		频数	8	19	16	
	已婚	比例	46%	51%	3%	35
		频数	16	18	1	
全样本						78

表8-4一定程度上能够反映受访者的闲暇水平分别与所处年龄段、婚姻状况的关联。1.年龄段与闲暇水平。绝大部分（80%）59岁以上的受访者认为自己有大量可支配的闲暇时间。而在59岁以下的受访群体中，更多人认为自己没有大量可支配的闲暇时间；其中，大多数（69%）“80后”受访者表示自己工作繁忙、休闲时间较少。2.婚姻状况与闲暇水平。只有极少部分的（19%）未婚受访者认为自己有大量可支配的闲暇时间，而在已婚受访群体中，有近一半（46%）的受访者认为自己有大量可支配的闲暇时间。原因可能是，相较于未

婚者而言，已婚者有着强烈的家庭观念，较为重视子女教育，而且职业状态或工作心态更加稳定。需要注意的是，上文描述的是受访者所处的年龄段、受访者的婚姻状况二者作为单因素分别与闲暇水平之间的关联，现在进一步粗略地验证受访者年龄段、受访者婚姻状态二者对闲暇水平的综合影响。

在此，将前文对年龄段的4个划分进一步合并为2个年龄段的划分："80后""90后"—"00后"属于年轻群体（实际受访者中几乎没有"00后"，这里所说的年轻群体，年龄范围主要在18岁—39岁），"60后"—"70后""59岁以上"属于中老年群体（年龄在40岁以上）。

表8-5　　年轻未婚与中老年已婚受访者群体中的高闲暇水平者数量比较

子样本	样本量	"有大量可支配的闲暇时间"选项频数	比例
年轻未婚者	52	8	15.38%
中老年（已婚）者	26	13	50.00%
全样本	78		

注：所得样本中，中老年受访者均非为"未婚"状态。

经统计，在年轻未婚受访者中，仅有少数人（15.38%）认为自己有大量可支配的闲暇时间；而在中老年已婚受访者中，认为自己有大量可支配闲暇时间的人占了一半（50.00%）。至此，我们能够一定程度上、粗略地印证所处年龄段、婚姻状况二者综合起来与闲暇水平之间的关联。

此外，不难得知，闲暇水平还与经济水平（如薪资水平）、受教育水平、地域特点（包括城市发展水平）等因素存在关联，但这些因素不在本次实地问卷调研的考察范围之内。原因：1.研究目的主要是考察民众对市北区出台的"个十百千万"工程的意见与看法，而非以居民休闲水平的影响因素为研究重点；2.为确保实地发放问卷的可操作性，尽可能减少涉及个人隐私类问题（如经济状况）；3.为突出研究问题、明确研究对象，同时为精简问卷题目数量，剔除与历史文化街区无直接强关联的统计指标（如受教育水平），紧紧围绕市北区"个十百千万"工程设计问卷题目，明确考察民众的意见、需求。

综上，表8-3至表8-5在表8-2的基础上，进一步凸显了受访群体的大致画像。表8-2至表8-5明确了受访民众的基本概况（对应问卷第1、2、9、10题）。在下一步研究中，将对受访者关于历史文化街区的认知、需求进行考察。

二、居民游客对历史文化街区的认知偏好

2018年3月27日，青岛市市北区召开了“百年青岛（市北）历史文化街区休闲旅游目的地”动员大会，会议发布了《关于打造百年青岛（市北）历史文化街区休闲旅游目的地的意见》（下文简称为《意见》）。此次市北区出台的《意见》提出，要恢复和提升十大历史文化街区，通过整合挖掘、提升重塑历史文化资源，将市北区塑造成一个驰名中外、拉动游客消费的文化旅游目的地，最终实现文化遗产有效保护与通过文化旅游拉动地区经济发展的双重目标。在未来，市北区将以前期规划的十大历史文化街区为重点对象开展相关保护利用与更新建设工作，历史文化街区将是市北区发展文化旅游的主要承载空间，需要将世界各国、全国各地的游客吸引到市北区的历史文化街区来观光、体验、消费。

在学术领域，“历史文化街区”有着较为明确的概念界定，具体可见《历史文化名城名镇名村保护条例》（由国务院于2008年公布）与《中华人民共和国文物保护法》，它是历史文化名城的核心组成部分。在社会应用领域，对于作为大众消费者的游客（包含本地游客、外地游客）而言，提到“历史文化街区”，他们可能想到“文物保护单位”；提到“历史文化街区旅游”，他们可能会认为是当下火热的文化旅游项目中的一个细分领域或一处景点。从供应的角度看，“历史文化街区”是市北区的特色优势资源；从需求的角度看，“历史文化街区”既承担着文化资源保护的角色，又能够满足人民大众日益增长的文化旅游的消费需求。但是，具体而言，“历史文化街区”这一“名称”本身对公众（潜在游客）的吸引力表现如何？问卷（第4、5、6题）依次调查了受访者对青岛历史文化街区的了解程度、受访者到中国其他城市历史文化街区的旅游次数（为前一问题提供对照），以及受访者对青岛历史文化街区的感兴趣程度。在这三个问题中，前两个问题从认知层面、实践层面为后一个问题提供了背景支撑、参考对照，后一个问题有助于我们更加直接地了解答案或发现问题，即历史文化街区作为旅游目的地在现阶段对大众消费者的吸引力。

表8-6　受访者对历史文化街区的认知偏好

问题	选项	样本							
		全样本（N＝78）		子样本1（N＝34）市北区居民		子样本2（N＝19）青岛其他各区居民		子样本3（N＝25）外地游客	
		频数	比例	频数	比例	频数	比例	频数	比例
是否了解青岛的历史文化街区	A.非常了解	6	7.69%	3	8.82%	1	5.26%	2	8.00%
	B.比较了解	31	39.74%	20	58.82%	8	42.11%	3	12.00%
	C.不是很了解	36	46.15%	10	29.41%	10	52.63%	16	64.00%
	D.完全不了解	5	6.41%	1	2.94%	0	0.00%	4	16.00%
是否去过全国其他城市的历史文化街区	A.去过很多	23	29.49%	10	29.41%	6	31.58%	7	28.00%
	B.很少去过	51	65.38%	22	64.71%	12	63.16%	17	68.00%
	C.没去过	4	5.13%	2	5.88%	1	5.26%	1	4.00%
	D.不清楚	0	0.00%	0	0.00%	0	0.00%	0	0.00%
是否对青岛的历史文化街区感兴趣	A.非常感兴趣	28	35.90%	14	41.18%	6	31.58%	8	32.00%
	B.比较感兴趣	34	43.59%	12	35.29%	10	52.63%	12	48.00%
	C.不是很感兴趣	16	20.51%	8	23.53%	3	15.79%	5	20.00%
	D.完全不感兴趣	0	0.00%	0	0.00%	0	0.00%	0	0.00%

根据表8-6，初步对三道单项问题的全样本统计结果进行简要描述。1.认为自己了解（非常了解或比较了解）、不了解（不是很了解或完全不了解）青岛历史文化街区的受访者比例相近，分别为47.44%、52.56%。2. 94.87%的受访者在印象中认为自己去过全国其他城市的历史文化街区，仅有5.13%的受访者从未去过国内其他城市的历史文化街区；在全体受访者中，去过很多全国其他城市的历史文化街区的受访者不足三分之一（29.49%），有近三分之二（65.38%）的受访者很少去过全国其他城市的历史文化街区。3.约五分之四（79.49%）的受访者对青岛的历史文化街区感兴趣，五分之一的受访者对青岛

的历史文化街区不感兴趣。

我们利用全样本、各子样本来比较本地受访者、外地受访者对青岛历史文化街区的了解程度。居住在市北区的受访者中，有67.64%的人认为自己了解（非常了解或比较了解）青岛历史文化街区，而来自青岛市其他各区的受访者、从外地来青岛市旅游的受访者这一比例分别为47.37%、20.00%。可见，居住在市北区的受访者对青岛历史文化街区的了解程度高于平均水平（47.44%）；居住在青岛市其他各区的受访者对青岛历史文化街区的了解程度基本与平均水平持平；而身份为外地游客的受访者对青岛历史文化街区的了解程度最低，在这部分受访者中，有16%的人对青岛历史文化街区完全不了解。

比较本地、外地受访者对全国其他城市历史文化街区的到访次数可知，来自不同居住地的受访者到全国其他城市历史文化街区游览的次数分布大致相近，与前文所描述的全样本的平均水平相符，如无论是本地市民还是外地游客，都有超过六成的受访者表示很少去过全国其他城市的历史文化街区。

比较本地、外地受访者对青岛历史文化街区的感兴趣程度可知，无论是本地市民还是外地游客，只有五分之一左右的受访者对青岛的历史文化街区不感兴趣，与全样本的平均水平（20.51%）大致相符。

综上，大部分受访者对历史文化街区比较感兴趣，或多或少去过全国各地的历史文化街区（广义），但绝大部分受访者去的并不多，原因可能有：1.民众内地旅游次数有限；2.历史文化街区这一类型的目的地在旅游行程安排中较少；3.旅游目的地城市对当地历史文化街区的规划打造、宣传推广不到位或不突出；4.对于受访者而言，历史文化街区的概念较为模糊，导致某些受访者难以根据自身出游经历进行准确判断与对应。此外，外地受访者对青岛历史文化街区的了解较为有限。

由此来看，虽然历史文化名城、历史文化街区本身并非稀缺资源，但是市北区经过重新整合规划，提出提升打造十大特色鲜明的历史文化街区，能够使原先日渐衰落的历史文化资源重现生机与活力。应充分把握住这次机会，在全国积极宣传策划，打响“记忆市北”品牌的知名度，使那些不论是对历史文化还是历史文化街区抑或是对青岛的历史文化街区感兴趣的潜在游客，能够更多地考虑将市北区十大特色历史文化街区作为他们的旅行目的地之一。最终在互动过程中，既不断促进历史文化爱好者对青岛市市北区历史文化街区及其文旅品牌的了解，又宣传、带动、吸引更多类型的消费群体（亲子群体、年轻群体、中老年群体）前来旅游。

三、居民游客对青岛市与市北区历史文化街区的感知偏好

在市北区规划打造十大特色历史文化街区之前，青岛市根据《青岛历史文化名城保护规划（2011—2020）》要求，按照路名（中山路、馆陶路、黄台路、上海路—武定路、四方路、无棣路）、山名（鱼山、八关山、观海山、信号山、观象山）或著名地点（八大关、汇泉角、太平角与奥帆中心）的命名方式梳理了13条历史文化街区，虽然命名方式整齐划一，却不易从名称上突出体现各街区的特色与内涵。问卷（第7、8题）调查了现阶段受访者分别对青岛市范围内、市北区范围内历史文化街区的偏好程度。另据前文已知，身份为外地游客的实地受访者不十分了解青岛的历史文化街区，允许其结合调查员的简要提示，根据个人对街区名称的判断进行选择。

表8-7　　青岛市历史文化街区吸引力排名

选项（13项中选3项）	样本											
	全样本（N＝78）			子样本1（N＝34）			子样本2（N＝19）			子样本3（N＝25）		
	全体受访者			市北区居民			青岛其他各区居民			外地游客		
	频数	比例	排名	频数	比例	排名	频数	比例	排名	频数	比例	排名
A.中山路历史文化街区	39	16.67%	2	15	14.71%	2	8	14.04%	3	16	21.33%	1
B.馆陶路历史文化街区	20	8.55%	5	9	8.82%	5	5	8.77%	6	6	8.00%	4
C.八大关、汇泉角、太平角历史文化街区	53	22.65%	1	28	27.45%	1	10	17.54%	2	15	20.00%	2
D.鱼山历史文化街区	16	6.84%	7	8	7.84%	6	6	10.53%	5	2	2.67%	12
E.八关山历史文化街区	28	11.97%	3	14	13.73%	3	11	19.30%	1	3	4.00%	7

（续表）

选项（13项中选3项）	样本											
	全样本（N＝78）			子样本1（N＝34）			子样本2（N＝19）			子样本3（N＝25）		
	全体受访者			市北区居民			青岛其他各区居民			外地游客		
	频数	比例	排名	频数	比例	排名	频数	比例	排名	频数	比例	排名
F.观海山历史文化街区	8	3.42%	8	1	0.98%	11	1	1.75%	9	6	8.00%	5
G.信号山历史文化街区	19	8.12%	6	12	11.76%	4	4	7.02%	7	3	4.00%	8
H.观象山历史文化街区	6	2.56%	11	2	1.96%	9	1	1.75%	10	3	4.00%	9
I.黄台路历史文化街区	7	2.99%	9	3	2.94%	8	1	1.75%	11	3	4.00%	10
J.上海路—武定路历史文化街区	6	2.56%	12	0	0.00%	12	0	0.00%	13	6	8.00%	6
K.四方路历史文化街区	7	2.99%	10	2	1.96%	10	2	3.51%	8	3	4.00%	11
L.无棣路历史文化街区	1	0.43%	13	0	0.00%	13	1	1.75%	12	0	0.00%	13
M.奥帆中心历史文化街区	24	10.26%	4	8	7.84%	7	7	12.28%	4	9	12.00%	3

我们要求受访者从13处青岛历史文化街区中选出对自己而言最具吸引力的3处。数据结果显示，不论是在全样本中，还是对于青岛市居民而言，抑或是对于市北区居民而言，最具吸引力的三处历史文化街区都是（排名不分先后）：1.八大关、汇泉角、太平角历史文化街区，2.中山路历史文化街区，3.八关山历史文化街区。这三处街区全部位于市南区内。前两处街区（即排除八关山历史文化街区）同时也是外地游客眼中最具吸引力的目的地，再加上奥帆中心历史文化街区，构成外地游客受访者眼中青岛市最具吸引力的三处历史文化街区。

我们统计对受访者而言吸引力最弱的历史文化街区。无棣路历史文化街区（全样本、子样本1—3）、上海路—武定路历史文化街区（全样本、子样本1—2）二者吸引力最弱，其次是鱼山历史文化街区（子样本3）、四方路历史文化街区（子样本3）、观象山历史文化街区（全样本）、黄台路历史文化街区（子样本2）、观海山历史文化街区（子样本1）。其中，无棣路、上海路—武定路、四方路、黄台路4处历史文化街区全部或部分位于市北区内。能够看出，与市南区历史文化街区相比，市北区历史文化街区的吸引力或者说知名度较小。

表8-8　　　　　　　　市北区历史文化街区吸引力排名

选项（6项中选2项）	样本											
	全样本（N＝78）			子样本1（N＝34）			子样本2（N＝19）			子样本3（N＝25）		
	全天受访者			市北区居民			青岛其他各区居民			外地游客		
	频数	比例	排名	频数	比例	排名	频数	比例	排名	频数	比例	排名
A.馆陶路历史文化街区	59	37.82%	1	22	32.35%	1	16	42.11%	1	21	42.00%	1
B.信号山历史文化街区	41	26.28%	2	16	23.53%	2	13	34.21%	2	12	24.00%	2
C.黄台路历史文化街区	17	10.90%	4	11	16.18%	4	3	7.89%	3*	3	6.00%	5
D.上海路—武定路历史文化街区	12	7.69%	5	2	2.94%	5	3	7.89%	3*	7	14.00%	3
E.四方路历史文化街区	24	15.38%	3	15	22.06%	3	3	7.89%	3*	6	12.00%	4
F.无棣路历史文化街区	3	1.92%	6	2	2.94%	6	0	0.00%	6	1	2.00%	6

注：*表示并列排名。

要求受访者从市北区6家历史文化街区中选出2家最具吸引力的目的地。统计数据显示，受访者对馆陶路历史文化街区、信号山历史文化街区最感兴趣，对无棣路历史文化街区最不感兴趣。

馆陶路，始建于1899年，是青岛十分古老、相当有故事的一条街道。它曾在20世纪初，被称为青岛的金融贸易中心、“老青岛的华尔街”“青岛的外滩”“洋行一条街”。如今，这条街道十分静谧，游客、车辆稀疏，只在道路两旁仍保留着20世纪的德式建筑与旧址，此处的省级文物保护建筑有10栋。信号山，名称缘于德国占领青岛时期在山上建立的专门为入港船舶传递信号的信旗台。信号山标志性的外观是三个红色圆球。山上有360度旋转厅，可俯瞰著名的江苏路基督教堂、青岛德国总督楼旧址（德国古堡式建筑）等建筑外观，还可登上绿色尖顶钟楼远眺大海。与馆陶路、信号山相比，无棣路街区作为旅游目的地的吸引力明显较小。其主要特色在于命名方式，无棣路街区共有9条马路以无棣县（山东省县城）命名。这里主要保留着20世纪五六十年代社会主义建设初期的城市居民建筑，如港务局宿舍区等。

随着时间的流逝，老城区的历史文化街区正在日渐沉寂、衰落，老城记忆正在淡出现代都市人的视野。一个明显的问题是，旧时街区的命名方式已经难以吸引游客群体的注意力。因此，需要从打造文化旅游目的地的角度出发，对原先的历史文化街区进行整体提升、包装与规划更新，让曾经的老街区再次焕发生机活力。这体现出市北区打造“百年青岛·记忆市北”文旅形象品牌的意义所在。

四、“记忆市北”品牌与居民游客认知度

2018年3月27日推出的《关于打造百年青岛（市北）历史文化街区休闲旅游目的地的意见》中提出，要打造“百年青岛·记忆市北”的文化旅游形象品牌。同年4月4日—18日，市北区委宣传部正式面向全社会公开征集“百年青岛·记忆市北”品牌标识，该活动受到社会各界广泛关注。最终，由青岛大学文化旅游高等研究院设计参报的品牌形象标识成功获选。该Logo（标志）以红色与黑色为整体基调，图案融合了市北区传统民居里院的几何建筑风格与中国方形印章元素，能够体现出百年青岛的历史厚度与市北记忆的文化内涵，同时易于识别且便于应用、宣传与推广。

目前，该旅游形象品牌标识已正式发布近一年半，也被广泛应用于各类围绕“百年青岛·记忆市北”主题的对外宣传中，成为市北区加快打造百年青岛（市北）历史文化街区休闲旅游目的地的新名片。为初步了解市北区所打造的“百年青岛·记忆市北”文旅形象品牌的宣传效果和推广程度，问卷（第3题）调查了受访者对“百年青岛·记忆市北”的熟知度。

表8-9 “百年青岛·记忆市北”文旅形象品牌认知度调查

样本		选项		
		第一次听说	好像听说过	多次听说或看到过
全样本（N＝78）	频数	38	19	21
	比例	48.72%	24.36%	26.92%
住在青岛市市北区（N＝34）	频数	10	10	14
	比例	29.41%	29.41%	41.18%
住在青岛市其他各区（N＝19）	频数	8	7	4
	比例	42.11%	36.84%	21.05%
外地游客（N＝25）	频数	20	2	3
	比例	80.00%	8.00%	12.00%

调查结果显示，在全体受访者中，有近一半（48.72%）的人之前没有听说过“百年青岛·记忆市北”品牌（宣传标语）。具体而言，在市北区居民受访者中，仅有近三分之一（29.41%）的人不知道“记忆市北”品牌；在青岛市民（市北区除外）受访者中，有大约四成（42.11%）的人不知道该品牌；在外地游客受访者中，绝大部分（80.00%）受访者未曾听说过该品牌。可见“记忆市北”品牌在本地比在外地拥有更高的认知度。

由表8-9还可知，尽管“记忆市北”品牌仍需大量推广工作，但是短短一年半的时间内，品牌宣传工作已卓有成效。在市北区居民中，有41.18%的受访者表示多次听说或看到过该品牌；在来自青岛市其他各区的受访者中，有21.05%的人多次听说或看到过该品牌；在来自外地的受访者中，有12.00%的游客注意到了“记忆市北”品牌Logo或宣传标语。

目前，在线上，利用搜索引擎能够搜索到大量宣传介绍“记忆市北”品牌的新闻报道；“微市北”“记忆中的市北”两家微信公众号在2018年连续、密集地推送了一系列“记忆市北”专题内容。在线下，市北区于2018年整合、开展了数量丰富、形式多样的各类文化宣传、经济交流、民间互动活动，以彰显“百年青岛·记忆市北”的文化内涵，加强“记忆市北”的品牌宣传。例如：2018年5月27日，共青团市北区委、市北区文化新闻出版局主办了第一期“记忆市北”文化讲坛活动，开展了《你所不知的市北历史与文化》专题讲座；6月16日，市北区文新局、市北区第一文化馆、市北区第二文化馆联合各辖区街道、社区，在海云庵民俗文化街区内举办“记忆市北”文化市集活动，为之后的民俗文化活动月拉开帷幕；9月7日—13日，市北区在馆陶路德国风情街举办了为期7天、主题为“弘扬上合精神、点亮城市记忆”的德国文化周暨第八届德国商品青岛展销会；9月20日，青岛市体育局、市北区人民政府、市北区体育局联合举办了2018记忆市北“智慧＋体育”全民健身周等活动。

2019年5月底，由市北区政府、百度青岛营销中心、青岛商至信网络科技有限公司三方联合开发的市北区城市名片在百度搜索正式上线。“市北区名片”以“百年青岛·记忆市北”为主题，包括“国际邮轮港城”“科技创新高地”“现代商务中心”“老城复兴样板”“宜居幸福家园”五大定位版块，以及“区情介绍”“政务公开”“政务服务”“双招双引”四大功能菜单。多维度的内容呈现将能够使全球网友看到市北、认识市北、感受市北的无限魅力。“记忆市北”品牌打造之路仍在继续。

五、市北区十大特色历史文化街区吸引力调查

《意见》附文《关于加快打造百年青岛（市北）历史文化街区休闲旅游目的地2018年行动计划》提出，力争到2018年，树立“记忆市北”品牌形象，提升市北区文化旅游影响力和知名度；完成十个历史文化街区的规划策划工作，启动纺织谷国家级工业旅游示范点、金融商贸历史文化休闲街区两处历史文化街区的建设工作，提升文化旅游核心竞争力和吸引力。

现从民众角度，比较2018年市北区所规划策划的十个历史文化街区的吸引力水平。问卷（第11题）要求受访者根据主观判断、按照个人偏好对十个历史文化街区进行排序，如最感兴趣的街区排在第1位，最不感兴趣的街区排在第10位。然后，统计每位受访者对十个街区的排序情况；在此基础上，计算各个选项（街区）的平均综合得分，即选项的综合排名情况，得分越高表示综合排名越靠前；最后，得出十个街区的吸引力排名情况。各选项平均综合得分

的计算公式为：

选项平均综合得分＝（Σ频数×权值）/样本量

说明：

1.权值由选项被排列的位序决定，当有n个选项参与排序，则排在第1位的选项的权值为n，排在第2位的选项的权值为$n-2$……排在最后一位的选项的权值为1。

2.样本量，等于受访者数，等于该题目的填写人次。

以表5.1全样本中A选项的平均综合得分为例。有5人将A选项排在第1位，则频数为5，在10个选项中排第1位意味着权值为10；同样，选项A排在第2位（权值为8）6次（频数为6），排在第3位9次……排在第10位12次。已知全样本容量为78，则

A选项的平均综合得分＝

$$\frac{5\times10+6\times9+9\times8+5\times7+6\times6+7\times5+10\times4+4\times3+14\times2+12\times1}{78}=4.79（分）$$

表8-10　市北区特色历史文化街区吸引力评分详情

（选项对应街区参见表8-2）

样本	位序	1st	2nd	3rd	4th	5th	6th	7th	8th	9th	10th	Σ频数×权值	得分
	权值	10	9	8	7	6	5	4	3	2	1		
	选项	频数											
全样本（N＝78）	A	5	6	9	5	6	7	10	4	14	12	374	4.79
	B	9	5	8	11	8	8	4	8	9	8	430	5.51
	C	12	13	7	6	10	8	10	5	4	3	501	6.42
	D	7	14	8	15	14	6	4	5	4	1	519	6.65
	E	5	4	5	6	4	8	11	18	11	6	358	4.59
	F	6	11	7	6	1	8	12	7	10	10	402	5.15
	G	10	6	17	12	9	7	5	6	3	3	510	6.54
	H	3	7	3	5	7	9	6	14	11	13	340	4.36
	I	13	4	8	10	9	8	10	6	7	3	469	6.01
	J	7	8	5	3	10	10	6	5	5	19	381	4.88

（续表）

样本	位序	1st	2nd	3rd	4th	5th	6th	7th	8th	9th	10th	Σ 频数×权值	得分
	权值	10	9	8	7	6	5	4	3	2	1		
	选项	频数											
子样本1（N＝34）市北区居民	A	1	3	4	2	5	2	2	1	7	7	155	4.56
	B	3	2	1	5	4	4	1	2	5	7	162	4.76
	C	9	5	4	4	5	4	1	1	1	0	254	7.47
	D	2	4	5	7	6	3	3	2	2	0	218	6.41
	E	3	2	4	2	2	4	5	6	4	2	174	5.12
	F	3	5	4	4	1	2	7	4	0	4	195	5.74
	G	3	2	6	4	4	5	4	4	2	0	205	6.03
	H	0	4	0	2	2	6	3	8	7	2	144	4.24
	I	5	2	2	3	5	2	6	4	4	1	190	5.59
	J	5	5	4	1	0	2	2	2	2	11	173	5.09
子样本2（N＝19）青岛其他各区居民	A	1	1	2	1	1	3	2	1	4	3	85	4.47
	B	1	2	3	1	1	1	3	4	3	0	100	5.26
	C	3	3	0	0	4	1	4	4	0	0	114	6.00
	D	2	0	2	4	4	3	1	0	2	1	112	5.89
	E	2	1	0	2	1	2	4	2	3	2	89	4.68
	F	2	4	3	2	0	4	2	1	1	0	127	6.68
	G	3	2	4	3	2	2	1	1	0	1	131	6.89
	H	1	2	0	1	2	0	2	4	2	5	76	4.00
	I	4	1	4	3	2	2	0	0	2	1	129	6.79
	J	0	3	1	2	2	1	0	3	2	5	84	4.42
子样本3（N＝25）外地游客	A	3	2	3	2	0	2	6	2	3	2	134	5.36
	B	5	1	4	5	3	3	0	2	1	1	168	6.72
	C	0	5	3	2	1	3	5	0	3	3	133	5.32

（续表）

样本	位序	1st	2nd	3rd	4th	5th	6th	7th	8th	9th	10th	Σ频数×权值	得分
	权值	10	9	8	7	6	5	4	3	2	1		
	选项	频数											
子样本3（N＝25）外地游客	D	3	10	1	4	4	0	0	3	0	0	189	7.56
	E	0	1	1	2	1	2	2	10	4	2	95	3.80
	F	1	2	0	0	0	2	3	3	9	5	82	3.28
	G	4	2	7	5	3	0	0	1	1	2	174	6.96
	H	2	1	3	2	3	3	1	2	2	6	120	4.80
	I	4	1	2	4	2	4	4	2	1	1	150	6.00
	J	2	0	0	0	8	7	4	0	1	3	124	4.96

对表8-10得分结果进行汇总，得到十个历史文化街区的吸引力排名情况，如表8-11所示。

表8-11　　市北区特色历史文化街区吸引力排名

选项（对10项进行排序）	样本							
	全样本（N＝78）		子样本1（N＝34）		子样本2（N＝19）		子样本3（N＝25）	
			市北区居民		青岛其他各区居民		外地游客	
	得分	排名	得分	排名	得分	排名	得分	排名
A.红色文化经典街区	4.79	8	4.56	9	4.47	8	5.36	5
B.东方酒文化历史街区	5.51	5	4.76	8	5.26	6	6.72	3
C.海云庵民俗文化街区	6.42	3	7.47	1	6.00	4	5.32	6
D.百年老港历史文化街区	6.65	1	6.41	2	5.89	5	7.56	1
E.中车四方国家级工业旅游示范区	4.59	9	5.12	6	4.68	7	3.80	9
F.纺织谷国家级工业旅游示范区	5.15	6	5.74	4	6.68	3	3.28	10

（续表）

选项 （对10项进行排序）	样本							
	全样本 （N＝78）		子样本1 （N＝34） 市北区居民		子样本2 （N＝19） 青岛其他各区居民		子样本3 （N＝25） 外地游客	
	得分	排名	得分	排名	得分	排名	得分	排名
G.里院风情历史文化街区	6.54	2	6.03	3	6.89	1	6.96	2
H.金融商贸历史文化休闲街区	4.36	10	4.24	10	4.00	10	4.80	8
I.博物馆群落历史文化街区	6.01	4	5.59	5	6.79	2	6.00	4
J.老东镇商业文化街区	4.88	7	5.09	7	4.42	9	4.96	7

在全样本中，最受欢迎的是百年老港历史文化街区、里院风情历史文化街区，受访者最不感兴趣的是中车四方国家级工业旅游示范区、金融商贸历史文化休闲街区。

1.纵向比较。对于市北区居民而言，海云庵是当地民俗活动（如糖球会以及日常非遗文化活动）举办地，是著名的民俗文化片区，因而最为当地人熟悉、认可；随着国际邮轮母港的建成、宣传，百年老港重获活力生机，遂成为当地居民第二感兴趣的目的地。另一方面，红色文化经典街区、金融商贸历史文化休闲街区两者吸引力较弱。红色文化经典街区主要包括市北区委党校、中共青岛党史纪念馆等地点，日常接待来自机关、高校的学习团体较多，而当地居民对此的主动接触较少，因而该街区对居民的吸引力不强。金融商贸历史文化休闲街区，挖掘整合了原先馆陶路历史文化街区、上海路—武定路街区等的历史文化资源，旨在打造高端金融文化展示区、高品质型多功能国际社区。目前该街区已经基本建设完成、投入运营的有道路交通博物馆、青岛金融博物馆，以展示功能、教育功能为主；而具有影视取景、承接展会与演出等多功能的综合性会所仍在修建过程中（对日占时期全国建筑规模最大的证券交易所——“青岛取引所”进行修复改造），暂未正式进行对外宣传，因而吸引力暂时表现为较弱。

对于不在市北区居住的青岛市民而言，里院风情历史文化街区、博物馆群落历史文化街区吸引力最强；老东镇商业文化街区、金融商贸历史文化休闲街区吸引力最弱。对于外地游客而言，受访者对百年老港历史文化街区、里院风情历史文化街区最感兴趣，对中车四方国家级工业旅游示范区、纺织谷国家级工业旅游示范区不太感兴趣。

2.横向比较。红色文化经典街区对本地受访者的吸引力不强（第9名、第8名），对外地游客的吸引力尚可（第5名）。东方酒文化历史街区包含了青岛啤酒一厂（青啤博物馆）等“经典热门景点”，因而对市北居民、青岛其他各区市民、外地游客的吸引力依次增强（第8名、第6名、第3名）。海云庵民俗文化街区被市北居民、青岛其他各区居民、外地游客所知晓的程度依次降低，因而吸引力也逐渐减弱（第1名、第4名、第6名）。中车四方国家级工业旅游示范区对本地人的吸引力（第6名）高于对外地游客的吸引力（第9名），纺织谷国家级工业旅游示范区对本地人的吸引力（第4名、第3名）也远高于对外地游客的吸引力（第10名）。原因可能是：本地人对这两处街区的偏好有历史记忆与情怀、熟悉感与认同感等因素的加成，而当代外地游客对这两处街区的前身——四方机车车辆厂、青岛国棉五厂并不了解，而且对机车、纺织主题的工业旅游项目兴趣有限——可能是这种旅游形式以历史资料介绍、历史场景参观为主，尚缺足够真实、有趣、刺激的用户互动体验。里院风情历史文化街区的综合吸引力（第2名）仅次于百年老港历史文化街区（第1名），但对本地人的吸引力（第3名）略弱于对外地游客的吸引力（第2名），原因可能是：本地人比较清楚里院街区目前正处于居民迁空的待修建状态，外地游客主要被“风情”二字所吸引。金融商贸历史文化休闲街区、老东镇商业文化街区两处街区对本地居民、外地游客的吸引力差别不大且都不是很强，原因可能是：在受访者潜意识层次的认知中，“金融商贸”“商业”的字眼淡化了历史性、文化性，作为历史文化街区“看上去”不如其他街区（如民俗文化、东方酒文化）有特色。

“市北区特色历史文化街区吸引力排名”仅是在现阶段短时期内对民众认知的一个初步大致的市场摸底、调查，仅供规划者后期具体设计建设、把握消费者心理、制定宣传方式与策略时参考。当下，市北区十个特色历史文化街区的建设打造正处于起步阶段。如根据前期规划：红色文化经典街区将引入红色文创产业，将中共青岛地方支部旧址改造提升为大中小学研学旅游、各级党组织举办活动的首选目的地；中车四方国家级工业旅游示范区将在打造两家工业历史博物馆的基础上，引进智能制造、创意工业等新兴产业，并配套工业观光、展示体验等旅游设施；纺织谷国家级工业旅游示范区将提升游客的参与度与体验性，同时将纺织谷打造成服装纺织与创意设计、时尚、文化产业相结合的创新创业孵化基地；老东镇商业文化街区将在原有的台东商业街区、青岛文化街、十五大街等文旅载体的基础上，进一步整合提升改造，通过美化亮化环境，加强对“老字号”商家的扶持包装推介，最终实现“文态”“形态”“业态”三者的有机统一。未来各个街区的吸引力，主要取决于街区的实际建设效果、建设速度以及对街区的宣传力度宣传效果。

六、“六个100”全要素文旅产品与居民游客需求调查

根据市北区委区政府《意见》（青北发〔2018〕13号）关于加快实施“个十百千万”工程的指示，市北区亟须大力建设文化旅游全要素产品集群，通过政府积极引导商家企业争创历史文化记忆单位，重点打造“六个100”，从而丰富、完善、满足居民与游客的文化旅游消费需求，最终促进市北区文旅产业的加快发展。

“六个100”全要素文旅产品指：1. 100处历史文化记忆民宿。利用辖区内里院、自有民宅等具有独特风格、风貌的建筑或建筑群，结合市北区历史人文、自然景观、地域特点，培育打造具有鲜明本土特色、能让外地游客感受青岛当地风情和民风民俗的民宿。2. 100个历史文化记忆主题酒店。评选并宣传具有影响力、文化特质突出、地域特征明显、魅力独特、个性鲜明的主题酒店，引导酒店利用具有历史感的老照片与老物件、具有本土风格的文化符号进行装饰布置，以体现、宣传市北区的百年工业文化、啤酒文化、民俗文化以及青岛地域特色文化。3. 100个历史文化记忆经典美食店。挖掘、培育并评选具有历史渊源与传统继承、具有青岛地方特色、在百姓生活中具有一定美誉度与

知名度、曾经获得荣誉、具有历史记忆感的特色美食店。4. 100个历史文化记忆名优特精品商店。培育、评选既能凸显青岛地方特色、知名度高、商品质量优良、有历史记忆感，又具有创新性、独特性、吸引力的地方特色精品旅游商店。5. 100个历史文化记忆博物馆。培育能够呈现市北区历史印记、人文精神与民俗文化以及能够表现地方特色与时代精神的历史文化记忆博物馆，并使其成为群众文化记忆的家园、精神文明的宣传阵地、创意与思想的发源地。6. 100个景区化文化记忆街区。打造居民与游客共享的街区家园，通过在街区景观、小品、标识系统、亮化系统等要素中融入市北区历史文化主题特色元素，以适当的模式复原历史记忆、重现历史气象，按景区思维美化、亮化居民街区，使其兼具休闲旅游功能。

问卷（第12题）调查了现阶段居民、游客对文化旅游各要素产品的需求情况。通过统计受访者对六大要素（业态）的期待程度（感兴趣程度），了解潜在游客、居民对体现市北区历史文化记忆的民宿、主题酒店、美食店、精品商店、博物馆、居民街区的需求程度，即六大要素对于消费者而言的重要程度，为未来商家的投资经营管理提供初步的参考。计算方法参考前文市北区十个特色历史文化街区吸引力评分与排名相关内容。

表8-12　　市北区文化旅游全要素产品吸引力评分详情

（选项对应要素参见表8-2）

样本	位序	1st	2nd	3rd	4th	5th	6th	Σ 频数×权值	得分
	权值	6	5	4	3	2	1		
	选项	频数							
全样本（N＝78）	A	11	24	13	11	9	10	257	3.29
	B	2	5	14	14	24	19	126	1.62
	C	21	9	18	20	5	5	270	3.46
	D	6	9	7	17	16	23	159	2.04
	E	19	14	17	8	11	9	260	3.33
	F	20	17	9	8	12	12	260	3.33

（续表）

样本	位序	1st	2nd	3rd	4th	5th	6th	Σ频数×权值	得分
	权值	6	5	4	3	2	1		
	选项	频数							
子样本1（N＝34）市北区居民	A	4	10	7	6	1	6	113	3.32
	B	0	2	9	5	14	4	51	1.50
	C	10	3	4	11	3	3	112	3.29
	D	3	4	5	6	6	10	75	2.21
	E	5	10	6	2	6	5	107	3.15
	F	12	5	3	4	4	6	120	3.53
子样本2（N＝19）青岛其他各区居民	A	4	6	1	3	3	2	65	3.42
	B	1	1	0	5	4	8	29	1.53
	C	4	5	9	1	0	0	78	4.11
	D	0	1	1	7	5	5	27	1.42
	E	6	1	8	1	1	2	69	3.63
	F	5	5	0	2	5	2	61	3.21
子样本3（N＝25）外地游客	A	3	8	5	2	5	2	79	3.16
	B	1	2	5	4	6	7	46	1.84
	C	7	1	5	8	2	2	80	3.20
	D	3	4	1	4	5	8	57	2.28
	E	8	3	3	5	4	2	84	3.36
	F	3	7	6	2	3	4	79	3.16

对表8-12得分结果进行汇总，得到六个历史文化记忆要素产品的吸引力排名情况，如表8-13所示。

表8-13　　市北区文化旅游全要素产品吸引力排名

选项（对6项进行排序）	样本							
	全样本（N＝78）		子样本1（N＝34）市北区居民		子样本2（N＝19）青岛其他各区居民		子样本3（N＝25）外地游客	
	得分	排名	得分	排名	得分	排名	得分	排名
A. 100处历史文化记忆民宿	3.29	4	3.32	2	3.42	3	3.16	3*
B. 100个历史文化记忆主题酒店	1.62	6	1.50	6	1.53	5	1.84	6
C. 100个历史文化记忆经典美食店	3.46	1	3.29	3	4.11	1	3.20	2
D. 100个历史文化记忆名优特精品商店	2.04	5	2.21	5	1.42	6	2.28	5
E. 100个历史文化记忆博物馆	3.33	2*	3.15	4	3.63	2	3.36	1
F. 100个景区化历史文化记忆街区	3.33	2*	3.53	1	3.21	4	3.16	3*

注：*表示并列排名。

结合表8-13排名结果，简要分析文化旅游各要素在居民、游客眼中的重要地位。

1.美食店的吸引力在全样本、青岛其他各区居民样本中均排名第1，在外地游客样本中排名第2。这表明，综合而言，在文化旅游全要素产品中，美食店最受居民、游客青睐。

2.博物馆、景区化街区二者的吸引力综合排名（在全样本中的排名）为并列第2名，但在分样本中的具体表现存在差异。市北区当地居民更看重对街区的景区化（吸引力位居第1名），而不太关注博物馆要素的建设（第4名）；青岛市其他各区居民更关注博物馆要素的建设（第2名），相较而言不太重视对市北区居民社区的景区化（第4名）；比起酒店、商店、民宿等，外地游客对当地博物馆更感兴趣（第1名），且外地游客对当地博物馆的兴趣（第1名）远高于当地居民对当地博物馆的兴趣（第4名）。

3.主题酒店的吸引力在全样本、市北区居民样本、外地游客样本3个样本中均排在倒数第1名，在青岛其他区居民样本中排在倒数第2名；名优特精品商店在青岛其他各区居民样本中排在倒数第1名，在全样本、市北区居民样本、外地游客样本3个样本中均排在倒数第2名。这些数据表明，主题酒店、精品商店这两个产品要素不太受消费者青睐。这可能意味着，在文化旅游产业发展中，酒店、商店经营者需要尽可能彰显自身的文化性，而避免过于直白化、单一化甚至故意夸大化地向顾客传达消费性，尤其是高端消费的信息内容，通过为消费者提供质优价廉的服务体验，提升主题酒店、精品商店对大众消费者的吸引力，使民众对这两个产品要素的印象有所改观，如此才能使主题酒店、精品商店更加亲民、更加受到民众的欢迎与认可。

此外，景区化街区、民宿在市北区居民样本中分别排名第1、第2，表明当地居民更加关注与自己切身利益相关的产品要素，如对居民社区的亮化美化，以及将闲置的自有民房改造成可以接待游客、让游客更好地体验当地文化、自然与生产生活方式的营利性小型住宿设施。

2018年6月底，市北区组织召开了关于《“六个100”认定管理办法（试行）》的媒体通报会，号召商家、企业积极争创历史文化记忆单位，以拉动居民游客的文化旅游需求，为推动市北区文旅产业发展贡献力量。在媒体宣传报道、市北区各相关部门及街道办事处的层层发动之下，最终有56家民宿、83家主题酒店、125家餐饮企业、54家精品商店、20家博物馆、58处景区化街区积极参与“‘六个100’历史文化记忆单位”的建设、评比。评审大致环节为：街道办初审推荐——区文新局、区商务局、区旅游局等部门前往实地进行考察论证——文旅产业推进中心负责组织专家评审。最终，市北区认定了60家首批“六个100”历史文化记忆单位，并于2018年8月21日正式向媒体通报。

首批历史文化记忆单位按照“六个100”的分类，分别从六个文旅行业中各选了十家特色与文化内涵兼具的示范单位。例如：民宿示范单位有安泊·墅语艺术酒店、堂邑路九号青年旅社等；主题酒店示范单位有青岛富力艾美酒店、青岛前哨大酒店等；经典美食店示范单位有青岛万和春商贸有限公司万和春饭店、青岛鑫复盛礼记酒店、北京东来顺集团青岛餐饮管理有限公司永旺饭庄等；名优特精品商店示范单位有青岛亨得利有限公司第四连锁店、利群集团青岛利群商厦有限公司、青岛西西弗文化传播有限公司等；博物馆示范单位有青岛啤酒博物馆、青岛纺织博物馆、中国道路交通博物馆、青岛葡萄酒博物馆等；景区化街区示范单位有青岛德国风情街、台东三路步行街、登州路啤酒街、青岛纺织谷等。这些历史文化记忆示范单位被评价为："有的商家在岛城历史悠久，传承深厚的区域文化渊源，能与时俱进，持续发展壮大，在各自领域占有一席之地；有的商家产品品质优良，在岛城乃至全国享有盛誉，部分曾入选"上合峰会"活动推荐企业；有的商家将青岛的文化、旅游特色进行融合，引入现代化的文化、艺术、创意元素，能让游客体验别具一格的服务和感受；有的结合市北区的历史人文、建筑特色，传承传统精湛工艺和地域文化，体现鲜明的地域特色和丰富的文化内涵，能够让游客充分感受青岛的民风民情；有的用具有历史感的老照片、老物件及独特的文化符号进行装饰布置，散发着浓郁的文艺情怀、怀旧气息和休闲风格。"

评选过后，市北区为上述60家首批历史文化记忆示范单位统一悬挂了"记忆市北"主题标牌。一方面，政府将通过各种形式对这些商家企业进行重点宣传推介，区各业务主管部门将加大对这些商家企业的服务、培育力度，以树立行业品牌标杆。另一方面，市北区将组织这些商家企业共同参与文化旅游行业相关活动，加强行业内部、行业之间的交流沟通，最终加强各要素产品与服务的生产提供者在文化旅游产业领域内的协作。

七、其他居民游客建议

问卷采用问答题（第13、14、15题）的形式调查了受访者对"个十百千万"工程中"千"——培育1000家历史文化记忆企业文化示范单位与培育1000名志愿者为游客服务做市北故事讲解员，"万"——评选10000家弘扬优秀传统文化的家庭示范户的相关意见与看法。

1.受访者心目中的历史文化记忆企业推荐。整体上，受访者提及的企业或品牌基本涵盖了"六个100"中的文化旅游全要素产品，如吃（美食店与食品品牌）、住（民宿与主题酒店）、游（博物馆与景区化街区）、购（商店）。其中，青啤企业知名度最高，共被提到10次；其次是海尔（被提到5次）；还有青食（被提到2次，代表产品有钙奶饼干、高粱饴等）、纺织谷（景区化街区，被提到2次）。此外，受访者还推荐了其他若干类型企业或品牌。有景区化街区（如中车四方工业旅游示范区）、体育运动品牌（如双星）、科研机构（如山东大学文化产业研究院）、文化创意产品商店（如时尚文化馆、艺术商行、小商品批发市场、创意集市）、平面设计企业、外贸进出口企业（青岛纺联集团）、计算机互联网技术（IT）企业等。不论是2018年市北区经过科学严谨评审而官方认定的首批历史文化记忆企业文化示范单位，还是上述居民游客通过自由联想而随口列举的岛城企业或品牌，规范行业生产服务标准，加强各行业在文旅产业发展中的团结协作，树立行业标杆性品牌，真正让企业或品牌在居民游客心目中树立起良好口碑从而有效拉动消费需求，利用文化创意提升各行业产品附加值，依托各行业的资源集群倾力宣传“记忆市北”品牌，是未来培育历史文化记忆企业工作中需要考虑的问题。

2.受访者喜欢的市北故事。关键主题或内容有：历史文化故事，城市发展历史，劳动模范事迹（如学习郝建秀精神），岛城习俗与特色民俗，德国占领青岛阶段历史，名人故居与建筑遗址介绍，爱情故事与陈年趣事，宗教文化发展，海洋经济与城市发展。总体而言，受访民众对市北故事的想象较为具体，对市北故事的定位更加注重故事性、趣味性、生活化、科普性。相比之下，市北区各部门对市北故事的规划更加注重宏观性、政策导向性、理论性、宣讲性。

2018年3月27日，中国旅游智库委员、青岛大学文旅高等研究院于冲院长就在“百年青岛（市北）历史文化街区休闲旅游目的地”动员大会上为市北区机关干部讲解了“《市北故事》第一课——关于市北区文旅产业发展定位落地的建议”。2019年4月16日，市北区启用青岛市区首家新时代文明实践讲堂，并在新时代文明实践宣讲启动仪式上发布了2019年度市北区新时代文明实践宣讲十大主题，分别是：党的十九大精神主题宣讲，全国两会精神主题宣讲，中国梦新时代主题宣讲，庆祝中华人民共和国成立七十周年主题宣讲，纪念五四运动一百周年主题宣讲，纪念海军成立七十周年主题宣讲，弘扬宪法精神、建设法治社会主题宣讲，大力弘扬社会主义核心价值观主题宣讲，市北区攻坚突破年经验事迹主题宣讲，市北区为民办实事、件件暖人心主题宣讲。主题内容包括：讲述惠民利民政策，弘扬社会主义法治建设；讲述新时代精神文明建设，传播中国优秀传统文化；讲述道德模范故事，引导崇德尚善的良好风尚；讲述志愿服务好故事，践行青少年爱心帮扶；传播青少年安全文明知识，做新时代建设接班人……具体宣讲方向共有政策、法制、文化、文明、道德、帮扶、美德等20余个。目前，市北区宣讲团队伍有近800人，其中金牌宣讲员有10位。根据《意见》精神，“千名”宣讲志愿者应紧跟时代脉搏，讲好市北故事，讲好青岛故事。

未来，市北区将学习贯彻习近平新时代中国特色社会主义思想和党的十九大精神，打造分众化宣讲品牌，组建新时代文明实践理论宣讲志愿服务分队，开展形式多样的理论惠民宣讲活动，为加快建设更有温度和厚度的主城核心区提供精神动力和道德滋养，为青岛建设开放、现代、活力、时尚的国际大都市贡献市北力量。

3.受访者心目中值得弘扬的优秀传统文化。根据“个十百千万”工程中的“万”，市北区将号召、评选10000家弘扬优秀传统文化的家庭。因此，每个受访者都可能是未来优秀传统文化的弘扬者或学习者。整理受访者通过自由联想所给出的关键词，可知居民游客所感兴趣的优秀传统文化的核心要点或主题有：其一，“家”主题，如家文化，具体如家风家训家规、家庭和谐。其二，“国”，即爱国主题。其三，“德”，即优良道德传统，如孝文化、敬老爱老。其四，社会交往，如举止得体的社交礼仪、与人为善的优良品德；关爱社会、关爱老人、关爱儿童；讲文明、懂礼貌、促和谐。其五，个人发展，如德智体美综合发展。其六，传统文化，如儒家礼仪、民俗文化、传统工艺品与字画。其七，地域特色文化，如渔家文化、酒文化。在上述主题中，关键词“家”出现频率最高。这表明民众能够清楚意识到，家风正则民风淳，民风淳则社稷安。因此，我们需要坚持继承和弘扬中华优秀传统文化，研究传统家风家教的历史传承，丰富新时代家风家教的深刻内涵，扎实推动传统家风家教与现代文明，特别是社会主义核心价值观的融合发展，做好优良家风家教的弘扬与传播，推动优秀传统文化的创造性转化、创新性发展，从而为市北区打造“记忆市北”历史文化旅游形象品牌营造文明和谐的社会文化氛围。

八、小结

对本节进行回顾。《报告》的第一部分，利用单因素分析法、综合因素分析（交叉分析）法对数据进行分析，从年龄段、闲暇水平、来源地、家庭婚姻状态等维度刻画了市北区受访居民、市民与游客的基本画像，为调研样本的有效性与代表性、样本数据的说服能力提供支撑。《报告》的第二部分，从学术、社会应用两个角度分析了“历史文化街区”这一主题概念，以受访者数据为基础，从认知、实践、需求三个层面分析了历史文化街区作为旅游目的地的发展条件与态势，分析了市北区重新整合资源、包装提升打造十大特色历史文化街区的意义所在。《报告》的第三部分，依据青岛市划分的13处历史文化街区（2011—2020），根据多项选择题的数据统计结果，得出现阶段市北区历史文化街区在全市的地位、影响力与知名度。《报告》的第四部分，利用调查数据分析了市北区“百年青岛・记忆市北”文旅形象品牌正式发布并投入对外宣传近一年半以来所取得的宣传推广成效。《报告》的第五部分，围绕2018年市北区提升打造的十大特色历史文化街区，利用平均综合得分法（加权计算法）对多个模型（样本数据）进行分析，对民众心理进行了初步摸底调查，仅供历史文化街区的规划与实施者在后期具体设计建设、把握消费者心理、制定宣传方式与策略时参考。《报告》的第六部分，同样利用加权计算法对数据进行分析，围绕市北区文化旅游全要素，从市北区历史文化记忆的民宿、主题酒店、美食店、精品商店、博物馆、居民街区等方面，初步调查了游客居民的消费需求与潜力，为未来商家的投资、经营、管理提供基本参考。《报告》的第七部分，汇总梳理了居民游客心目中推荐或喜爱的历史文化记忆企业、市北故事、优秀传统文化，后者如倡导家庭和谐、遵守婚姻道德、尊老爱幼等，这些既可以推动优秀传统文化的创造性转化、创新性发展，又能够为市北区打造“记忆市北”历史文化旅游形象品牌营造文明和谐的社会文化氛围。

综上，调研采用线下问卷调查方法，紧密围绕市北区《关于打造百年青岛（市北）历史文化街区休闲旅游目的地的意见》（2018年）提出实施的“个十百千万”工程，了解收集现阶段民意民情，明确考察民众意见需求，以备相关部门开展后续工作时参考；同时，调研实践中积极向受访民众宣传“个十百千万”工程等政策相关内容，为推广“记忆市北”品牌贡献力量。

附调查问卷

亲爱的朋友：

您好！我们是来自山东大学（济南校区）历史文化学院文化产业管理专业的研究生、本科生，很高兴在青岛市市北区与您相遇！您对历史文化与休闲旅游感兴趣吗？我们想听听您的想法！十分感谢您的友情参与！

1.您觉得自己目前的闲暇水平如何？

A.有大量可支配的闲暇时间

B.工作繁忙，休闲时间较少

C.学生

2.您住在青岛哪个区或您是哪里来的游客？

A.住在市北区

B.住在青岛市其他区

C.外地游客

D.国际游客

3.您知道市北区将打造“百年青岛·记忆市北”的文化旅游形象品牌吗？

A.第一次听说

B.好像听说过

C.多次听说或看到过

4.您了解青岛的历史文化街区吗？

A.非常了解

B.比较了解

C.不是很了解

D.完全不了解

5.您去过全国其他城市的历史文化街区吗？

A. 去过很多

B. 很少去过

C. 没去过

D. 不清楚

6. 您对青岛的历史文化街区感兴趣吗？

A. 非常感兴趣

B. 比较感兴趣

C. 不是很感兴趣

D. 完全不感兴趣

7. 青岛一共有13处历史文化街区，您觉得哪个最吸引您？请选3个。

A. 中山路历史文化街区

B. 馆陶路历史文化街区

C. 八大关、汇泉角、太平角历史文化街区

D. 鱼山历史文化街区

E. 八关山历史文化街区

F. 观海山历史文化街区

G. 信号山历史文化街区

H. 观象山历史文化街区

I. 黄台路历史文化街区

J. 上海路—武定路历史文化街区

K. 四方路历史文化街区

L. 无棣路历史文化街区

M. 奥帆中心历史文化街区

8. 在上面13处历史文化街区中，有6处全部或部分位于市北区，您觉得哪个最吸引您？请选两个。

A. 馆陶路历史文化街区

B. 信号山历史文化街区

C. 黄台路历史文化街区

D.上海路—武定路历史文化街区

E.四方路历史文化街区

F.无棣路历史文化街区

9.您的年龄是?

A.“90后”—“00后”

B.“80后”

C.“60后”—“70后”

D.其他

10.您的身份及婚姻状态是?

A.女士(未婚)

B.先生(未婚)

C.女士(已婚)

D.先生(已婚)

11.为充分保护挖掘历史文化资源，青岛市北将实施“个十百千万”工程。“个”，即一个“记忆市北”的形象品牌；“十”，即恢复和提升十个历史文化街区，您对哪个历史文化街区最感兴趣？请按1—10排序。

□红色文化经典街区

□东方酒文化历史街区

□海云庵民俗文化街区

□百年老港历史文化街区

□中车四方国家级工业旅游示范区

□纺织谷国家级工业旅游示范区

□里院风情历史文化街区

□金融商贸历史文化休闲街区

□博物馆群落历史文化街区

□老东镇商业文化街区

12.青岛市北区要重点打造“六个100”，您最期待哪个“100”？请按1—6排序。

□100处历史文化记忆民宿

□100个历史文化记忆主题酒店

□100个历史文化记忆经典美食店

□100个历史文化记忆名优特精品商店

□100个历史文化记忆博物馆

□100个景区化历史文化记忆街区

13. 市北区将培育1000个历史文化记忆企业文化示范单位，您推荐哪几个企业呢？

14. 市北区将培育1000名志愿者为游客服务做市北故事讲解员，您或您的家人喜欢听什么样的市北故事呢？

15. 市北区将评选10000家弘扬优秀传统文化的家庭示范户，您最看重哪些优秀传统文化呢？

第二节　线上问卷报告

《“历史文化街区保护与更新”专题网络问卷调查报告》

调研团队于2018年7月11日—19日，利用“问卷星”工具在微信平台上进行了关于历史文化街区保护与更新专题的线上问卷调查，最终回收到157份有效问卷。问卷共由15道题组成：第1—14题为选择题，其中第8题为多选题（最多选3项），其余为单选题；第15题为问答题。

一、受访者基本情况

表8-14　　受访者基本情况统计

题目		选项	小计	比例
1	性别	A.男	53	33.76%
		B.女	104	66.24%

（续表）

题目		选项	小计	比例
2	年龄	A. 18岁以下	3	1.91%
		B. 18岁—25岁	105	66.88%
		C. 26岁—35岁	23	14.65%
		D. 36岁—45岁	6	3.82%
		E. 45岁以上	20	12.74%
3	受教育情况	A.高中及以下	9	5.73%
		B.大专	16	10.19%
		C.本科	79	50.32%
		D.研究生及以上	53	33.76%

网络问卷填写者中：1.女性居多，大约占总体的三分之二（66.24%）；男性答题者相对较少，占总体的三分之一（33.76%）。2.答题者的主要年龄段为18岁—25岁，大约占总体的三分之二（66.88%）；其次是26岁—35岁的答题者（占总体的14.65%）和45岁以上（占总体的12.74%）的答题者；18岁以下的答题者（比例为1.91%）和36岁—45岁的答题者（比例为3.82%）数量相对较少。3.整体受教育水平较高，代表着较好的认知能力。学历为本科、研究生及以上的答题者大约占答题总人数的五分之四（84.08%），拥有大专学历的答题者占总体的10.19%，学历水平在高中及以下的答题者仅占总体的5.73%。

二、调查网络民众对历史文化街区的认知度

表8-15　　受访者对历史文化街区的认知调查

题目		选项	小计	比例
4	您了解历史文化街区吗？	A.并不了解	30	19.11%
		B.一般	98	62.42%
		C.比较了解	24	15.29%
		D.非常了解	5	3.18%

（续表）

题目		选项	小计	比例
5	您去过几次历史文化街区？	A.从未去过	22	14.01%
		B. 1次—2次	57	36.31%
		C. 3次—4次	40	25.48%
		D. 5次及以上	38	24.20%
6	您是否关注了解当地政府对历史文化街区的保护措施？	A.非常关心	15	9.55%
		B.熟知	10	6.37%
		C.一般	81	51.59%
		D.不了解	51	32.48%
7	关于对历史文化街区进行保护与利用，您的态度是？	A.非常支持	109	69.43%
		B.较为支持	41	26.11%
		C.无所谓	7	4.46%
		D.反对	0	0.00%

由表8-15数据可知：1.超过五分之四的受访者（81.53%）在现实生活中不太熟悉或了解历史文化街区。在全体受访者中，有近五分之一（19.11%）的人认为自己完全不了解历史文化街区，超过一半（62.42%）的人对历史文化街区的概念较为模糊。剩余不到五分之一的受访者认为自己了解历史文化街区。其中，“比较了解”者占总体的15.29%，“非常了解”者占总体的3.18%。

2.大部分受访者不太关注或了解当地政府对历史文化街区的保护措施。有32.48%的受访者不了解政府相关政策措施，51.59%的受访者对相关政府措施的关注了解度为“一般”。仅有15.92%的受访者关注了解相关政策措施，“非常关心”者、“熟知”者分别占总体的9.55%、6.37%

3.尽管不清楚历史文化街区的概念内涵、不关注了解相关政策，但是大部分受访者的态度是支持政府对历史文化街区进行保护利用。超过三分之二（69.43%）的人非常支持保护利用历史文化街区，超过五分之一（26.11%）的人比较支持保护利用历史文化街区。除此之外，有4.46%的人对历史文化街区的保护利用持无所谓态度。

三、历史文化街区的开发问题

2017年10月，福建省福州市下发《福州市历史文化街区国有文物保护单位使用管理办法的通知》《福州市历史文化街区国有房产租赁管理办法的通知》，对三坊七巷、朱紫坊、上下杭三处历史文化街区需引进的业态进行了规范。具体内容：

三坊七巷：南后街鼓励引进传统“老字号”、地方特色旅游产品、工艺品、手工作坊等特色商业和文化休闲业态；适当引进具有福州特色的餐饮、食品或国内外知名品牌餐饮等业态（其中餐饮、食品类比例不超过30%）；坊巷院落鼓励引进文化展示、阅读空间、动漫体验、创意设计、民俗体验、商务金融、影视创作、众创空间等文化类业态，辅以部分客栈民宿和咖啡、茶社等休闲轻餐饮类业态；吉庇路、光禄坊、澳门路、安泰河沿岸鼓励引进酒吧、咖啡、茶社、烘焙、时尚餐饮、酒店、娱乐等业态。

朱紫坊：鼓励引进以“漆艺文化”为主题的各类非物质文化遗产项目，以及众创空间、书院（书吧）、茶社、精品酒店、民宿客栈、现代休闲轻餐饮等业态。

上下杭：鼓励引进传统手工艺品、创客基地、地方土特产、博物馆、传统文化艺术培训、书吧等业态，辅以部分民宿客栈、主题精品酒店和咖啡、茶社、餐饮等休闲业态；三捷河两岸鼓励引进各类酒吧、咖啡屋、茶空间、客栈民宿、小酒馆、餐吧、各类体验馆等业态。

参考福州市在历史文化街区中鼓励引进的相关业态，围绕“历史文化街区里该开什么店？”这一问题，进行了线上问卷调查。

表8-16　受访者对历史文化街区开发问题的态度与看法

选项	小计	比例
问题9：历史文化街区中今后应首先发展什么业态？		
A.传统“老字号”与手工艺品、手工作坊、地方土特产、地方特色旅游产品等业态	66	42.04%
B.博物馆、传统文化艺术培训等业态	24	15.29%
C.特色餐饮、食品或国内外知名品牌餐饮等业态	8	5.10%
D.文化展示、阅读空间、动漫体验、创意设计、民俗体验等业态	50	31.85%
E.酒吧、小酒馆、餐吧、咖啡屋、茶空间、客栈民宿、烘焙体验馆等业态	8	5.10%
F.商务金融、影视创作、众创空间等业态	1	0.64%
问题10：城市历史文化街区未来的发展方向应该是什么？		
A.“传统街道景观＋现代商业产品”的拼凑	36	22.93%
B.用更加亲民的表达方式传递历史文化内涵	30	19.11%
C.打造具有特色品牌IP的历史文化旅游产业链，整合周边各要素	54	34.39%
D.对原有建筑大拆大建，进行房地产开发	0	0.00%
E.保留原有历史风味，加入现代时尚元素	37	23.57%

表8-16统计了受访者对历史文化街区开发问题的态度与看法。

第一个问题是：历史文化街区应首先引进什么业态？数据显示：最受支持的三个历史文化街区发展业态依次是：1.传统“老字号”与手工艺品、手工作坊、地方土特产、地方特色旅游产品等业态；2.文化展示、阅读空间、动漫体验、创意设计、民俗体验等业态；3.博物馆、传统文化艺术培训等业态。这三者的支持率分别是42.04%、31.85%、15.29%。

而特色餐饮、食品或国内外知名品牌餐饮等业态，以及酒吧、小酒馆、餐吧、咖啡屋、茶空间、客栈民宿、烘焙体验馆等业态在历史文化街区中优先发展的支持率较低，两者的支持率均为5.10%。除此之外，在历史文化街区中发展商务金融、影视创作、众创空间等业态的做法最不受民众欢迎，支持率仅为0.64%。

以文化展示业态或传统文化艺术培训业态为例，比较合理得当的做法是：一方面，文保单位合作使用方须在建筑内适当区域开辟空间展示本文保单位曾居住过的历史名人、院落历史演变等档案资料；另一方面，鼓励使用方将文保单位的特色人文历史故事和引入的新文化业态进行创意融合展示，或以此为题材衍生文博、文创相关展示。

第二个问题是：城市历史文化街区在未来的发展方向与趋势是什么？

由表8-16可知：1.没有受访者（0.00%）赞同使用传统房地产开发模式来开发利用历史文化街区，即受访者不认为对原有建筑进行大拆大建的做法。2.存在相当一部分（22.93%）的受访者认为，城市历史文化街区未来的发展方向就是“传统街道景观＋现代商业产品”的拼凑。这一定程度上反映了部分受访者对目前历史文化街区开发现状的真实感受，也体现了部分受访者对未来历史文化街区发展趋势的预期并不十分乐观。3.大部分受访者选择了与传统模式相对的历史文化街区发展的现代模式，即通过整合周边各要素打造具有特色品牌IP的历史文化旅游产业链（34.39%）、在保留原有历史风味的基础上加入现代时尚元素（23.57%）、用更加亲民的表达方式传递历史文化内涵（19.11%）。

通过对比历史文化街区开发的传统模式与现代模式，可知城市历史文化街区在未来的发展趋势为：

1.科学规划建设历史文化商业街区。传统的历史文化商业街区通常是按照常规的房地产开发模式进行，对原有建筑进行大拆大建，缺乏前瞻性规划，使得原有的珍贵遗产在重新建造过程中丢失了其原有的神韵，造成历史的遗憾。而现代模式的历史文化商业街区吸收了过往的惨痛教训，改建之前会进行科学的规划设计，在保留原有历史风味的基础上，加入现代时尚的元素。

2.综合沿线文化商业要素打造旅游品牌。传统的历史文化商业街区往往只注重自身的修建和改造，将其与周边环境割离开来，成为区域内特立独行的个体。现代模式的历史文化商业街区将从区域整体出发，以自身特色的历史文化为主体，综合街区沿线的各种文化商业要素，形成特色化的历史文化旅游产业链，打造自身的独特品牌。

3.注重历史文化与大众消费之间的关系。传统的历史文化商业街区往往是“传统街道景观＋现代商业产品”的简单拼凑，现代模式的历史文化商业街区将更加注重历史文化与大众消费之间的关系，以人性化、亲民性的文化表达方式将自身内涵传递给消费者，创造出富有活力的新理念和新空间，引领体验经济时代的消费趋势。

四、历史文化街区的保护问题

表8-17　受访者对历史文化街区保护问题的态度与看法

题目		选项	小计	比例
8	您觉得历史文化街区中最应保护的对象是？（最多选3项）	A.名人故居	77	49.04%
		B.历史建筑	133	84.71%
		C.传统民居	80	50.96%
		D.街巷格局	69	43.95%
		E.整体空间氛围	81	51.59%
		F.其他	3	1.91%
11	如何对待历史文化街区的老房子？	A.原封不动，进行修缮	80	50.96%
		B.局部改造	74	47.13%
		C.拆除新建	2	1.27%
		D.其他	1	0.64%
12	您对历史文化街区周边新建筑有什么看法？	A.好，是城市发展的表现	102	64.97%
		B.不好，破坏老城的形象	29	18.47%
		C.无所谓	17	10.83%
		D.其他	9	5.73%

表8-17统计了受访者对历史文化街区保护对象（多选题，最多选3项）、老房子以及周边新建筑的看法。

1.受访者认为名人故居、历史建筑、传统民居、街巷格局、整体空间氛围都是历史文化街区发展中应该保护的对象，其中，最应着重保护的是历史建筑（比例为84.71%）。

2.对于历史文化街区的老房子，仅有极少数人认为可以采取拆除新建（比例为1.27%）或其他（0.64%）做法。绝大部分受访者支持对老房子采取“努力保护，修旧如旧”的做法。全体受访者中，有超过半数（50.96%）的人认为应该在原封不动的基础上对历史文化街区里的老房子进行修缮；还有将近半数（47.13%）的人认为，可以对老房子进行局部改造。

3.对于历史文化街区周边的新建筑，大部分（64.97%）人持正面积极态度，认为新建筑是城市发展的表现；少部分（18.47%）人持负面消极态度，认为历史文化街区周边的新建筑破坏了老城的整体形象；还有10.83%的人认为，历史文化街区周边的新建筑无所谓好或坏。

表8-18　　受访者对历史文化街区保护发展参与主体的态度与看法

题目		选项	小计	比例
13	您认为历史文化街区的保护利用中是否需要考虑部分居民的回迁问题?	A.需要	116	73.89%
		B.不需要	23	14.65%
		C.无所谓	18	11.46%
14	您认为历史文化街区应如何保护利用?	A.由政府负责开发改造	41	26.11%
		B.由居民自己进行维护	3	1.91%
		C.由开发商进行开发改造	1	0.64%
		D.由政府和居民共同进行开发维护	110	70.06%
		E.其他	2	1.27%

表8-18统计了受访者对历史文化街区居民回迁、历史文化街区保护利用主体两个问题的态度与看法。1.绝大部分（73.89%）人认为，在历史文化街区保护与利用工程进行到一定阶段时，需要开展部分居民的回迁工作；有14.65%的人认为，不需要将居民回迁至原先的历史文化街区；还有11.46%的认为，居民回迁工作在历史文化街区的保护利用中无关紧要。

2.绝大部分（70.06%）人认为，历史文化街区应该由政府和居民共同进行开发维护；还有一部分（26.11%）人认为，只需要由政府来负责开发、改造历史文化街区。只有极少数人认为，可以让居民自己对历史文化街区进行维护（1.91%），或者可以让开发商自己对历史文化街区进行开发改造（0.64%）。

五、受访者对历史文化街区保护利用的其他建议

在问答题中，网络受访者就历史文化街区保护利用提出的建议主要有以下几类：

1.借鉴参考先进国家、地区、城市的案例与经验。如法国、比利时、匈牙利、日本等国对历史文化建筑、历史文化街区的保护经验；如苏州等南方城市在历史文化街区开发写生基地的实践经验等。

2.重点强调对历史文化街区的保护。其一，坚持保护与开发相辅相成，相互促进。要妥善保护，谨慎开发，不能搞破坏性开发。坚持保护为主，抢救第一，合理利用，加强管理。其二，历史文化街区作为中国五千年传统文化的积淀与精髓，是城市最有底蕴的名片，因而对历史文化街区的保护应该像爱护眼睛一样珍惜。对街区未来的发展应该在原有的基础上与新时代社会主义相结合。其三，受访者希望能保护好原有的东西——包括建筑和人文方面，不要过多破坏，支持科学合理地进行旅游开发，在保护历史、尊重历史的基础上加上对现代元素的利用，而万万不可轻率拆除珍贵的历史文化建筑、遗址。

3.强调历史文化街区的特色化发展，警惕过度商业化发展。多数受访者认为，历史文化街区的发展不应过于商业化，更要避免同质化。可通过保留原始建筑的特色，适当减少一些商业化气息，从而形成每个历史文化街区自身独有的特色。再如，历史文化街区内要有原住民生活，街区总体要保持安静有序的生活氛围，在考量街区创收指标时不能过于急功近利。

4.强调在历史文化街区保护发展中坚持以人为本。其一，受访者提到千万不要做一些自以为是的“修缮”“复原”，建议总体而言以保留街区原样原貌为佳。同时，受访者也希望历史文化街区能够出现一些文化风格先锋前卫、能够吸引到年轻人的场所，如独立美术馆、音乐厅、剧场等。其二，街区的保

护更新要遵循“源自生活，回归生活”的开发思路，要贴近民众日常生活。其三，秉持人性化的设计原则。如合理规划游客休闲的空间，以便游客在疲乏或不方便时能够有舒适、宽敞的空间休息。此外，还需考虑街区的环境卫生、游客承载量、文化资源充分展现等问题。

5.强调健全完善相关制度。其一，政府应当出台相关的规章制度，并参考专家学者和当地居民的意见，对每一条历史文化街区进行有效的评估和分析，从而得出具体的城市规划实施方案。其二，在制定保护历史文化街区的制度和相关法律制度的基础上，提高改建门槛，严格管理，引入居民监督机制。

6.强调历史文化街区保护利用的参与主体。其一，应由政府与企业一同进行规划开发，注重文化内涵的挖掘与保留。其二，通过宣传，提升、强化每个公民对历史文化街区以及文化遗产、文化遗址的保护意识。

此外，对于历史文化街区的保护更新，受访者还提到了：1.要将文化与旅游相结合，坚持文旅融合促发展；2.适应时代发展需要，坚持新旧结合、新旧动能转换的发展理念；3.将节事、节庆、会展融入文化旅游产业的发展，参考有影响力的节庆文化，借鉴成功的办节经验，在历史文化街区举办连续性、常态化的文化节，打造统一的文化推广品牌。

附调查问卷：《关于历史文化街区保护与更新调查问卷》

亲爱的朋友：

您好！我们是山东大学历史文化学院文化产业管理专业的硕士生和本科生，正在做一项关于历史文化街区保护与更新的调研，想听听您对此的一些看法。

请您秉持真实原则，耐心作答。再次衷心感谢您在百忙之中接受我们的问卷调查，谢谢！

1.您的性别？

A.男

B.女

2.您的年龄？

A. 18岁以下

B. 18岁—25岁

C. 26岁—35岁

D. 36岁—45岁

E. 45岁以上

3. 您的受教育情况？

A. 高中及以下

B. 大专

C. 本科

D. 研究生及以上

4. 您了解历史文化街区吗？

A. 并不了解

B. 一般

C. 比较了解

D. 非常了解

5. 您去过几次历史文化街区？

A. 从未去过

B. 1次—2次

C. 3次—4次

D. 5次及以上

6. 您是否了解当地政府对历史文化街区的保护措施？

A. 非常关心

B. 熟知

C. 一般

D. 不了解

7. 关于对历史文化街区进行保护与利用，您的态度是？

A. 非常支持

B. 较为支持

C. 无所谓

D.反对

8.您觉得历史文化街区中最应该保护的是？（最多选3项）

A.名人故居

B.历史建筑

C.传统民居

D.街巷格局

E.整体空间氛围

F.其他

9.您认为历史文化街区中今后首先应该发展什么业态？

A.传统“老字号”与手工艺品、手工作坊、地方土特产、地方特色旅游产品等业态

B.博物馆、传统文化艺术培训等业态

C.特色餐饮、食品或国内外知名品牌餐饮等业态

D.文化展示、阅读空间、动漫体验、创意设计、民俗体验等业态

E.酒吧、小酒馆、餐吧、咖啡屋、茶空间、客栈民宿、烘焙体验馆等业态

F.商务金融、影视创作、众创空间等业态

10.您认为城市历史文化街区未来的发展方向应该是什么？

A.“传统街道景观+现代商业产品”的拼凑

B.用更加亲民的表达方式传递历史文化内涵

C.打造具有特色品牌IP的历史文化旅游产业链，整合周边各要素

D.对原有建筑大拆大建，进行房地产开发

E.保留原有历史风味，加入现代时尚元素

11.如何对待历史文化街区的老房子？

A.原封不动，进行修缮

B.局部改造

C.拆除新建

D.其他

12. 您对历史文化街区周边新建筑有什么看法？

A. 好，是城市发展的表现

B. 不好，破坏老城的形象

C. 无所谓

D. 其他

13. 您认为历史文化街区的保护利用中是否需要考虑部分居民的回迁问题？

A. 需要

B. 不需要

C. 无所谓

14. 您认为历史文化街区应该如何保护利用？

A. 由政府负责开发改造

B. 由居民自己进行维护

C. 由开发商进行开发改造

D. 由政府和居民共同进行开发维护

E. 其他

15. 您对历史文化街区未来的发展有哪些忠诚的建议或者意见（保护措施、开发旅游业、重新建设等）？

| 第九章 |

政策梳理：国内外城市文化遗产政策

第一节　国内政策

一、国家级

（一）《国务院关于加强文化遗产保护的通知》（2005年）

附文：

《国务院关于加强文化遗产保护的通知》

各省、自治区、直辖市人民政府，国务院各部委、各直属机构：

我国是历史悠久的文明古国。在漫长的岁月中，中华民族创造了丰富多彩、弥足珍贵的文化遗产。党中央、国务院历来高度重视文化遗产保护工作，在全社会的共同努力下，我国文化遗产保护取得了明显成效。与此同时，也应清醒地看到，当前我国文化遗产保护面临着许多问题，形势严峻，不容乐观。为了进一步加强中国文化遗产保护，继承和弘扬中华民族优秀传统文化，推动社会主义先进文化建设，国务院决定从2006年起，每年六月的第二个星期六为中国的“文化遗产日”。现就加强文化遗产保护有关问题通知如下：

一、充分认识保护文化遗产的重要性和紧迫性

文化遗产包括物质文化遗产和非物质文化遗产。物质文化遗产是具有历史、艺术和科学价值的文物，包括古遗址、古墓葬、古建筑、石窟寺、石刻、壁画、近代现代重要史迹及代表性建筑等不可移动文物，历史上各时代的重要实物、艺术品、文献、手稿、图书资料等可移动文物；以及在建筑式样、分

布均匀或与环境景色结合方面具有突出普遍价值的历史文化名城（街区、村镇）。非物质文化遗产是指各种以非物质形态存在的与群众生活密切相关、世代相承的传统文化表现形式，包括口头传统、传统表演艺术、民俗活动和礼仪与节庆、有关自然界和宇宙的民间传统知识和实践、传统手工艺技能等以及与上述传统文化表现形式相关的文化空间。

中国文化遗产蕴含着中华民族特有的精神价值、思维方式、想象力，体现着中华民族的生命力和创造力，是各民族智慧的结晶，也是全人类文明的瑰宝。保护文化遗产，保持民族文化的传承，是联结民族情感纽带、增进民族团结和维护国家统一及社会稳定的重要文化基础，也是维护世界文化多样性和创造性，促进人类共同发展的前提。加强文化遗产保护，是建设社会主义先进文化，贯彻落实科学发展观和构建社会主义和谐社会的必然要求。

文化遗产是不可再生的珍贵资源。随着经济全球化趋势和现代化进程的加快，中国的文化生态正在发生巨大变化，文化遗产及其生存环境受到严重威胁。不少历史文化名城（街区、村镇）、古建筑、古遗址及风景名胜区整体风貌遭到破坏。文物非法交易、盗窃和盗掘古遗址古墓葬以及走私文物的违法犯罪活动在一些地区还没有得到有效遏制，大量珍贵文物流失境外。由于过度开发和不合理利用，许多重要文化遗产消亡或失传。在文化遗存相对丰富的少数民族聚居地区，由于人们生活环境和条件的变迁，民族或区域文化特色消失加快。因此，加强文化遗产保护刻不容缓。地方各级人民政府和有关部门要从对国家和历史负责的高度，从维护国家文化安全的高度，充分认识保护文化遗产的重要性，进一步增强责任感和紧迫感，切实做好文化遗产保护工作。

二、加强文化遗产保护的指导思想、基本方针和总体目标

（一）指导思想：坚持以邓小平理论和“三个代表”重要思想为指导，全面贯彻和落实科学发展观，加大文化遗产保护力度，构建科学有效的文化遗产保护体系，提高全社会文化遗产保护意识，充分发挥文化遗产在传承中华文化，提高人民群众思想道德素质和科学文化素质，增强民族凝聚力，促进社会主义先进文化建设和构建社会主义和谐社会中的重要作用。

（二）基本方针：物质文化遗产保护要贯彻“保护为主、抢救第一、合理

利用、加强管理”的方针。非物质文化遗产保护要贯彻“保护为主、抢救第一、合理利用、传承发展”的方针。坚持保护文化遗产的真实性和完整性，坚持依法和科学保护，正确处理经济社会发展与文化遗产保护的关系，统筹规划、分类指导、突出重点、分步实施。

（三）总体目标：通过采取有效措施，文化遗产保护得到全面加强。到2010年，初步建立比较完备的文化遗产保护制度，文化遗产保护状况得到明显改善。到2015年，基本形成较为完善的文化遗产保护体系，具有历史、文化和科学价值的文化遗产得到全面有效保护；保护文化遗产深入人心，成为全社会的自觉行动。

三、着力解决物质文化遗产保护面临的突出问题

（一）切实做好文物调查研究和不可移动文物保护规划的制定实施工作。加强文物资源调查研究，并依法登记、建档。在认真摸清底数的基础上，分类制定文物保护规划，认真组织实施。国务院文物行政部门要统筹安排世界文化遗产、全国重点文物保护单位保护规划的编制工作，省级人民政府具体组织编制，报国务院文物行政部门审查批准后公布实施。国务院文物行政部门要对规划实施情况进行跟踪监测，检查落实。要及时依法划定文物保护单位的保护范围和建设控制地带，设立必要的保护管理机构，明确保护责任主体，建立健全保护管理制度。其他不可移动文物也要依据文物保护法的规定制定保护规划，落实保护措施。坚决避免和纠正过度开发利用文化遗产，特别是将文物作为或变相作为企业资产经营的违法行为。

（二）改进和完善重大建设工程中的文物保护工作。严格执行重大建设工程项目审批、核准和备案制度。凡涉及文物保护事项的基本建设项目，必须依法在项目批准前征求文物行政部门的意见，在进行必要的考古勘探、发掘并落实文物保护措施以后方可实施。基本建设项目中的考古发掘要充分考虑文物保护工作的实际需要，加强统一管理，落实审批和监督责任。

（三）切实抓好重点文物维修工程。统筹规划、集中资金，实施一批文物保护重点工程，排除重大文物险情，加强对重要濒危文物的保护。实施保护工程必须确保文物的真实性，坚决禁止借保护文物之名行造假古董之实。要对文物

“复建”进行严格限制，把有限的人力、物力切实用到对重要文物、特别是重大濒危文物的保护项目上。严格工程管理，落实文物保护工程队伍资质制度，完善从业人员管理制度，建立健全各类文物保护技术规范，确保工程质量。

（四）加强历史文化名城（街区、村镇）保护。进一步完善历史文化名城（街区、村镇）的申报、评审工作。已确定为历史文化名城（街区、村镇）的，地方人民政府要认真制定保护规划，并严格执行。在城镇化过程中，要切实保护好历史文化环境，把保护优秀的乡土建筑等文化遗产作为城镇化发展战略的重要内容，把历史名城（街区、村镇）保护规划纳入城乡规划。相关重大建设项目，必须建立公示制度，广泛征求社会各界意见。国务院有关部门要对历史文化名城（街区、村镇）的保护状况和规划实施情况进行跟踪监测，及时解决有关问题；历史文化名城（街区、村镇）的布局、环境、历史风貌等遭到严重破坏的，应当依法取消其称号，并追究有关人员的责任。

（五）提高馆藏文物保护和展示水平。高度重视博物馆建设，加强对藏品的登记、建档和安全管理，落实藏品丢失、损毁追究责任制。实施馆藏文物信息化和保存环境达标建设，加大馆藏文物科技保护力度。提高陈列展览质量和水平，充分发挥馆藏文物的教育作用。加强博物馆专业人员培养，提高博物馆队伍素质。坚持向未成年人等特殊社会群体减、免费开放，不断提高服务质量和水平。

（六）清理整顿文物流通市场。加强对文物市场的调控和监督管理，依法严格把握文物流通市场准入条件，规范文物经营和民间文物收藏行为，确保文物市场健康发展。依法加强文物商店销售文物、文物拍卖企业拍卖文物的审核备案工作。坚决取缔非法文物市场，严厉打击盗窃、盗掘、走私、倒卖文物等违法犯罪活动。严格执行文物出入境审核、监管制度，加强鉴定机构队伍建设，严防珍贵文物流失。加强国际合作，对非法流失境外的文物要坚决依法追索。

四、积极推进非物质文化遗产保护

（一）开展非物质文化遗产普查工作。各地区要进一步做好非物质文化遗产的普查、认定和登记工作，全面了解和掌握非物质文化遗产资源的种类、数量、分布状况、生存环境、保护现状及存在的问题，及时向社会公布普查结果。3年内全国基本完成普查工作。

（二）制定非物质文化遗产保护规划。在科学论证的基础上，抓紧制定国家和地区非物质文化遗产保护规划，明确保护范围，提出长远目标和近期工作任务。

（三）抢救珍贵非物质文化遗产。采取有效措施，抓紧征集具有历史、文化和科学价值的非物质文化遗产实物和资料，完善征集和保管制度。有条件的地方可以建立非物质文化遗产资料库、博物馆或展示中心。

（四）建立非物质文化遗产名录体系。进一步完善评审标准，严格评审工作，逐步建立国家和省、市、县非物质文化遗产名录体系。对列入非物质文化遗产名录的项目，要制定科学的保护计划，明确有关保护的责任主体，进行有效保护。对列入非物质文化遗产名录的代表性传人，要有计划地提供资助，鼓励和支持其开展传习活动，确保优秀非物质文化遗产的传承。

（五）加强少数民族文化遗产和文化生态区的保护。重点扶持少数民族地区的非物质文化遗产保护工作。对文化遗产丰富且传统文化生态保持较完整的区域，要有计划地进行动态的整体性保护。对确属濒危的少数民族文化遗产和文化生态区，要尽快列入保护名录，落实保护措施，抓紧进行抢救和保护。

五、明确责任，切实加强对文化遗产保护工作的领导

（一）加强领导，落实责任。地方各级人民政府和有关部门要将文化遗产保护列入重要议事日程，并纳入经济和社会发展计划以及城乡规划。要建立健全文化遗产保护责任制度和责任追究制度。成立国家文化遗产保护领导小组，定期研究文化遗产保护工作的重大问题，统一协调文化遗产保护工作。地方各级人民政府也要建立相应的文化遗产保护协调机构。要建立文化遗产保护定期通报制度、专家咨询制度以及公众和舆论监督机制，推进文化遗产保护工作的科学化、民主化。要充分发挥有关学术机构、大专院校、企事业单位、社会团体等各方面的作用，共同开展文化遗产保护工作。

（二）加快文化遗产保护法制建设，加大执法力度。加强文化遗产保护法律法规建设，推进文化遗产保护的法制化、制度化和规范化。积极推动《非

物质文化遗产保护法》、《历史文化名城和历史文化街区、村镇保护条例》等法律、行政法规的立法进程，争取早日出台。抓紧制定和起草与文物保护法相配套的部门规章和地方性法规。抓紧研究制定保护文化遗产知识产权的有关规定。要严格依照保护文化遗产的法律、行政法规办事，任何单位或者个人都不得作出与法律、行政法规相抵触的决定；各级文物行政部门等行政执法机关有权依法抵制和制止违反有关法律、行政法规的决定和行为。严厉打击破坏文化遗产的各类违法犯罪行为，重点追究因决策失误、玩忽职守，造成文化遗产破坏、被盗或流失的责任人的法律责任。充实文化遗产保护执法力量，加大执法力度，做到执法必严，违法必究。因执法不力造成文化遗产受到破坏的，要追究有关执法机关和有关责任人的责任。

（三）安排专项资金，加强专业人才队伍建设。各级人民政府要将文化遗产保护经费纳入本级财政预算，保障重点文化遗产经费投入。抓紧制定和完善有关社会捐赠和赞助的政策措施，调动社会团体、企业和个人参与文化遗产保护的积极性。加强文化遗产保护管理机构和专业队伍建设，大力培养文化遗产保护和管理所需的各类专门人才。加强文化遗产保护科技的研究、运用和推广工作，努力提高文化遗产保护工作水平。

（四）加大宣传力度，营造保护文化遗产的良好氛围。认真举办“文化遗产日”系列活动，提高人民群众对文化遗产保护重要性的认识，增强全社会的文化遗产保护意识。各级各类文化遗产保护机构要经常举办展示、论坛、讲座等活动，使公众更多地了解文化遗产的丰富内涵。教育部门要将优秀文化遗产内容和文化遗产保护知识纳入教学计划，编入教材，组织参观学习活动，激发青少年热爱祖国优秀传统文化的热情。各类新闻媒体要通过开设专题、专栏等方式，介绍文化遗产和保护知识，大力宣传保护文化遗产的先进典型，及时曝光破坏文化遗产的违法行为及事件，发挥舆论监督作用，在全社会形成保护文化遗产的良好氛围。

与此同时，国务院有关部门也要切实研究解决自然遗产保护中存在的问题，加强自然遗产保护工作。

国务院

二〇〇五年十二月二十二日

（二）《中华人民共和国文物保护法》（2017年修订版）

1982年颁布的文化领域的第一部专门法律《文物保护法》，标志着中国以文物保护为中心内容的文化遗产保护制度已经形成。2002年新修订的《文物保护法》，标志着中国开始建立起单体文物、历史文化名城等多层次文化遗产保护体系。2017年第五次修订的《文物保护法》进一步完善了文物的保护管理机制。

附文：

《中华人民共和国文物保护法》（2017年修订版）

（1982年11月19日第五届全国人民代表大会常务委员会第二十五次会议通过　根据1991年6月29日第七届全国人民代表大会常务委员会第二十次会议《全国人民代表大会常务委员会关于修改〈中华人民共和国文物保护法〉第三十条第三十一条的决定》第一次修正　2002年10月28日第九届全国人民代表大会常务委员会第三十次会议第二次修订通过　根据2007年12月29日中华人民共和国主席令第84号《全国人民代表大会常务委员会关于修改〈中华人民共和国文物保护法〉的决定》第三次修正　根据2013年6月29日中华人民共和国主席令第5号《全国人民代表大会常务委员会关于修改〈中华人民共和国文物保护法〉等十二部法律的决定》第四次修正　根据2017年11月4日第十二届全国人民代表大会常务委员会第三十次会议通过的《全国人民代表大会常务委员会关于修改〈中华人民共和国会计法〉等十一部法律的决定》第五次修正）

目　录

第七章　法律责任

第八章　附则

第一章　总则

第一条　为了加强对文物的保护，继承中华民族优秀的历史文化遗产，促进科学研究工作，进行爱国主义和革命传统教育，建设社会主义精神文明和物质文明，根据宪法，制定本法。

第二条　在中华人民共和国境内，下列文物受国家保护：

（一）具有历史、艺术、科学价值的古文化遗址、古墓葬、古建筑、石窟寺和石刻、壁画；

（二）与重大历史事件、革命运动或者著名人物有关的以及具有重要纪念意义、教育意义或者史料价值的近代现代重要史迹、实物、代表性建筑；

（三）历史上各时代珍贵的艺术品、工艺美术品；

（四）历史上各时代重要的文献资料以及具有历史、艺术、科学价值的手稿和图书资料等；

（五）反映历史上各时代、各民族社会制度、社会生产、社会生活的代表性实物。

文物认定的标准和办法由国务院文物行政部门制定，并报国务院批准。

具有科学价值的古脊椎动物化石和古人类化石同文物一样受国家保护。

第三条　古文化遗址、古墓葬、古建筑、石窟寺、石刻、壁画、近代现代重要史迹和代表性建筑等不可移动文物，根据它们的历史、艺术、科学价值，可以分别确定为全国重点文物保护单位，省级文物保护单位，市、县级文物保护单位。

历史上各时代重要实物、艺术品、文献、手稿、图书资料、代表性实物等可移动文物，分为珍贵文物和一般文物；珍贵文物分为一级文物、二级文物、三级文物。

第四条　文物工作贯彻保护为主、抢救第一、合理利用、加强管理的方针。

第五条　中华人民共和国境内地下、内水和领海中遗存的一切文物，属于国家所有。

古文化遗址、古墓葬、石窟寺属于国家所有。国家指定保护的纪念建筑物、古建筑、石刻、壁画、近代现代代表性建筑等不可移动文物，除国家另有规定的以外，属于国家所有。

国有不可移动文物的所有权不因其所依附的土地所有权或者使用权的改变而改变。

下列可移动文物，属于国家所有：

（一）中国境内出土的文物，国家另有规定的除外；

（二）国有文物收藏单位以及其他国家机关、部队和国有企业、事业组织等收藏、保管的文物；

（三）国家征集、购买的文物；

（四）公民、法人和其他组织捐赠给国家的文物；

（五）法律规定属于国家所有的其他文物。

属于国家所有的可移动文物的所有权不因其保管、收藏单位的终止或者变更而改变。

国有文物所有权受法律保护，不容侵犯。

第六条 属于集体所有和私人所有的纪念建筑物、古建筑和祖传文物以及依法取得的其他文物，其所有权受法律保护。文物的所有者必须遵守国家有关文物保护的法律、法规的规定。

第七条 一切机关、组织和个人都有依法保护文物的义务。

第八条 国务院文物行政部门主管全国文物保护工作。

地方各级人民政府负责本行政区域内的文物保护工作。县级以上地方人民政府承担文物保护工作的部门对本行政区域内的文物保护实施监督管理。

县级以上人民政府有关行政部门在各自的职责范围内，负责有关的文物保护工作。

第九条 各级人民政府应当重视文物保护，正确处理经济建设、社会发展与文物保护的关系，确保文物安全。

基本建设、旅游发展必须遵守文物保护工作的方针，其活动不得对文物造成损害。

公安机关、工商行政管理部门、海关、城乡建设规划部门和其他有关国家机关，应当依法认真履行所承担的保护文物的职责，维护文物管理秩序。

第十条　国家发展文物保护事业。县级以上人民政府应当将文物保护事业纳入本级国民经济和社会发展规划，所需经费列入本级财政预算。

国家用于文物保护的财政拨款随着财政收入增长而增加。

国有博物馆、纪念馆、文物保护单位等的事业性收入，专门用于文物保护，任何单位或者个人不得侵占、挪用。

国家鼓励通过捐赠等方式设立文物保护社会基金，专门用于文物保护，任何单位或者个人不得侵占、挪用。

第十一条　文物是不可再生的文化资源。国家加强文物保护的宣传教育，增强全民文物保护的意识，鼓励文物保护的科学研究，提高文物保护的科学技术水平。

第十二条　有下列事迹的单位或者个人，由国家给予精神鼓励或者物质奖励：

（一）认真执行文物保护法律、法规，保护文物成绩显著的；

（二）为保护文物与违法犯罪行为作坚决斗争的；

（三）将个人收藏的重要文物捐献给国家或者为文物保护事业作出捐赠的；

（四）发现文物及时上报或者上交，使文物得到保护的；

（五）在考古发掘工作中作出重大贡献的；

（六）在文物保护科学技术方面有重要发明创造或者其他重要贡献的；

（七）在文物面临破坏危险时，抢救文物有功的；

（八）长期从事文物工作，作出显著成绩的。

第二章　不可移动文物

第十三条　国务院文物行政部门在省级、市、县级文物保护单位中，选择具有重大历史、艺术、科学价值的确定为全国重点文物保护单位，或者直接确定为全国重点文物保护单位，报国务院核定公布。

省级文物保护单位，由省、自治区、直辖市人民政府核定公布，并报国务院备案。

市级和县级文物保护单位，分别由设区的市、自治州和县级人民政府核定公布，并报省、自治区、直辖市人民政府备案。

尚未核定公布为文物保护单位的不可移动文物，由县级人民政府文物行政部门予以登记并公布。

第十四条 保存文物特别丰富并且具有重大历史价值或者革命纪念意义的城市，由国务院核定公布为历史文化名城。

保存文物特别丰富并且具有重大历史价值或者革命纪念意义的城镇、街道、村庄，由省、自治区、直辖市人民政府核定公布为历史文化街区、村镇，并报国务院备案。

历史文化名城和历史文化街区、村镇所在地的县级以上地方人民政府应当组织编制专门的历史文化名城和历史文化街区、村镇保护规划，并纳入城市总体规划。

历史文化名城和历史文化街区、村镇的保护办法，由国务院制定。

第十五条 各级文物保护单位，分别由省、自治区、直辖市人民政府和市、县级人民政府划定必要的保护范围，作出标志说明，建立记录档案，并区别情况分别设置专门机构或者专人负责管理。全国重点文物保护单位的保护范围和记录档案，由省、自治区、直辖市人民政府文物行政部门报国务院文物行政部门备案。

县级以上地方人民政府文物行政部门应当根据不同文物的保护需要，制定文物保护单位和未核定为文物保护单位的不可移动文物的具体保护措施，并公告施行。

第十六条 各级人民政府制定城乡建设规划，应当根据文物保护的需要，事先由城乡建设规划部门会同文物行政部门商定对本行政区域内各级文物保护单位的保护措施，并纳入规划。

第十七条 文物保护单位的保护范围内不得进行其他建设工程或者爆破、钻探、挖掘等作业。但是，因特殊情况需要在文物保护单位的保护范围内进行其他建设工程或者爆破、钻探、挖掘等作业的，必须保证文物保护单位的安全，并经核定公布该文物保护单位的人民政府批准，在批准前应当征得上一级人民政府文物行政部门同意；在全国重点文物保护单位的保护范围内进行其他建设工程或者爆破、钻探、挖掘等作业的，必须经省、自治区、直辖市人民政府批准，在批准前应当征得国务院文物行政部门同意。

第十八条　根据保护文物的实际需要，经省、自治区、直辖市人民政府批准，可以在文物保护单位的周围划出一定的建设控制地带，并予以公布。

在文物保护单位的建设控制地带内进行建设工程，不得破坏文物保护单位的历史风貌；工程设计方案应当根据文物保护单位的级别，经相应的文物行政部门同意后，报城乡建设规划部门批准。

第十九条　在文物保护单位的保护范围和建设控制地带内，不得建设污染文物保护单位及其环境的设施，不得进行可能影响文物保护单位安全及其环境的活动。对已有的污染文物保护单位及其环境的设施，应当限期治理。

第二十条　建设工程选址，应当尽可能避开不可移动文物；因特殊情况不能避开的，对文物保护单位应当尽可能实施原址保护。

实施原址保护的，建设单位应当事先确定保护措施，根据文物保护单位的级别报相应的文物行政部门批准；未经批准的，不得开工建设。

无法实施原址保护，必须迁移异地保护或者拆除的，应当报省、自治区、直辖市人民政府批准；迁移或者拆除省级文物保护单位的，批准前须征得国务院文物行政部门同意。全国重点文物保护单位不得拆除；需要迁移的，须由省、自治区、直辖市人民政府报国务院批准。

依照前款规定拆除的国有不可移动文物中具有收藏价值的壁画、雕塑、建筑构件等，由文物行政部门指定的文物收藏单位收藏。

本条规定的原址保护、迁移、拆除所需费用，由建设单位列入建设工程预算。

第二十一条　国有不可移动文物由使用人负责修缮、保养；非国有不可移动文物由所有人负责修缮、保养。非国有不可移动文物有损毁危险，所有人不具备修缮能力的，当地人民政府应当给予帮助；所有人具备修缮能力而拒不依法履行修缮义务的，县级以上人民政府可以给予抢救修缮，所需费用由所有人负担。

对文物保护单位进行修缮，应当根据文物保护单位的级别报相应的文物行政部门批准；对未核定为文物保护单位的不可移动文物进行修缮，应当报登记的县级人民政府文物行政部门批准。

文物保护单位的修缮、迁移、重建，由取得文物保护工程资质证书的单位承担。

对不可移动文物进行修缮、保养、迁移，必须遵守不改变文物原状的原则。

第二十二条 不可移动文物已经全部毁坏的，应当实施遗址保护，不得在原址重建。但是，因特殊情况需要在原址重建的，由省、自治区、直辖市人民政府文物行政部门报省、自治区、直辖市人民政府批准；全国重点文物保护单位需要在原址重建的，由省、自治区、直辖市人民政府报国务院批准。

第二十三条 核定为文物保护单位的属于国家所有的纪念建筑物或者古建筑，除可以建立博物馆、保管所或者辟为参观游览场所外，作其他用途的，市、县级文物保护单位应当经核定公布该文物保护单位的人民政府文物行政部门征得上一级文物行政部门同意后，报核定公布该文物保护单位的人民政府批准；省级文物保护单位应当经核定公布该文物保护单位的省级人民政府的文物行政部门审核同意后，报该省级人民政府批准；全国重点文物保护单位作其他用途的，应当由省、自治区、直辖市人民政府报国务院批准。国有未核定为文物保护单位的不可移动文物作其他用途的，应当报告县级人民政府文物行政部门。

第二十四条 国有不可移动文物不得转让、抵押。建立博物馆、保管所或者辟为参观游览场所的国有文物保护单位，不得作为企业资产经营。

第二十五条 非国有不可移动文物不得转让、抵押给外国人。

非国有不可移动文物转让、抵押或者改变用途的，应当根据其级别报相应的文物行政部门备案。

第二十六条 使用不可移动文物，必须遵守不改变文物原状的原则，负责保护建筑物及其附属文物的安全，不得损毁、改建、添建或者拆除不可移动文物。

对危害文物保护单位安全、破坏文物保护单位历史风貌的建筑物、构筑物，当地人民政府应当及时调查处理，必要时，对该建筑物、构筑物予以拆迁。

第三章　考古发掘

第二十七条　一切考古发掘工作，必须履行报批手续；从事考古发掘的单位，应当经国务院文物行政部门批准。

地下埋藏的文物，任何单位或者个人都不得私自发掘。

第二十八条　从事考古发掘的单位，为了科学研究进行考古发掘，应当提出发掘计划，报国务院文物行政部门批准；对全国重点文物保护单位的考古发掘计划，应当经国务院文物行政部门审核后报国务院批准。国务院文物行政部门在批准或者审核前，应当征求社会科学研究机构及其他科研机构和有关专家的意见。

第二十九条　进行大型基本建设工程，建设单位应当事先报请省、自治区、直辖市人民政府文物行政部门组织从事考古发掘的单位在工程范围内有可能埋藏文物的地方进行考古调查、勘探。

考古调查、勘探中发现文物的，由省、自治区、直辖市人民政府文物行政部门根据文物保护的要求会同建设单位共同商定保护措施；遇有重要发现的，由省、自治区、直辖市人民政府文物行政部门及时报国务院文物行政部门处理。

第三十条　需要配合建设工程进行的考古发掘工作，应当由省、自治区、直辖市文物行政部门在勘探工作的基础上提出发掘计划，报国务院文物行政部门批准。国务院文物行政部门在批准前，应当征求社会科学研究机构及其他科研机构和有关专家的意见。

确因建设工期紧迫或者有自然破坏危险，对古文化遗址、古墓葬急需进行抢救发掘的，由省、自治区、直辖市人民政府文物行政部门组织发掘，并同时补办审批手续。

第三十一条　凡因进行基本建设和生产建设需要的考古调查、勘探、发掘，所需费用由建设单位列入建设工程预算。

第三十二条　在进行建设工程或者在农业生产中，任何单位或者个人发现文物，应当保护现场，立即报告当地文物行政部门，文物行政部门接到报告后，如无特殊情况，应当在二十四小时内赶赴现场，并在七日内提出处理意见。文物行政部门可以报请当地人民政府通知公安机关协助保护现场；发现重要文物的，应当立即上报国务院文物行政部门，国务院文物行政部门应当在接到报告后十五日内提出处理意见。

依照前款规定发现的文物属于国家所有，任何单位或者个人不得哄抢、私分、藏匿。

第三十三条 非经国务院文物行政部门报国务院特别许可，任何外国人或者外国团体不得在中华人民共和国境内进行考古调查、勘探、发掘。

第三十四条 考古调查、勘探、发掘的结果，应当报告国务院文物行政部门和省、自治区、直辖市人民政府文物行政部门。

考古发掘的文物，应当登记造册，妥善保管，按照国家有关规定移交给由省、自治区、直辖市人民政府文物行政部门或者国务院文物行政部门指定的国有博物馆、图书馆或者其他国有收藏文物的单位收藏。经省、自治区、直辖市人民政府文物行政部门批准，从事考古发掘的单位可以保留少量出土文物作为科研标本。

考古发掘的文物，任何单位或者个人不得侵占。

第三十五条 根据保证文物安全、进行科学研究和充分发挥文物作用的需要，省、自治区、直辖市人民政府文物行政部门经本级人民政府批准，可以调用本行政区域内的出土文物；国务院文物行政部门经国务院批准，可以调用全国的重要出土文物。

第四章 馆藏文物

第三十六条 博物馆、图书馆和其他文物收藏单位对收藏的文物，必须区分文物等级，设置藏品档案，建立严格的管理制度，并报主管的文物行政部门备案。

县级以上地方人民政府文物行政部门应当分别建立本行政区域内的馆藏文物档案；国务院文物行政部门应当建立国家一级文物藏品档案和其主管的国有文物收藏单位馆藏文物档案。

第三十七条　文物收藏单位可以通过下列方式取得文物：

（一）购买；

（二）接受捐赠；

（三）依法交换；

（四）法律、行政法规规定的其他方式。

国有文物收藏单位还可以通过文物行政部门指定保管或者调拨方式取得文物。

第三十八条　文物收藏单位应当根据馆藏文物的保护需要，按照国家有关规定建立、健全管理制度，并报主管的文物行政部门备案。未经批准，任何单位或者个人不得调取馆藏文物。

文物收藏单位的法定代表人对馆藏文物的安全负责。国有文物收藏单位的法定代表人离任时，应当按照馆藏文物档案办理馆藏文物移交手续。

第三十九条　国务院文物行政部门可以调拨全国的国有馆藏文物。省、自治区、直辖市人民政府文物行政部门可以调拨本行政区域内其主管的国有文物收藏单位馆藏文物；调拨国有馆藏一级文物，应当报国务院文物行政部门备案。

国有文物收藏单位可以申请调拨国有馆藏文物。

第四十条　文物收藏单位应当充分发挥馆藏文物的作用，通过举办展览、科学研究等活动，加强对中华民族优秀的历史文化和革命传统的宣传教育。

国有文物收藏单位之间因举办展览、科学研究等需借用馆藏文物的，应当报主管的文物行政部门备案；借用馆藏一级文物的，应当同时报国务院文物行政部门备案。

非国有文物收藏单位和其他单位举办展览需借用国有馆藏文物的，应当报主管的文物行政部门批准；借用国有馆藏一级文物，应当经国务院文物行政部门批准。

文物收藏单位之间借用文物的最长期限不得超过三年。

第四十一条　已经建立馆藏文物档案的国有文物收藏单位，经省、自治区、直辖市人民政府文物行政部门批准，并报国务院文物行政部门备案，其馆藏文物可以在国有文物收藏单位之间交换。

第四十二条 未建立馆藏文物档案的国有文物收藏单位，不得依照本法第四十条、第四十一条的规定处置其馆藏文物。

第四十三条 依法调拨、交换、借用国有馆藏文物，取得文物的文物收藏单位可以对提供文物的文物收藏单位给予合理补偿，具体管理办法由国务院文物行政部门制定。

国有文物收藏单位调拨、交换、出借文物所得的补偿费用，必须用于改善文物的收藏条件和收集新的文物，不得挪作他用；任何单位或者个人不得侵占。

调拨、交换、借用的文物必须严格保管，不得丢失、损毁。

第四十四条 禁止国有文物收藏单位将馆藏文物赠与、出租或者出售给其他单位、个人。

第四十五条 国有文物收藏单位不再收藏的文物的处置办法，由国务院另行制定。

第四十六条 修复馆藏文物，不得改变馆藏文物的原状；复制、拍摄、拓印馆藏文物，不得对馆藏文物造成损害。具体管理办法由国务院制定。

不可移动文物的单体文物的修复、复制、拍摄、拓印，适用前款规定。

第四十七条 博物馆、图书馆和其他收藏文物的单位应当按照国家有关规定配备防火、防盗、防自然损坏的设施，确保馆藏文物的安全。

第四十八条 馆藏一级文物损毁的，应当报国务院文物行政部门核查处理。其他馆藏文物损毁的，应当报省、自治区、直辖市人民政府文物行政部门核查处理；省、自治区、直辖市人民政府文物行政部门应当将核查处理结果报国务院文物行政部门备案。

馆藏文物被盗、被抢或者丢失的，文物收藏单位应当立即向公安机关报案，并同时向主管的文物行政部门报告。

第四十九条 文物行政部门和国有文物收藏单位的工作人员不得借用国有文物，不得非法侵占国有文物。

第五章 民间收藏文物

第五十条 文物收藏单位以外的公民、法人和其他组织可以收藏通过下列方式取得的文物：

（一）依法继承或者接受赠与；

（二）从文物商店购买；

（三）从经营文物拍卖的拍卖企业购买；

（四）公民个人合法所有的文物相互交换或者依法转让；

（五）国家规定的其他合法方式。

文物收藏单位以外的公民、法人和其他组织收藏的前款文物可以依法流通。

第五十一条　公民、法人和其他组织不得买卖下列文物：

（一）国有文物，但是国家允许的除外；

（二）非国有馆藏珍贵文物；

（三）国有不可移动文物中的壁画、雕塑、建筑构件等，但是依法拆除的国有不可移动文物中的壁画、雕塑、建筑构件等不属于本法第二十条第四款规定的应由文物收藏单位收藏的除外；

（四）来源不符合本法第五十条规定的文物。

第五十二条　国家鼓励文物收藏单位以外的公民、法人和其他组织将其收藏的文物捐赠给国有文物收藏单位或者出借给文物收藏单位展览和研究。

国有文物收藏单位应当尊重并按照捐赠人的意愿，对捐赠的文物妥善收藏、保管和展示。

国家禁止出境的文物，不得转让、出租、质押给外国人。

第五十三条　文物商店应当由省、自治区、直辖市人民政府文物行政部门批准设立，依法进行管理。

文物商店不得从事文物拍卖经营活动，不得设立经营文物拍卖的拍卖企业。

第五十四条　依法设立的拍卖企业经营文物拍卖的，应当取得省、自治区、直辖市人民政府文物行政部门颁发的文物拍卖许可证。

经营文物拍卖的拍卖企业不得从事文物购销经营活动，不得设立文物商店。

第五十五条　文物行政部门的工作人员不得举办或者参与举办文物商店或者经营文物拍卖的拍卖企业。

文物收藏单位不得举办或者参与举办文物商店或者经营文物拍卖的拍卖企业。

禁止设立中外合资、中外合作和外商独资的文物商店或者经营文物拍卖的拍卖企业。

除经批准的文物商店、经营文物拍卖的拍卖企业外，其他单位或者个人不得从事文物的商业经营活动。

第五十六条 文物商店不得销售、拍卖企业不得拍卖本法第五十一条规定的文物。

拍卖企业拍卖的文物，在拍卖前应当经省、自治区、直辖市人民政府文物行政部门审核，并报国务院文物行政部门备案。

第五十七条 省、自治区、直辖市人民政府文物行政部门应当建立文物购销、拍卖信息与信用管理系统。文物商店购买、销售文物，拍卖企业拍卖文物，应当按照国家有关规定作出记录，并于销售、拍卖文物后三十日内报省、自治区、直辖市人民政府文物行政部门备案。

拍卖文物时，委托人、买受人要求对其身份保密的，文物行政部门应当为其保密；但是，法律、行政法规另有规定的除外。

第五十八条 文物行政部门在审核拟拍卖的文物时，可以指定国有文物收藏单位优先购买其中的珍贵文物。购买价格由文物收藏单位的代表与文物的委托人协商确定。

第五十九条 银行、冶炼厂、造纸厂以及废旧物资回收单位，应当与当地文物行政部门共同负责拣选掺杂在金银器和废旧物资中的文物。拣选文物除供银行研究所必需的历史货币可以由人民银行留用外，应当移交当地文物行政部门。移交拣选文物，应当给予合理补偿。

第六章 文物出境进境

第六十条 国有文物、非国有文物中的珍贵文物和国家规定禁止出境的其他文物，不得出境；但是依照本法规定出境展览或者因特殊需要经国务院批准出境的除外。

第六十一条 文物出境，应当经国务院文物行政部门指定的文物进出境审核机构审核。经审核允许出境的文物，由国务院文物行政部门发给文物出境许可证，从国务院文物行政部门指定的口岸出境。

任何单位或者个人运送、邮寄、携带文物出境，应当向海关申报；海关凭文物出境许可证放行。

第六十二条　文物出境展览，应当报国务院文物行政部门批准；一级文物超过国务院规定数量的，应当报国务院批准。

一级文物中的孤品和易损品，禁止出境展览。

出境展览的文物出境，由文物进出境审核机构审核、登记。海关凭国务院文物行政部门或者国务院的批准文件放行。出境展览的文物复进境，由原文物进出境审核机构审核查验。

第六十三条　文物临时进境，应当向海关申报，并报文物进出境审核机构审核、登记。

临时进境的文物复出境，必须经原审核、登记的文物进出境审核机构审核查验；经审核查验无误的，由国务院文物行政部门发给文物出境许可证，海关凭文物出境许可证放行。

第七章　法律责任

第六十四条　违反本法规定，有下列行为之一，构成犯罪的，依法追究刑事责任：

（一）盗掘古文化遗址、古墓葬的；

（二）故意或者过失损毁国家保护的珍贵文物的；

（三）擅自将国有馆藏文物出售或者私自送给非国有单位或者个人的；

（四）将国家禁止出境的珍贵文物私自出售或者送给外国人的；

（五）以牟利为目的倒卖国家禁止经营的文物的；

（六）走私文物的；

（七）盗窃、哄抢、私分或者非法侵占国有文物的；

（八）应当追究刑事责任的其他妨害文物管理行为。

第六十五条　违反本法规定，造成文物灭失、损毁的，依法承担民事责任。

违反本法规定，构成违反治安管理行为的，由公安机关依法给予治安管理处罚。

违反本法规定，构成走私行为，尚不构成犯罪的，由海关依照有关法律、行政法规的规定给予处罚。

第六十六条 有下列行为之一，尚不构成犯罪的，由县级以上人民政府文物主管部门责令改正，造成严重后果的，处五万元以上五十万元以下的罚款；情节严重的，由原发证机关吊销资质证书：

（一）擅自在文物保护单位的保护范围内进行建设工程或者爆破、钻探、挖掘等作业的；

（二）在文物保护单位的建设控制地带内进行建设工程，其工程设计方案未经文物行政部门同意、报城乡建设规划部门批准，对文物保护单位的历史风貌造成破坏的；

（三）擅自迁移、拆除不可移动文物的；

（四）擅自修缮不可移动文物，明显改变文物原状的；

（五）擅自在原址重建已全部毁坏的不可移动文物，造成文物破坏的；

（六）施工单位未取得文物保护工程资质证书，擅自从事文物修缮、迁移、重建的。

刻划、涂污或者损坏文物尚不严重的，或者损毁依照本法第十五条第一款规定设立的文物保护单位标志的，由公安机关或者文物所在单位给予警告，可以并处罚款。

第六十七条 在文物保护单位的保护范围内或者建设控制地带内建设污染文物保护单位及其环境的设施的，或者对已有的污染文物保护单位及其环境的设施未在规定的期限内完成治理的，由环境保护行政部门依照有关法律、法规的规定给予处罚。

第六十八条 有下列行为之一的，由县级以上人民政府文物主管部门责令改正，没收违法所得，违法所得一万元以上的，并处违法所得二倍以上五倍以下的罚款；违法所得不足一万元的，并处五千元以上二万元以下的罚款：

（一）转让或者抵押国有不可移动文物，或者将国有不可移动文物作为企业资产经营的；

（二）将非国有不可移动文物转让或者抵押给外国人的；

（三）擅自改变国有文物保护单位的用途的。

第六十九条 历史文化名城的布局、环境、历史风貌等遭到严重破坏的，由国务院撤销其历史文化名城称号；历史文化城镇、街道、村庄的布局、环境、历史风貌等遭到严重破坏的，由省、自治区、直辖市人民政府撤销其历史文化街区、村镇称号；对负有责任的主管人员和其他直接责任人员依法给予行政处分。

第七十条 有下列行为之一，尚不构成犯罪的，由县级以上人民政府文物主管部门责令改正，可以并处二万元以下的罚款，有违法所得的，没收违法所得：

（一）文物收藏单位未按照国家有关规定配备防火、防盗、防自然损坏的设施的；

（二）国有文物收藏单位法定代表人离任时未按照馆藏文物档案移交馆藏文物，或者所移交的馆藏文物与馆藏文物档案不符的；

（三）将国有馆藏文物赠与、出租或者出售给其他单位、个人的；

（四）违反本法第四十条、第四十一条、第四十五条规定处置国有馆藏文物的；

（五）违反本法第四十三条规定挪用或者侵占依法调拨、交换、出借文物所得补偿费用的。

第七十一条 买卖国家禁止买卖的文物或者将禁止出境的文物转让、出租、质押给外国人，尚不构成犯罪的，由县级以上人民政府文物主管部门责令改正，没收违法所得，违法经营额一万元以上的，并处违法经营额二倍以上五倍以下的罚款；违法经营额不足一万元的，并处五千元以上二万元以下的罚款。

文物商店、拍卖企业有前款规定的违法行为的，由县级以上人民政府文物主管部门没收违法所得、非法经营的文物，违法经营额五万元以上的，并处违法经营额一倍以上三倍以下的罚款；违法经营额不足五万元的，并处五千元以上五万元以下的罚款；情节严重的，由原发证机关吊销许可证书。

第七十二条 未经许可，擅自设立文物商店、经营文物拍卖的拍卖企业，或者擅自从事文物的商业经营活动，尚不构成犯罪的，由工商行政管理部门依法予以制止，没收违法所得、非法经营的文物，违法经营额五万元以上的，并处违法经营额二倍以上五倍以下的罚款；违法经营额不足五万元的，并处二万元以上十万元以下的罚款。

第七十三条 有下列情形之一的，由工商行政管理部门没收违法所得、非法经营的文物，违法经营额五万元以上的，并处违法经营额一倍以上三倍以下的罚款；违法经营额不足五万元的，并处五千元以上五万元以下的罚款；情节严重的，由原发证机关吊销许可证书：

（一）文物商店从事文物拍卖经营活动的；

（二）经营文物拍卖的拍卖企业从事文物购销经营活动的；

（三）拍卖企业拍卖的文物，未经审核的；

（四）文物收藏单位从事文物的商业经营活动的。

第七十四条 有下列行为之一，尚不构成犯罪的，由县级以上人民政府文物主管部门会同公安机关追缴文物；情节严重的，处五千元以上五万元以下的罚款：

（一）发现文物隐匿不报或者拒不上交的；

（二）未按照规定移交拣选文物的。

第七十五条 有下列行为之一的，由县级以上人民政府文物主管部门责令改正：

（一）改变国有未核定为文物保护单位的不可移动文物的用途，未依照本法规定报告的；

（二）转让、抵押非国有不可移动文物或者改变其用途，未依照本法规定备案的；

（三）国有不可移动文物的使用人拒不依法履行修缮义务的；

（四）考古发掘单位未经批准擅自进行考古发掘，或者不如实报告考古发掘结果的；

（五）文物收藏单位未按照国家有关规定建立馆藏文物档案、管理制度，或者未将馆藏文物档案、管理制度备案的；

（六）违反本法第三十八条规定，未经批准擅自调取馆藏文物的；

（七）馆藏文物损毁未报文物行政部门核查处理，或者馆藏文物被盗、被抢或者丢失，文物收藏单位未及时向公安机关或者文物行政部门报告的；

（八）文物商店销售文物或者拍卖企业拍卖文物，未按照国家有关规定作出记录或者未将所作记录报文物行政部门备案的。

第七十六条　文物行政部门、文物收藏单位、文物商店、经营文物拍卖的拍卖企业的工作人员，有下列行为之一的，依法给予行政处分，情节严重的，依法开除公职或者吊销其从业资格；构成犯罪的，依法追究刑事责任：

（一）文物行政部门的工作人员违反本法规定，滥用审批权限、不履行职责或者发现违法行为不予查处，造成严重后果的；

（二）文物行政部门和国有文物收藏单位的工作人员借用或者非法侵占国有文物的；

（三）文物行政部门的工作人员举办或者参与举办文物商店或者经营文物拍卖的拍卖企业的；

（四）因不负责任造成文物保护单位、珍贵文物损毁或者流失的；

（五）贪污、挪用文物保护经费的。

前款被开除公职或者被吊销从业资格的人员，自被开除公职或者被吊销从业资格之日起十年内不得担任文物管理人员或者从事文物经营活动。

第七十七条　有本法第六十六条、第六十八条、第七十条、第七十一条、第七十四条、第七十五条规定所列行为之一的，负有责任的主管人员和其他直接责任人员是国家工作人员的，依法给予行政处分。

第七十八条　公安机关、工商行政管理部门、海关、城乡建设规划部门和其他国家机关，违反本法规定滥用职权、玩忽职守、徇私舞弊，造成国家保护的珍贵文物损毁或者流失的，对负有责任的主管人员和其他直接责任人员依法给予行政处分；构成犯罪的，依法追究刑事责任。

第七十九条　人民法院、人民检察院、公安机关、海关和工商行政管理部门依法没收的文物应当登记造册，妥善保管，结案后无偿移交文物行政部门，由文物行政部门指定的国有文物收藏单位收藏

第八章　附则

第八十条　本法自公布之日起施行。

（三）《历史文化名城名镇名村保护条例》（2017年修订版）

附文：

《历史文化名城名镇名村保护条例》（2017年修订版）

（2008年4月22日中华人民共和国国务院令第524号公布　根据2017年10月7日《国务院关于修改部分行政法规的决定》修订）

目　录

第一章　总则

第一条　为了加强历史文化名城、名镇、名村的保护与管理，继承中华民族优秀历史文化遗产，制定本条例。

第二条　历史文化名城、名镇、名村的申报、批准、规划、保护，适用本条例。

第三条　历史文化名城、名镇、名村的保护应当遵循科学规划、严格保护的原则，保持和延续其传统格局和历史风貌，维护历史文化遗产的真实性和完整性，继承和弘扬中华民族优秀传统文化，正确处理经济社会发展和历史文化遗产保护的关系。

第四条　国家对历史文化名城、名镇、名村的保护给予必要的资金支持。

历史文化名城、名镇、名村所在地的县级以上地方人民政府，根据本地实际情况安排保护资金，列入本级财政预算。

国家鼓励企业、事业单位、社会团体和个人参与历史文化名城、名镇、名村的保护。

第五条　国务院建设主管部门会同国务院文物主管部门负责全国历史文

化名城、名镇、名村的保护和监督管理工作。

地方各级人民政府负责本行政区域历史文化名城、名镇、名村的保护和监督管理工作。

第六条　县级以上人民政府及其有关部门对在历史文化名城、名镇、名村保护工作中做出突出贡献的单位和个人，按照国家有关规定给予表彰和奖励。

第二章　申报与批准

第七条　具备下列条件的城市、镇、村庄，可以申报历史文化名城、名镇、名村：

（一）保存文物特别丰富；

（二）历史建筑集中成片；

（三）保留着传统格局和历史风貌；

（四）历史上曾经作为政治、经济、文化、交通中心或者军事要地，或者发生过重要历史事件，或者其传统产业、历史上建设的重大工程对本地区的发展产生过重要影响，或者能够集中反映本地区建筑的文化特色、民族特色。

申报历史文化名城的，在所申报的历史文化名城保护范围内还应当有2个以上的历史文化街区。

第八条　申报历史文化名城、名镇、名村，应当提交所申报的历史文化名城、名镇、名村的下列材料：

（一）历史沿革、地方特色和历史文化价值的说明；

（二）传统格局和历史风貌的现状；

（三）保护范围；

（四）不可移动文物、历史建筑、历史文化街区的清单；

（五）保护工作情况、保护目标和保护要求。

第九条　申报历史文化名城，由省、自治区、直辖市人民政府提出申请，经国务院建设主管部门会同国务院文物主管部门组织有关部门、专家进行论证，提出审查意见，报国务院批准公布。

申报历史文化名镇、名村，由所在地县级人民政府提出申请，经省、自治区、直辖市人民政府确定的保护主管部门会同同级文物主管部门组织有关部门、专家进行论证，提出审查意见，报省、自治区、直辖市人民政府批准公布。

第十条 对符合本条例第七条规定的条件而没有申报历史文化名城的城市，国务院建设主管部门会同国务院文物主管部门可以向该城市所在地的省、自治区人民政府提出申报建议；仍不申报的，可以直接向国务院提出确定该城市为历史文化名城的建议。

对符合本条例第七条规定的条件而没有申报历史文化名镇、名村的镇、村庄，省、自治区、直辖市人民政府确定的保护主管部门会同同级文物主管部门可以向该镇、村庄所在地的县级人民政府提出申报建议；仍不申报的，可以直接向省、自治区、直辖市人民政府提出确定该镇、村庄为历史文化名镇、名村的建议。

第十一条 国务院建设主管部门会同国务院文物主管部门可以在已批准公布的历史文化名镇、名村中，严格按照国家有关评价标准，选择具有重大历史、艺术、科学价值的历史文化名镇、名村，经专家论证，确定为中国历史文化名镇、名村。

第十二条 已批准公布的历史文化名城、名镇、名村，因保护不力使其历史文化价值受到严重影响的，批准机关应当将其列入濒危名单，予以公布，并责成所在地城市、县人民政府限期采取补救措施，防止情况继续恶化，并完善保护制度，加强保护工作。

第三章 保护规划

第十三条 历史文化名城批准公布后，历史文化名城人民政府应当组织编制历史文化名城保护规划。

历史文化名镇、名村批准公布后，所在地县级人民政府应当组织编制历史文化名镇、名村保护规划。

保护规划应当自历史文化名城、名镇、名村批准公布之日起1年内编制完成。

第十四条 保护规划应当包括下列内容：

（一）保护原则、保护内容和保护范围；

（二）保护措施、开发强度和建设控制要求；

（三）传统格局和历史风貌保护要求；

（四）历史文化街区、名镇、名村的核心保护范围和建设控制地带；

（五）保护规划分期实施方案。

第十五条　历史文化名城、名镇保护规划的规划期限应当与城市、镇总体规划的规划期限相一致；历史文化名村保护规划的规划期限应当与村庄规划的规划期限相一致。

第十六条　保护规划报送审批前，保护规划的组织编制机关应当广泛征求有关部门、专家和公众的意见；必要时，可以举行听证。

保护规划报送审批文件中应当附具意见采纳情况及理由；经听证的，还应当附具听证笔录。

第十七条　保护规划由省、自治区、直辖市人民政府审批。

保护规划的组织编制机关应当将经依法批准的历史文化名城保护规划和中国历史文化名镇、名村保护规划，报国务院建设主管部门和国务院文物主管部门备案。

第十八条　保护规划的组织编制机关应当及时公布经依法批准的保护规划。

第十九条　经依法批准的保护规划，不得擅自修改；确需修改的，保护规划的组织编制机关应当向原审批机关提出专题报告，经同意后，方可编制修改方案。修改后的保护规划，应当按照原审批程序报送审批。

第二十条　国务院建设主管部门会同国务院文物主管部门应当加强对保护规划实施情况的监督检查。

县级以上地方人民政府应当加强对本行政区域保护规划实施情况的监督检查，并对历史文化名城、名镇、名村保护状况进行评估；对发现的问题，应当及时纠正、处理。

第四章　保护措施

第二十一条　历史文化名城、名镇、名村应当整体保护，保持传统格局、历史风貌和空间尺度，不得改变与其相互依存的自然景观和环境。

第二十二条　历史文化名城、名镇、名村所在地县级以上地方人民政府应当根据当地经济社会发展水平，按照保护规划，控制历史文化名城、名镇、名村的人口数量，改善历史文化名城、名镇、名村的基础设施、公共服务设施和居住环境。

第二十三条 在历史文化名城、名镇、名村保护范围内从事建设活动，应当符合保护规划的要求，不得损害历史文化遗产的真实性和完整性，不得对其传统格局和历史风貌构成破坏性影响。

第二十四条 在历史文化名城、名镇、名村保护范围内禁止进行下列活动：

（一）开山、采石、开矿等破坏传统格局和历史风貌的活动；

（二）占用保护规划确定保留的园林绿地、河湖水系、道路等；

（三）修建生产、储存爆炸性、易燃性、放射性、毒害性、腐蚀性物品的工厂、仓库等；

（四）在历史建筑上刻划、涂污。

第二十五条 在历史文化名城、名镇、名村保护范围内进行下列活动，应当保护其传统格局、历史风貌和历史建筑；制订保护方案，并依照有关法律、法规的规定办理相关手续：

（一）改变园林绿地、河湖水系等自然状态的活动；

（二）在核心保护范围内进行影视摄制、举办大型群众性活动；

（三）其他影响传统格局、历史风貌或者历史建筑的活动。

第二十六条 历史文化街区、名镇、名村建设控制地带内的新建建筑物、构筑物，应当符合保护规划确定的建设控制要求。

第二十七条 对历史文化街区、名镇、名村核心保护范围内的建筑物、构筑物，应当区分不同情况，采取相应措施，实行分类保护。

历史文化街区、名镇、名村核心保护范围内的历史建筑，应当保持原有的高度、体量、外观形象及色彩等。

第二十八条 在历史文化街区、名镇、名村核心保护范围内，不得进行新建、扩建活动。但是，新建、扩建必要的基础设施和公共服务设施除外。

在历史文化街区、名镇、名村核心保护范围内，新建、扩建必要的基础设施和公共服务设施的，城市、县人民政府城乡规划主管部门核发建设工程规划许可证、乡村建设规划许可证前，应当征求同级文物主管部门的意见。

在历史文化街区、名镇、名村核心保护范围内，拆除历史建筑以外的建筑物、构筑物或者其他设施的，应当经城市、县人民政府城乡规划主管部门会同同级文物主管部门批准。

第二十九条　审批本条例第二十八条规定的建设活动，审批机关应当组织专家论证，并将审批事项予以公示，征求公众意见，告知利害关系人有要求举行听证的权利。公示时间不得少于20日。

利害关系人要求听证的，应当在公示期间提出，审批机关应当在公示期满后及时举行听证。

第三十条　城市、县人民政府应当在历史文化街区、名镇、名村核心保护范围的主要出入口设置标志牌。

任何单位和个人不得擅自设置、移动、涂改或者损毁标志牌。

第三十一条　历史文化街区、名镇、名村核心保护范围内的消防设施、消防通道，应当按照有关的消防技术标准和规范设置。确因历史文化街区、名镇、名村的保护需要，无法按照标准和规范设置的，由城市、县人民政府公安机关消防机构会同同级城乡规划主管部门制订相应的防火安全保障方案。

第三十二条　城市、县人民政府应当对历史建筑设置保护标志，建立历史建筑档案。

历史建筑档案应当包括下列内容：

（一）建筑艺术特征、历史特征、建设年代及稀有程度；

（二）建筑的有关技术资料；

（三）建筑的使用现状和权属变化情况；

（四）建筑的修缮、装饰装修过程中形成的文字、图纸、图片、影像等资料；

（五）建筑的测绘信息记录和相关资料。

第三十三条　历史建筑的所有权人应当按照保护规划的要求，负责历史建筑的维护和修缮。

县级以上地方人民政府可以从保护资金中对历史建筑的维护和修缮给予补助。

历史建筑有损毁危险，所有权人不具备维护和修缮能力的，当地人民政府应当采取措施进行保护。

任何单位或者个人不得损坏或者擅自迁移、拆除历史建筑。

第三十四条 建设工程选址，应当尽可能避开历史建筑；因特殊情况不能避开的，应当尽可能实施原址保护。

对历史建筑实施原址保护的，建设单位应当事先确定保护措施，报城市、县人民政府城乡规划主管部门会同同级文物主管部门批准。

因公共利益需要进行建设活动，对历史建筑无法实施原址保护、必须迁移异地保护或者拆除的，应当由城市、县人民政府城乡规划主管部门会同同级文物主管部门，报省、自治区、直辖市人民政府确定的保护主管部门会同同级文物主管部门批准。

本条规定的历史建筑原址保护、迁移、拆除所需费用，由建设单位列入建设工程预算。

第三十五条 对历史建筑进行外部修缮装饰、添加设施以及改变历史建筑的结构或者使用性质的，应当经城市、县人民政府城乡规划主管部门会同同级文物主管部门批准，并依照有关法律、法规的规定办理相关手续。

第三十六条 在历史文化名城、名镇、名村保护范围内涉及文物保护的，应当执行文物保护法律、法规的规定。

第五章 法律责任

第三十七条 违反本条例规定，国务院建设主管部门、国务院文物主管部门和县级以上地方人民政府及其有关主管部门的工作人员，不履行监督管理职责，发现违法行为不予查处或者有其他滥用职权、玩忽职守、徇私舞弊行为，构成犯罪的，依法追究刑事责任；尚不构成犯罪的，依法给予处分。

第三十八条 违反本条例规定，地方人民政府有下列行为之一的，由上级人民政府责令改正，对直接负责的主管人员和其他直接责任人员，依法给予处分：

（一）未组织编制保护规划的；

（二）未按照法定程序组织编制保护规划的；

（三）擅自修改保护规划的；

（四）未将批准的保护规划予以公布的。

第三十九条　违反本条例规定，省、自治区、直辖市人民政府确定的保护主管部门或者城市、县人民政府城乡规划主管部门，未按照保护规划的要求或者未按照法定程序履行本条例第二十八条、第三十四条、第三十五条规定的审批职责的，由本级人民政府或者上级人民政府有关部门责令改正，通报批评；对直接负责的主管人员和其他直接责任人员，依法给予处分。

第四十条　违反本条例规定，城市、县人民政府因保护不力，导致已批准公布的历史文化名城、名镇、名村被列入濒危名单的，由上级人民政府通报批评；对直接负责的主管人员和其他直接责任人员，依法给予处分。

第四十一条　违反本条例规定，在历史文化名城、名镇、名村保护范围内有下列行为之一的，由城市、县人民政府城乡规划主管部门责令停止违法行为、限期恢复原状或者采取其他补救措施；有违法所得的，没收违法所得；逾期不恢复原状或者不采取其他补救措施的，城乡规划主管部门可以指定有能力的单位代为恢复原状或者采取其他补救措施，所需费用由违法者承担；造成严重后果的，对单位并处50万元以上100万元以下的罚款，对个人并处5万元以上10万元以下的罚款；造成损失的，依法承担赔偿责任：

（一）开山、采石、开矿等破坏传统格局和历史风貌的；

（二）占用保护规划确定保留的园林绿地、河湖水系、道路等的；

（三）修建生产、储存爆炸性、易燃性、放射性、毒害性、腐蚀性物品的工厂、仓库等的。

第四十二条　违反本条例规定，在历史建筑上刻划、涂污的，由城市、县人民政府城乡规划主管部门责令恢复原状或者采取其他补救措施，处50元的罚款。

第四十三条　违反本条例规定，未经城乡规划主管部门会同同级文物主管部门批准，有下列行为之一的，由城市、县人民政府城乡规划主管部门责令停止违法行为、限期恢复原状或者采取其他补救措施；有违法所得的，没收违法所得；逾期不恢复原状或者不采取其他补救措施的，城乡规划主管部门可以指定有能力的单位代为恢复原状或者采取其他补救措施，所需费用由违法者承担；造成严重后果的，对单位并处5万元以上10万元以下的罚款，对个人并处1万元以上5万元以下的罚款；造成损失的，依法承担赔偿责任：

（一）拆除历史建筑以外的建筑物、构筑物或者其他设施的；

（二）对历史建筑进行外部修缮装饰、添加设施以及改变历史建筑的结构或者使用性质的。

有关单位或者个人进行本条例第二十五条规定的活动，或者经批准进行本条第一款规定的活动，但是在活动过程中对传统格局、历史风貌或者历史建筑构成破坏性影响的，依照本条第一款规定予以处罚。

第四十四条 违反本条例规定，损坏或者擅自迁移、拆除历史建筑的，由城市、县人民政府城乡规划主管部门责令停止违法行为、限期恢复原状或者采取其他补救措施；有违法所得的，没收违法所得；逾期不恢复原状或者不采取其他补救措施的，城乡规划主管部门可以指定有能力的单位代为恢复原状或者采取其他补救措施，所需费用由违法者承担；造成严重后果的，对单位并处20万元以上50万元以下的罚款，对个人并处10万元以上20万元以下的罚款；造成损失的，依法承担赔偿责任。

第四十五条 违反本条例规定，擅自设置、移动、涂改或者损毁历史文化街区、名镇、名村标志牌的，由城市、县人民政府城乡规划主管部门责令限期改正；逾期不改正的，对单位处1万元以上5万元以下的罚款，对个人处1000元以上1万元以下的罚款。

第四十六条 违反本条例规定，对历史文化名城、名镇、名村中的文物造成损毁的，依照文物保护法律、法规的规定给予处罚；构成犯罪的，依法追究刑事责任。

第六章 附则

第四十七条 本条例下列用语的含义：

（一）历史建筑，是指经城市、县人民政府确定公布的具有一定保护价值，能够反映历史风貌和地方特色，未公布为文物保护单位，也未登记为不可移动文物的建筑物、构筑物。

（二）历史文化街区，是指经省、自治区、直辖市人民政府核定公布的保存文物特别丰富、历史建筑集中成片、能够较完整和真实地体现传统格局和历史风貌，并具有一定规模的区域。

历史文化街区保护的具体实施办法，由国务院建设主管部门会同国务院文物主管部门制定。

第四十八条　本条例自2008年7月1日起施行。

二、地市级

（一）《青岛市人民政府关于加强文化遗产保护的意见》（2006年）

附文：

《青岛市人民政府关于加强文化遗产保护的意见》

各区、市人民政府，市政府各部门，市直各单位：

文化遗产是不可再生的珍贵资源。加强文化遗产保护，是建设社会主义先进文化，贯彻落实科学发展观和构建社会主义和谐社会的必然要求。为认真贯彻落实国务院《关于加强文化遗产保护的通知》（国发〔2005〕42号）精神，现就进一步加强我市文化遗产保护工作提出如下意见：

一、基本方针

（一）物质文化遗产保护要贯彻“保护为主、抢救第一、合理利用、加强管理”的方针；非物质文化遗产保护要贯彻“保护为主、抢救第一、合理利用、传承发展”的方针。坚持保护文化遗产的真实性和完整性，坚持依法和科学保护，正确处理经济社会发展与文化遗产保护的关系，统筹规划、分类指导、突出重点、分步实施。

二、总体目标

（二）按照国务院提出的关于加大文化遗产保护力度的要求，加快实施青岛市文化遗产保护工程。到2010年，形成较为完善的文化遗产保护体系和保护制度，建立文化遗产保护规划及保护名录；全市的文物保护与管理工作实现信息化、数据化、网络化；城市博物馆群达到规范化建设标准。各区市按国家要求，在文物管理方面做到“五纳入”，确保全市具有历史、文化和科学价值的文化遗产得到有效保护和利用。

三、实施文化遗产保护工程

（三）制定不可移动文物保护规划。要认真做好文物保护的“四有”工作（即有保护范围、标志、记录档案、保护组织）。全市文物保护部门要会同规划部门，进一步开展文物普查工作，按照《文物保护法》的规定，及时划定不可移动文物的保护范围和建设控制地带，设立和完善文物保护标志。对不可移动文物，要及时建立文物保护组织，层层签订保护协议书，制定和落实各项保护措施。各区市要定期检查本行政区域内不可移动文物的保护情况，及时公布文物保护单位和未核定的文物保护单位。

（四）切实抓好重点文物的保护修复工程。要统筹规划，确保完成青岛德国总督官邸旧址、平度天柱山摩崖石刻等一批文物保护重点工程；要在对市级文物保护单位进行全面普查的基础上，积极实施相关的抢救、保护与维修工程；要依法严格限制文物“复建”工程，禁止对文化遗产进行建设性破坏和拆除真文物修建假古董的行为，确保文物的真实性。要严格建设工程管理，落实文物保护工程队伍资质制度，确保工程建设质量标准。

（五）完善重大建设工程中的文物保护工作。严格执行重大建设工程项目审批、核准及备案制度。凡涉及文物保护事项的基本建设项目，必须依法在项目审批前征求文物行政主管部门的意见，在进行必要的考古勘探、发掘并落实文物保护措施后方可实施。基本建设项目中的考古发掘要充分考虑文物保护工作的实际需要，加强统一管理，落实审批和监督责任。切实做好重大遗址的考古研究、规划保护与利用工作。有关区市要以三里河、琅琊台、即墨故城及六曲山汉墓群等古文化遗址为重点，抓紧开展相关学术研究，并制定整体性保护利用规划。

（六）加强历史文化名城风貌保护。依据《文物保护法》、《青岛城市风貌管理规定》、《青岛历史文化名城保护规划》等法规，加强对历史文化名城风貌保护。政府各有关部门要明确职责，严把规划建设审批关，切实保护好历史文化名城的人文环境原貌。要结合最新进展，对原有历史文化名城保护规划进行修编，增补里院建筑，同时积极做好八大关建筑群、德式建筑、文化名人故居等重点文物的保护、研究与利用工作，争取尽快开放一批名人故居。

（七）加强博物馆规划、建设与管理工作。统筹规划并建设一批能够反映城市文化内涵与文化个性的专业博物馆，大力推进与海洋、建筑、奥运和工业文化遗产等主题相关的特色博物馆的规划与建设。加强对各博物馆藏品的登记、建档和安全等管理，落实藏品丢失、损毁追究责任制。实施馆藏文物信息化和保存环境达标建设，加大馆藏文物的科技保护力度。提高陈列展览的质量和水平，充分发挥馆藏文物的教育引导作用。坚持向未成年人等社会特殊群体减、免费开放，不断提高服务质量和水平。

（八）加强文物管理人才和专业技术人才的培养，努力造就一支人员精干、结构合理、素质优良的文物工作队伍。积极引进高素质的复合型、管理型人才以及急需专业人才，适应不断发展的文物管理和业务工作的需要。加强对文物工作者的培养、培训和继续教育，每年有计划地对全市从事文物工作人员进行培训，提高文物工作者的思想水平和业务素质。同时要充分利用社会资源，广泛吸纳相关学术机构、企事业单位、社会团体等各方面力量，共同参与文化遗产保护研究工作。

（九）积极推进非物质文化遗产保护。各区市要进一步做好本地区非物质文化遗产的普查、认定和登记工作，全面掌握非物质文化遗产资源的种类、数量、分布状况、生存环境、保护现状及其存在的问题，同时制定非物质文化遗产保护规划。在科学论证的基础上，抓紧制定国家和地区非物质文化遗产保护规划，明确保护范围，提出长远目标和近期工作任务。有条件的区市和单位可以建立非物质文化遗产资料库、博物馆或展示中心。

四、完善促进文化遗产保护的措施

（十）加大公共财政对文化遗产保护工作的支持力度。各区市政府要发挥公共财政的主导作用，将文物保护所需经费列入本级财政预算，加大对文物事业的经费投入和对公益性文物事业单位的扶持，使文物事业经费随着财政收入的增长而增加。对文物保护和文物库房、安全技防等基本建设项目，以及涉及历史文化名城、历史文化保护区和省、国家文化遗产等申报工作，要安排必要的专项经费予以支持。文物保护专项经费支出安排要坚持突出重点、专款专用原则，严格审计，加强管理，努力提高使用效益。

（十一）加强文化遗产保护的制度建设。认真贯彻落实《文物保护法》等法律法规，结合我市实际，制定有关的文化遗产保护规定，构建和完善我市文化遗产保护的制度体系。

（十二）加强文化遗产保护的执法力度。根据《文物保护法》的要求，制定文物保护单位和未核定为文物保护单位的不可移动文物的具体保护措施，并公告施行。加强我市文物执法力度，各区市要进一步充实文物执法队伍，按属地化管理的要求，将执法人员经费和财务管理等纳入县级财政全额预算管理。各级文物保护单位要分别设置专门机构或专人负责管理，建立专门的文物执法队伍体系。严厉打击破坏文化遗产的各类违法行为，重点追究因决策失误、玩忽职守而造成文化遗产破坏、被盗或流失的责任人的法律责任。坚决制止田野盗墓、擅自挖掘及破坏文物等行为。对构成犯罪的，及时移送司法部门。

（十三）进一步落实审批和监督责任。各级政府在制定城镇建设规划时，应当根据文物保护的需要，事先由城乡建设规划部门会同文物行政部门商定对本行政区域内各级文物保护单位的保护措施，并纳入规划；建设单位进行大型基本建设项目时，事先应当会同文物行政部门在工程范围内可能埋藏文物的地方，进行文物调查、勘探工作，确认无文物埋藏后，土地和城乡建设管理部门方可准许征地施工。凡因进行基本建设和生产建设需要的考古调查、勘探、发掘，所需费用由建设单位列入建设工程预算。要严格落实文物保护单位和历史优秀建筑的保护范围，严格执行建设控制地带内施工审批制度，抓好专家论证、社会公示以及社会各界意见征集等制度的落实。

五、加强对文化遗产保护的组织领导

（十四）各级政府要高度重视文化遗产的保护与管理工作，将其纳入各级政府的重要议事日程，纳入经济和社会发展规划。建立文物保护工作目标责任制，把文物工作列入创建文明城市、文明单位、文明村镇等相关评价体系。不断加大文化遗产保护工作的经费投入。市财政安排专项资金，支持市级文化遗产的保护和研究工作；各区市要相应地设立专项资金，切实把本辖区内的文物保护好、利用好、管理好。为加强对文化遗产保护工作的协调与指导，成立青岛市文化遗产保护管理委员会（名单附后），委员会办公室设在市文物局；各区市可以根据实际，成立本地区的文物保护协调指导机构，通过建立文化遗产保护定期通报制度、专家咨询制度以及公众和舆论监督等机制，推进文化遗产保护工作的科学化、民主化。

（十五）各级建设、公安、工商、海关及城市管理行政执法等部门，要按照法律法规的要求，加强与文物等相关行政管理部门的密切配合，切实履行好本部门职责，积极做好文物保护管理工作。风景名胜区内以及作为宗教活动场所使用的文物保护单位，其使用和管理单位应依法做好文物保护工作，主动接受文物等行政管理部门的指导和监督。

（二）《青岛历史文化名城保护规划（2011—2020）》

附文：

《青岛历史文化名城保护规划（2011—2020）》

总　则

第一条　青岛是国家历史文化名城，是现代城市规划思想和理论在中国最早的实践地之一，具有“山、海、岛、城”一体的城市特色，在近代城市建设史上有着重要地位。

第二条　为进一步保护城市的历史风貌和城市特色，传承历史文化遗产，从战略层面协调历史文化名城保护与城市发展的关系，统筹安排保护和建设活动，在历版保护规划基础上，编制新版《青岛历史文化名城保护规划》（以下简称本规划）。本规划范围内的各项建设活动，在遵循《青岛市城市总体规划（2011—2020）》（以下简称总体规划）的同时，必须符合本规划的规定和要求。

第三条　规划范围与城市总体规划范围一致，为青岛市行政区范围，包括市南区、市北区、李沧区、崂山区、城阳区、黄岛区、胶州市、即墨市、莱西市和平度市，陆域面积11282平方公里，海域面积12240平方公里。

第四条　本规划期限为2011至2020年。

第一章　保护原则和保护目标

第五条　保护原则

1.全面保护原则

拓展历史文化名城保护对象和内涵，强调保护对象类型的全面性。

2.真实保护原则

正确理解历史文化遗产的价值，保护历史文化信息的真实载体。

3.完整保护原则

把历史文化遗产及其所依托的环境作为有机整体予以保护。

4.合理利用、永续利用

在保护的基础上强调历史文化遗产的合理使用、展示、传承和复兴。

第六条　保护目标

整体保护青岛“山、海、岛、城”融为一体的城市空间格局，全面保护各个时期的历史文化遗存，提高依法保护历史文化遗产的意识，深入挖掘历史文化内涵，充分弘扬青岛的海洋文化特色，在城市规划建设中延续青岛独具特色的城市风貌。

第二章　名城价值特色与总体保护框架

第七条　名城价值

1.古代文明、海上探险的发源地，重要的商贸港

2.中国东部沿海重要的海防军事要塞

3.中国近现代重要的工商业城市、海陆交通枢纽城市

4.中国近代重要历史事件的发生地

5.现代城市规划理论、土地政策、建筑法规在中国的早期实践地

6.“海陆交融、继往开来”的多元城市文化

第八条　名城特色

1.市域呈现“三山、三水、三湾、一带”的整体自然环境格局；胶州湾区域“两山、一湾、多河”自然格局，是近代青岛城市区域选址的自然基础。

2.历史城区东部和北部有群山作为屏障，南面是海湾、半岛，原始地形自然划分了城市功能区。

3.历史城区“山、海、岛、城”融为一体，自然环境与人工环境和谐相容；在现代城市规划理论指导下，城市建设一脉相承，具有统一性、整体性，城市空间顺应自然环境，功能组团轴向发展，布局清晰。

4. 13个历史文化街区连绵分布于南部滨海区域。各个街区既完整统一，又有鲜明的空间特征，由于所在区域和历史功能的不同，具有不同的历史价值，呈现不同的风貌特色。

5.大量历史建筑设计考究、建造精美，结合了当时国内外的建筑思潮、流行风格和元素，对青岛城市风貌特色起着主导作用。大门、围墙、铺地、石阶、井盖、排水沟渠、桥梁、驳岸等与历史建筑紧密相关的环境要素，是历史环境的重要组成部分。

第九条　保护框架

以市域为文化背景，以历史城区为规划重点，建立历史文化名城（包括整体自然环境格局、历史城区格局等）、历史文化街区（包括历史文化街区、历史文化名镇名村、传统村落、工业遗产厂区等）和文物古迹保护点（包括文物保护单位、历史建筑、传统风貌建筑、名人故居、军事建（构）筑物等）三个层次的保护框架，包括物质与非物质文化遗产。

第十条　保护内容

保护内容由自然环境、历史城区、历史文化街区、文物保护单位、历史建筑和传统风貌建筑、工业遗产、地下文物埋藏区和大遗址、历史文化名镇名村、传统村落、名人故居、军事建（构）筑物、非物质文化遗产等构成。

第三章　市域历史文化遗产保护

第十一条　市域历史文化遗产保护内容

市域历史文化遗产保护的主要内容包括：山体、水体、岸线、海岛、风景名胜区、自然保护区、森林公园和古树名木等构成的整体自然环境；大沽河、东南沿海、胶莱运河、齐长城遗址、胶济铁路等五条线性文化景观；历史文化名镇名村、传统村落；地下文物埋藏区、大遗址等。

第十二条　整体山水格局保护

保护市域“三山、三水、三湾、一带”的整体山水格局，保护与山体、河流、海岸线等自然要素密切相关的古遗址、古村落；系统挖掘和保护沿大沽河、胶莱运河、东南沿海等分布的历史文化遗产组成的文化景观。保护中心城区“两山、一湾、多河”的自然环境格局，重点保护历史城区顺应地形、依山就势、“山、海、岛、城”融为一体的整体城市风貌，保护沿胶济铁路线分布的工业遗产带，保护东岸城区南部沿海连续分布的历史文化街区。

第十三条　线性文化景观保护

大沽河文化景观是以大沽河及其流域为依托，由沿河分布的类型丰富的遗产组成，主要包括：史前东夷文化遗产，古城文化遗产，半岛古港文化遗产，古运河文化遗产和红色文化遗产。系统整理、研究并保护大沽河文化景观，在保护大沽河流域整体生态环境的基础上，保护大沽河沿线古城、古镇、古港、古建筑、古遗址等各类历史文化遗产，寻求历史文化保护与当代文化、经济、社会、生态文明紧密结合的发展方式。

东南沿海文化景观由海岸线、山体、海湾等自然资源和沿岸各类历史文化遗产共同构成。北起北阡遗址，经丁字湾、鳌山湾、崂山湾至历史城区，环胶州湾经灵山湾抵琅琊湾，止于甲旺墩遗址。深入研究东南沿海历史文化遗产分布与海洋文化脉络发展演变的时空关系，在保护沿线自然资源的基础上，充分挖掘线性文化景观的整体性价值，研究总体保护、展示和利用的具体措施。

胶莱运河文化景观由胶莱运河古航道及沿岸的自然要素、古桥、水闸等历史遗迹，及沿岸村庄、农田等构成。在系统性保护胶莱运河沿岸生态环境和沿线各类历史文化遗产的前提下，发挥胶莱运河对山东半岛两翼文化互动发展的纽带作用。

齐长城文化景观自济南长清县至青岛黄岛区，由齐长城城墙及沿线的关隘、便门、城堡及兵营等遗址遗迹构成。按照《保护世界文化与自然遗产公约》、《长城保护条例》的要求，保护齐长城遗址。与齐长城沿线其他城市积极合作，推进修缮工程实施开展，充分展示齐长城文化价值。

胶济铁路文化景观包括胶济铁路及其沿线的历史城镇、铁路站房与铁路设施、工业遗产等。深入研究、科学评价山东胶济铁路文化景观的综合价值，与胶济铁路沿线其他城市积极合作，系统保护铁路沿线各类历史文化遗产，充分展示其丰富的历史文化内涵。

第十四条 历史文化名镇名村保护

按照《历史文化名城名镇名村保护条例》等相关规定，保护山东省历史文化名镇金口镇，中国历史文化名村雄崖所村。

单独编制保护规划，划定保护范围，明确保护要求，制定保护措施。继续做好历史文化名镇名村的普查和申报工作。

第十五条 传统村落保护

保护中国传统村落雄崖所村、青山村、凤凰村，山东省传统村落西寺村、李家周疃村、西三都河村。各级传统村落按照相关法规进行保护，单独编制保护规划，在保护规划中划定保护界线，制定保护措施。

按照传统村落的保护要求，保护金口村、宫家泽口村。继续做好传统村落的挖掘、保护与申报工作。

在新农村规划建设中，应尊重地域习俗、挖掘历史文化内涵，延续传统风貌，科学处理保护与发展的关系。

保护和延续历史文化名镇名村和传统村落的传统格局和历史风貌，改善村镇的交通条件与基础设施，采用多种方式传承历史文化信息，鼓励适度展示利用。

第十六条 地下文物埋藏区和大遗址保护

保护黄岛区琅琊、胶州市里岔—普集、即墨市王村、平度市古岘、莱西市沽河5片地下文物埋藏区。

保护即墨故城—六曲山墓群遗址、琅琊台遗址、三里河遗址、西皇姑庵遗址、赵家庄遗址、东岳石遗址、西沙埠遗址、祓国都城遗址等大遗址，继续做好大遗址的申报、公布工作。

第十七条 市域各市历史文化遗产保护

1.即墨市

保护北阡遗址等75处文物保护单位，保护卧牛山战役纪念地等3处军事建（构）筑物，保护工业遗产即墨黄酒厂；保护金口镇、雄崖所村、金口村、李家周疃村、凤凰村等5处历史文化名镇名村和传统村落；保护马山国家级自然保护区；保护秃尾巴老李传说、柳腔等9项非物质文化遗产。

2.胶州市

保护三里河遗址等87处文物保护单位；保护艾山风景名胜区和自然保护区、三里河风景名胜区；保护胶州秧歌、茂腔等5项非物质文化遗产。

3.平度市

保护天柱山摩崖石刻等66处文物保护单位，保护东连戈庄村天主教堂等19处传统风貌建筑；保护大泽山风景名胜区和自然保护区；保护柳腔等7项非物质文化遗产。

4.莱西市

保护西沙埠遗址等50处文物保护单位，保护宫氏宅第旧址等2处传统风貌建筑，保护军事构筑物宫山石圩子，保护工业遗产南墅石墨矿；保护西三都河村、宫家泽口村2处传统村落；保护大青山森林公园；保护莱西秧歌等6项非物质文化遗产。

第四章　中心城区历史文化遗产保护

第十八条　保护内容

保护中心城区"两山、一湾、多河"的山海格局；保护28平方公里历史城区；保护13片历史文化街区；保护青岛德国建筑群等180处文物保护单位，保护210处历史建筑和1535处传统风貌建筑；保护青岛啤酒厂等17处工业遗产；保护崂山风景名胜区等6处风景名胜区、自然保护区和森林公园；保护中国传统村落青山村，保护山东省传统村落西寺村；保护崂山道教音乐等21项非物质文化遗产。

第十九条　自然环境保护

保护中心城区"两山、一湾、多河"的自然环境格局。"两山"是指东部崂山、西部小珠山；"一湾"是指胶州湾及两翼岸线；"多河"是指大沽河、墨水河、白沙河、祥茂河、娄山河、李村河、海泊河等多条汇入到胶州湾的河流。

第二十条　功能布局与用地调整

引导中心城区向"三城联动、组团布局"的海湾集合型城市结构发展，在中心城区范围内统筹新区建设与历史城区保护的关系，调整不符合历史城区发展的工业仓储、大型商业等功能，除邮轮母港周边区外，其他区域不再增加居住人口。

中心城区内老企业搬迁过程中，注重各类工业遗产的保护。积极利用搬迁后遗留的老厂区、老厂房和其他有价值的设施，优先改造为能够提升中心城区功能品质的各类文化展览设施、公共服务设施，或其他能体现工业遗产空间特色和历史价值内涵的特色商业、创意产业等。

历史城区以传统商业、文化、旅游、公共服务、居住功能为主，发展与历史文化保护相适应的特色产业，保持历史城区的活力。

历史城区内控制建设强度、建筑高度和体量，缓解历史城区的建设和交通压力。历史城区周边建筑高度控制应符合视线通廊和城市设计的要求，与历史城区风貌相协调，与山海环境相协调。

第二十一条　城市风貌保护

突出在海洋文化下整体风貌和特色品质的建设与控制，加强城市设计和管理，新区建设应传承青岛历史文化脉络、延续传统风貌特色。以胶州湾为生态核心、大沽河为生态中轴，以崂山、小珠山等生态山系为绿色屏障，以白沙河、墨水河、洋河等主要河流为绿色生态间隔，塑造“东岸、西岸、北岸”三城各具特色的城市风貌。

第二十二条　各区历史文化遗产保护

1.市南区

保护崂山余脉在南部滨海形成的丘陵地形；保护青岛德国建筑群等71处文物保护单位，保护183处历史建筑和973处传统风貌建筑，保护湛山炮台旧址等10处军事建（构）筑物；保护工业遗产青岛葡萄酒厂原址；保护崂山风景名胜区前海海滨游览景区；保护非物质文化遗产天后宫新正民俗文化庙会。

2.市北区

保护青岛啤酒厂早期建筑等15处文物保护单位，保护27处历史建筑和556处传统风貌建筑，保护毛奇兵营等5处军事建（构）筑物；保护青岛啤酒厂等15处工业遗产；保护海云庵糖球会等3项非物质文化遗产。

3.崂山区

保护崂山山脉；保护崂山道教建筑群等55处文物保护单位；保护崂山核心风景名胜区、崂山自然保护区、崂山森林公园；保护中国传统村落青山村；保护崂山道教音乐等8项非物质文化遗产。

4.李沧区

保护仙姑塔等18处文物保护单位，保护2处传统风貌建筑，保护卡子门旧址等3处军事建（构）筑物；保护工业遗产国棉六厂（钟渊纱厂旧址）；保护李村大集、查拳等4项非物质文化遗产。

5.城阳区

保护城子遗址等16处文物保护单位，保护3处传统风貌建筑；保护非物质文化遗产傅士古短拳、胡峄阳传说。

6.黄岛区

保护大珠山—小珠山山脉；保护齐长城遗址等64处文物保护单位，保护2处传统风貌建筑；保护古镇口炮台遗址等5处军事建（构）筑物；保护崂山风景名胜区、薛家岛风景名胜区、珠山国家森林公园、灵山湾森林公园、灵山岛自然保护区、文昌鱼野生动物自然保护区；保护山东省传统村落西寺村；保护琅琊台传说等7项非物质文化遗产。

第五章　历史城区保护与复兴

第二十三条　保护范围

延续1995版《青岛市城市总体规划》与2002版《青岛历史文化名城保护规划》中划定的历史城区保护范围。

具体范围：东沿延安三路至长春路、威海路，北至海泊河，西、南至海岸线，总面积约28平方公里。

第二十四条　总体保护内容

保护历史城区的整体格局、历史风貌道路、天际轮廓线、眺望视域、景观视廊与道路对景等；根据历史城区的格局与风貌特色，划分高度分区，严格控制历史城区内新建建筑高度，实现历史城区整体空间格局的系统保护；在整体保护的基础上，通过调整用地功能，完善基础设施，研究制定科学合理的保护与实施策略，推动历史城区逐步实现全面复兴。

第二十五条　整体格局与城市风貌保护

整体保护青岛历史城区“山、海、岛、城”融为一体，自然环境与人文环境和谐相容的总体格局。

保护历史城区内八关山、伏龙山、观象山、小鱼山、信号山、观海山、团岛山、贮水山、青岛山、太平山等低山丘陵，太平角、汇泉角等岬角，青岛湾、汇泉湾等海湾，共同构成的“山脊海角相连、低谷海滩相接”的滨海丘陵地貌。保护丘陵地形地貌的完整性，保护历史要素与山体地形的组合关系。

保护依托自然地形形成的整体路网格局，具体包括：观海山南侧、火车站东北侧和大港东南侧的放射型路网格局；观海山、观象山、鱼山等山体周边的环山型路网骨架；南部滨海区域的太平路、莱阳路、南海路等滨水型路网格局；四方路、台东、台西等区域的棋盘型路网格局。

保护历史城区历史风貌道路、天际轮廓线、眺望视域、景观视廊与道路对景、历史文化街区与建筑空间肌理、整体色彩、历史环境要素等

第二十六条　历史城区高度控制分区

历史城区内建设高度分为严格控制区、重点控制区、一般控制区三类区域进行全面控制。

1.严格控制区

包括文物保护单位的保护范围（含建设控制地带），历史文化街区、历史建筑和传统风貌建筑的保护范围（含建设控制地带）。

严格控制区内维持原有建设高度，新建建筑高度应与历史风貌相协调，禁止新建高层建筑。

2.重点控制区

重点控制山体周边、眺望视域控制区和特殊肌理区域的建筑高度。重点控制区内整体以多层建筑为主，如需建设高层建筑，应在全面考虑山体、天际轮廓线、眺望视域等保护要求的前提下，进行充分论证，慎重确定建设高度。

3.一般控制区

历史城区严格控制区、重点控制区以外区域，建筑高度应满足各个观景

点与观景对象之间视线通廊、眺望视域控制要求，保护历史城区天际轮廓线与山体轮廓线，以及山、海、城整体景观控制要求，同时考虑历史城区交通、市政设施承载力，在各片区控制性详细规划中确定建筑高度。

第二十七条　历史城区发展目标

统筹考虑历史文化遗产保护与旧城更新的关系，结合老港区功能转型，逐步复兴历史城区，建设具有历史风貌特色和传统文化内涵的城市功能区，成为青岛市以文化休闲、旅游服务、交通集散功能为主的城市副中心。

第二十八条　历史城区发展策略

1.从“就地平衡”向“区域统筹”转变，采取“政府主导，小规模渐进更新”的模式。改变现行“就地平衡”的旧改模式，在中心城区范围内协调新区建设与历史城区保护的关系。

2.控制与引导、保护与利用相结合。严格控制历史城区的开发强度和建筑容量，以“疏解人口、优化功能、完善配套、提升品质”为原则，指导历史城区内的城市更新，更新过程中，首先考虑应保护建筑和传统风貌的保护与功能提升需求，利用部分应保护建筑，置换成为精品商业、文化旅游、休闲办公功能。

3.调整不符合历史城区发展的城市功能，鼓励适合历史城区空间特色的公共服务、文化旅游等城市功能；腾挪影响文保单位、历史建筑保护的使用功能，支持、引导向适合其空间特色和文化内涵的功能转化。同时加快特色街区建设，提升历史街区和历史建筑功能。

4.整合历史文化空间，将分散的历史文化遗产、零散的历史文脉和文化线索融合到现代城市空间和景观体系中，建构历史文化展示网络，全面彰显历史文化氛围。

5.完善相关法规、政策、机构建设，规范建设和管理行为，实现依法保护、可持续保护。为历史文化街区保护制定切实可行的政策、资金、机制保障，建立健全街区的保护、管理、运营机构，调动社会各界保护的积极性。

第二十九条　历史城区功能调整

1.南部滨海区域

具体包括八大峡单元、费县路单元、云南路单元、观海山街区、信号山街区、鱼山街区、八关山街区、八大关街区等。

用地布局中，不再增加大型商业服务设施；区域内闲置用地优先安排绿地、停车设施或公共服务设施；南部滨海的部分历史建筑，逐步置换为文化、休闲、餐饮等功能，不断完善滨海区域旅游配套设施；串联整合历史文化资源，将集中在滨海区域的游客活动向腹地街区延伸，通过系列主题游的方式实现深度游，打造滨海旅游文化长廊。

2.胶州湾东海岸区域

具体包括南中北岛单元、小港单元、大港单元。

优化滨海景观系统，贯通团岛至大港滨海绿道，延伸滨海步行道至胶州湾东岸；结合团岛、南中北岛等区域改造，增加公共空间；利用大港老港区整体转型契机，建设邮轮母港，同时发展国际商务、旅游休闲、海上文化娱乐、滨水居住等功能，为历史城区的活力复兴提供新动力。

3.中部商业服务轴

具体包括中山路街区、四方路街区、馆陶路单元、长山路单元、辽宁路单元、华阳路单元、台东单元、登州路单元、延安三路单元、湛山单元。

中山路、四方路周边区域，结合青岛湾改造，选择合适区域，结合应保护建筑的改造和利用，配套完善旅游服务设施，打造中山路旅游综合服务中心，复兴文化、旅游、服务功能；辽宁路周边区域，为电子科技街配套各类餐饮、娱乐设施，华阳路区域依托昌乐路文化街、1919创意产业园打造以商贸市场为主导的商贸中心；登州路周边以休闲餐饮、产业博览等功能为主，突出青岛的啤酒、纺织等产业文化。

4.伏龙山、贮水山、青岛山围合片区

延续居住功能，整治居住环境，实施绿化美化工程，原则上不再增加建设量，利用现有历史建筑，置换为生活服务设施，提升社区品质。

5.太平山区域

保护太平山生态绿肺，规划完善环山绿道和上山步道，提升公园配套服务设施水平。

第三十条　历史城区交通优化

优先发展公共交通。重点提高中山路、四方路、观海山、馆陶路等公共功能历史文化街区公交出行比例；历史街区内禁止新建高架道路、立交桥等大流量交通设施，减少过境交通对历史文化街区的影响。

实施交通管制。建议围绕中山路规划步行街区；南部滨海区域限制机动车通行。

探索适合历史城区的停车方式，在历史文化街区外鼓励设置停车楼、地下停车场等多样化停车设施，适度采用路内停车。

第六章　历史文化街区保护

第三十一条　保护原则

保护历史遗存的真实性，保护历史信息的真实载体；保护历史风貌的完整性，保护街区的空间环境；维持社会生活的延续性，继承文化传统，改善基础设施和居住环境，保持街区活力。

第三十二条　保护范围

13片历史文化街区紫线范围总面积1363.8公顷。其中，街区核心保护范围总面积689.5公顷；考虑到青岛历史文化街区连绵分布的特征，在其外围划定整体建设控制地带，面积为674.3公顷。

第三十三条　核心保护范围保护要求

保护历史文化街区的空间格局和风貌特色，整体保护街区内的自然地形、街巷道路、空间尺度、保护性建筑、院落空间、视线通廊与道路对景点等保护要素，延续街区的空间肌理和社会生活结构。

以街坊、院落为单元逐步推进街区的保护与更新，逐步调整不合理的土地使用功能，改善基础设施和居住条件，综合整治环境，完善公共服务设施配套，增加公共活动空间，优化街区功能，提升街区活力。

注意保护街巷肌理，对现状建筑进行维修、加固，整治建筑立面和院落环境，逐步整治或改造现有的与历史风貌不协调的建筑，恢复街区的历史空间格局和环境。

第三十四条　建设控制地带保护要求

历史文化街区建设控制地带内的新建、改建建筑在高度、体量、色彩等方面应与街区的历史风貌相协调，避免大拆大建。

保护太平山自然地形地貌、绿化植被，不得开山采石；控制太平山周边、团岛至中山路滨海区域的建筑高度，保护历史城区南部滨海轮廓线。

第三十五条　建（构）筑物保护与更新

历史文化街区保护范围内的建（构）筑物实行分类保护，按照保护等级和综合价值评估，分别采取修缮、维修、改善、整修、保留、整治、拆除等方式进行保护与更新。

街区内各类应保护建筑按照文物保护单位、历史建筑和传统风貌建筑章节中保护要求进行保护和修缮，各街区内的传统风貌建筑在街区保护规划中予以核查校准；与街区历史风貌相协调的其他建筑，可以保留；与传统风貌不协调的建筑，应采取整治或改造等措施，使其风貌协调；严重影响格局和风貌且质量很差的建筑应拆除。

第三十六条　中山路历史文化街区保护

街区核心保护范围西以泰安路、河南路为界，北至大沽路、德县路、济宁路，东至安徽路，南至海边。总面积约为41.7公顷。

保护本街区内现存的29处文物保护单位，13处历史建筑，79处传统风貌建筑；保护以中山路为轴的棋盘式道路格局；保护中山路、太平路、浙江路、安徽路四条历史风貌道路，严禁道路拓宽，保持现有街道空间尺度，保持沿街建筑界面的连续性和贴线率；保护8处视廊与对景。

延续中山路历史文化街区的市级商业中心地位，主要发展商业、金融、休闲娱乐、旅游服务等功能，增加精品购物、特色餐饮、现代化办公、酒店旅社等功能。将街区作为旅游目的地，提高城市公共交通的可达性，街区内部进行交通管制，创造适宜的慢行交通环境。

第三十七条　馆陶路历史文化街区保护

街区核心保护范围西至莱州路、堂邑路，北至莱州路，东至陵县路、招远路、旅顺路，南抵市场一路、市场二路、吴淞路。总面积约为17.3公顷。

保护街区内现存的10处文物保护单位，2处历史建筑，71处传统风貌建筑；保护以馆陶路为中轴的道路格局；保护馆陶路、宁波路、陵县路3条历史风貌道路，保持现有建筑界面的连续性和贴线率；保护2处视廊与对景。

馆陶路沿线以休闲娱乐、旅游服务、金融办公为主导功能。宁波路、上海路、招远路周边区域逐步疏散人口，改善居住环境。积极保护、合理利用青岛取引所旧址，将其改造为展览展示、文艺演出场馆等公共服务设施。

第三十八条　上海路—武定路历史文化街区保护

街区核心保护范围西以陵县路、聊城路为界，北至宁波路，东沿武定路、上海路，南至夏津路。总面积约为8.8公顷。

保护街区内1处文物保护单位，9处历史建筑，173处传统风貌建筑；保护街区棋盘式道路格局；保护甘肃路、宁波路、上海路、上海支路、武定路、临清路、清平路7条历史风貌道路。

街区以居住和小型商业为主导功能。上海支路以东区域，结合保护性建筑的修缮、改善，适当发展特色商业、小型餐饮功能；吴淞路以北区域，以里院建筑环境整治为主。

第三十九条　八大关、汇泉角、太平角历史文化街区保护

街区核心保护范围与八大关近代建筑群全国重点文物保护单位保护范围一致；具体范围西以荣成路西侧建筑西院墙、汇泉路为界，北至香港路、太平角四路、郧阳路，东至太平角六路、岳阳路，南至海岸线。总面积约为179.1公顷。

八大关近代建筑群为全国重点文物保护单位，其保护与利用严格按照《青岛八大关近代建筑文物保护规划》和国家、省、市法律法规相关要求执行。

街区延续高端居住和休疗养功能，鼓励发展小而精的特色商业、咨询业、文化产业、休闲文化产业等功能；通过置换产权等方式，开放太平角、汇泉角两处岬角作为公共空间，成为滨海步行道的节点。

第四十条　鱼山历史文化街区保护

街区核心保护范围西至大学路，北至鱼山路、福山路，东至福山支路，南至海岸线。总面积约为62.8公顷。

重点保护鱼山历史文化街区内现存的12处文物保护单位，32处历史建筑，129处传统风貌建筑；保护依山就势的道路格局和福山路、莱阳路、金口一路、金口二路、金口三路、鱼山路、福山支路7条历史风貌道路；保护“大学路——小青岛灯塔”视廊与对景；加强对小鱼山公园、鲁迅公园、小青岛公园的管理，绿线内禁止建设与公园保护管理无关的项目。

将琴屿路南侧用地作为海军博物馆、小青岛的滨海入口广场空间。贯通青岛湾沿线滨海空间，延续滨海步行道至鲁迅公园、小青岛公园。置换阿里文旧居现状的居住功能，结合小鱼山次入口整体改造，作为社区公共服务设施与公共活动空间。

第四十一条　八关山历史文化街区保护

街区核心保护范围西以大学路为界，北至红岛路、齐河路、王村路、延安路、柞山路、香港西路，东沿荣成路西侧建筑西院墙，南至鱼山路、福山路、福山支路、海岸线。总面积约为115公顷。

保护街区内现存的12处文物保护单位，38处历史建筑，78处传统风貌建筑；保护顺应八关山地形、海水浴场岸线形成的环山、滨海自由式路网格局；保护莱阳路、南海路、延安一路、栖霞路、王村路、齐河路、福山路、福山支路、鱼山路、大学路10条历史风貌道路；保护2条视廊与对景。

保持街区现状科教、文化、体育、旅游服务等功能。推动福山路、福山支路两侧名人故居建筑的改造与利用，鼓励名人故居相邻建筑功能向旅游服务业发展，继续提升名人故居一条街的功能活力。

第四十二条　观海山历史文化街区保护

街区核心保护范围西以安徽路为界，北至安徽路、黄岛路、平原路，东沿江苏路，南至海岸线。总面积约为34.3公顷。

重点保护街区内12处文物保护单位，19处历史建筑，138处传统风貌建筑；保护观海山街区北高南低的自然地形；保护太平路、广西路、湖南路、明水路、沂水路、德县路、观海一路、观海二路、平原路、安徽路、江苏路11条历史风貌道路；保护9处视廊与对景；加强观海山公园的绿地管理，完善公园建设。

规划重点整治山东路矿公司旧址和德华银行旧址所在院落，建议作为城市或社区级文化艺术中心，或作为青岛近代银行业历史、近代铁路建设历史相关的展览、研究、档案管理综合机构。

第四十三条　信号山历史文化街区保护

街区核心保护范围西以江苏路、齐东路西侧院落西院墙、丹东路为界，北至伏龙路、松江路、兴安路，东沿兴安路、登州路、大学路，南至海边。总面积约为84.1公顷。

重点保护信号山历史文化街区内现存的10处文物保护单位，74处历史建筑，315处传统风貌建筑；保护依山就势的环形道路格局；保护湖南路、广西路、江苏路、太平路、龙口路、大学路、黄县路、黄县支路、龙江路、信号山路、掖县路、齐东路、嫩江路、辽北路、登州路、莱芜二路、兴安路、华山路、龙山路、恒山路22条历史风貌道路，严禁道路拓宽，保持现有街道空间尺度；东方饭店近期保留，若未来改建、重建，与周边历史风貌相协调；信号山北侧建筑不得突破山体轮廓线。

大学路、太平路、江苏路沿线鼓励发展旅游服务设施，引导保护性建筑向小型商业设施、文化设施转变，其他区域保留居住功能；结合保护性建筑改造进一步完善街区内公共设施配套；完善信号山步行通道，增加山体北侧的绿化，提升信号山公园的景观品质。

第四十四条　观象山历史文化街区保护

街区核心保护范围西以济宁路、平原路为界，北至福建路、胶宁快速路，东沿江苏路。总面积约为22.4公顷。

重点保护观象山历史文化街区内现存的6处文物保护单位，2处历史建筑，81处传统风貌建筑；保护依山就势的环形道路格局以及街区北高南低的自然地形；保护平原路、观象二路、江苏路3条历史风貌道路，严禁道路拓宽；保护3处视廊与对景；观象山山头和青岛大学医学院门口开放空间禁止建设。

延续观象山街区居住功能，观象山西侧、平原路东侧区域通过拆除搭建，整治院落，加强步行通道联系，提高综合环境水平，提升街区品质。

第四十五条　黄台路历史文化街区保护

街区核心保护范围西至无棣二路，北沿贮水山路，东至大连路，南至黄台路南侧院落南院墙。总面积约为7.2公顷。

重点保护黄台路历史文化街区内现存的5处文物保护单位，10处历史建筑，74处传统风貌建筑；保护顺应贮水山地形建设的贮水山路、黄台路2条自由式历史风貌道路。

延续历史居住功能，沿黄台路特色绿化廊道，增加小型绿地和活动场地，形成景观环境节点，整合公共空间，提升街区总体价值，发展精品居住功能。

第四十六条　无棣路历史文化街区保护

街区核心保护范围西以江苏路、热河路为界，北至无棣一路、无棣二路、无棣四路，东至莱芜一路、无棣四路。总面积约为15公顷。

保护街区内现存的1处文物保护单位，141处传统风貌建筑；保护观象山、伏龙山等山谷区域沿等高线建设的路网格局；保护江苏路、苏州路、莱芜一路、无棣三路4条历史风貌保护道路；保护胶州路观圣保罗教堂的视廊与对景。

延续街区居住主导功能，建议将港务局宿舍改造为青年旅社、老年公寓等设施。加强苏州路、无棣一路绿道系统建设，增加沿路公共空间，与黄台路、登州路、丹东路、齐东路绿道串联。

第四十七条　四方路历史文化街区保护

街区核心保护范围西以济南路为界，北至胶宁高架路，东沿聊城路、禹城路、济宁路、安徽路，南至德县路、保定路、大沽路。总面积约为42.1公顷。

保护本街区内现存的10处文物保护单位，6处历史建筑，217处传统风貌建筑；保护棋盘式道路格局；保护中山路、李村路、即墨路、高密路、海泊路、四方路、黄岛路、济宁路、平度路、博山路、潍县路、易州路、芝罘路、德县路、安徽路共15条历史风貌道路；保护街区特有的里院建筑群；胶州路两侧高层建筑近期可以保留，未来逐步改造、拆除。

街区着重发展小尺度精品特色商业，增加休闲娱乐、创意文化产业、旅游服务等功能。对于广兴里、博山路9号等保存完整的传统风貌建筑，应原样修复；胶州路以南的保护性建筑，以外立面整治为主，内部进行局部或整体改造。

第四十八条　奥帆中心历史文化街区保护

街区核心保护范围西以澳门路为界，北至东海路，东沿增城路，南至海岸线。总面积约为59.7公顷。

奥帆中心为市级文物保护单位，其保护和利用严格按照《青岛奥林匹克帆船中心文物保护专项规划》和国家、省、市法律法规相关要求执行。

运动员中心、奥运村、行政与比赛管理中心在现状功能的基础上，在建筑内部独立开放空间作为其奥运期间功能的展示区；加强浮码头、单吊臂、下水坡道等设施的维护和利用，作为滨水景观节点，打造滨水游憩空间；开放燕儿岛山，疏通燕儿岛山隧道，恢复4号门通行。

第七章　文物保护单位保护

第四十九条　保护内容

市域各级文物保护单位515处，包括全国重点文物保护单位18处（保护点53个），省级文物保护单位55处（保护点77个），市级文物保护单位85处（保护点85个），区市级文物保护单位357处（保护点357个）。另外，三普新发现的其他不可移动文物63处（保护点70个）。

第五十条　保护区划

文物保护单位应编制保护图则，划定保护范围和建设控制地带。各级文物保护单位的保护范围和建设控制地带的界线，以各级人民政府公布的为准。

第五十一条　保护要求

文物保护单位的保护范围和建设控制地带内，一切修缮和新建行为必须严格按照《中华人民共和国文物保护法》和《山东省文物保护条例》执行。

文物保护单位的保护范围内不得进行其他建设工程，现有影响文物风貌的建（构）筑物，必须拆除，并进行综合环境整治。文物保护单位建设控制地带内各类建设工程不得破坏文物保护单位的历史风貌。

第八章　历史建筑和传统风貌建筑保护

第五十二条　历史建筑保护

保护210处历史建筑，继续推进历史建筑的建档和公布工作。

历史建筑应划定保护范围和建设控制地带的界线，具体界线以各级人民政府公布的为准。

历史建筑应设立保护标志，建立保护档案，编制保护图则，明确具体保护内容。

历史建筑应当保持原有的体量、外观、色彩、结构和室内有价值的部件。加强对历史建筑的保护修缮，拆除不协调添加物和改变立面的装饰物，在不改变原有结构和外立面的前提下可增加必要的采暖、厨卫等生活必需设施。

历史建筑保护范围和建设控制地带内，不得擅自进行工程项目的新建、改建、扩建。进行工程项目建设时，需满足保护规划要求，采取有效的保护措施，不得损坏历史建筑或破坏其环境风貌。

第五十三条　传统风貌建筑保护

保护1557处传统风貌建筑，按照《青岛市历史建筑保护管理办法》的程序对其进行认定和公布。

传统风貌建筑应划定保护范围，保护范围包括建筑本体及周边必要的风貌协调区。

传统风貌建筑应设立保护标志，建立保护档案，明确具体保护内容。

根据历史文化价值和保存状况的不同，传统风貌建筑分特殊保护、重点保护、一般保护三种保护等级，建筑的等级在街区保护规划或片区控制性详细规划中确定。

加强传统风貌建筑的定期维护保养，并根据保存状况的不同，分批次列入年度综合整修计划，保证传统风貌建筑的结构安全。

传统风貌建筑不得拆除，建设工程选址，应当尽可能避开历史建筑；因特殊情况不能避开的，应当尽可能实施原址保护。

第五十四条　分类保护与利用

根据历史建筑和传统风貌建筑的不同功能和形式特征，采取分类保护利用的方式，具体分为独立庭院建筑、里院建筑、公共建筑、集合住宅和传统建筑五种类型。

1.独立庭院建筑

独立庭院类传统风貌建筑保护等级以特殊保护和重点保护为主。保护建筑与庭院构成的院落历史格局，保护院落与周围道路、地形有机结合形成的整体建筑群落。不得改变建筑外部特征，内部空间结合更新功能需求调整完善，增加厨卫等生活配套设施疏通和增加上下水系统，满足现代居住需求；综合整治院落环境，拆除搭建、插建、接建建筑，延续院落历史格局风貌。

整体延续独立庭院建筑的居住功能，对于分户过多的建筑，应逐步迁出部分居民，改善居住环境；南部滨海旅游区域以及中国海洋大学周边区域的庭院建筑，可适当引入适合独立住宅空间形式的公共服务功能，如小型商业、社区服务、特色旅馆、特色餐饮、小型办公等功能。

2.里院建筑

里院类传统风貌建筑保护等级以重点保护和一般保护为主。保护里院建筑的特殊形制与周围道路形成的方格网式的整体布局方式。里院建筑修复以结构加固为主，外立面整修应保持原有简朴的风格，不得随意增加细部装饰。

里院建筑应采用小单元、渐进式的更新方式，鼓励多元化利用，四方路片区结合中山路商圈，植入小型餐饮、青年旅社、小型办公、特色商业等功能，提升现有商业业态的品质，逐步恢复活力。零散分布的里院建筑，鼓励改造为社区养老院、街道办事处、社区文化活动中心等公共服务设施，或廉租房、公租房等保障性住房。

3.公共建筑

公共建筑类的传统风貌建筑保护等级以特殊保护为主。

延续公共建筑原有公共功能，保持外观、主体结构不变前提下合理利用，对于已改为居住功能的公共建筑，及时调整为适应其空间形式的文化、商业、娱乐、办公等公共功能。

第九章　名人故居和军事建（构）筑物保护

第五十五条　名人故居价值特色

青岛的名人故居是指在青岛出生或在青岛生活、工作期间取得重大成就的已故文化界、教育界、科技界、体育界和卫生界人士曾居住过的场所，大部分为上世纪30年代的文化名人旧居、寓居。

名人故居主要集中分布在中国海洋大学鱼山校区周边，其中鱼山路、福山路和大学路两侧最为集中，是青岛的“文化名人故居一条街”。

名人故居作为历史文化遗产中珍贵的人文资源，是彰显青岛历史文化名城内在价值的重要体现。

第五十六条　名人故居保护要求与措施

保护60处名人故居，其中50处已公布为青岛文化名人故居，本规划新增补10处。

目前20处名人故居已挂牌，尚未挂牌的40处名人故居，尽快开展深入调研，按程序挂牌予以明示。

名人故居建筑中已公布为文物保护单位或历史建筑的，按照相应的保护要求进行保护；尚未公布为文物保护单位或历史建筑的，按传统风貌建筑特殊保护的要求进行保护，不得改变建筑外部特征与内部布局和设施。

已经辟为纪念馆的康有为故居、老舍故居，加强维护管理，丰富参观内涵，增加吸引力，提高名人故居的可参观性。

其余尚未向公众开放的名人故居，积极挖掘其中历史价值较高的、影响力较强的，向陈列馆、专业博物馆等功能转变。同时鼓励借助社会各界力量共同保护、改造和利用名人故居。改造与利用方式应适合名人故居建筑的空间特点，能体现其历史文化内涵。

第五十七条　军事建（构）筑物价值特色

青岛历史上保留至今的军事建（构）筑物，是青岛军事要塞海陆军事防御体系的重要见证，尤其德占时期修筑的炮台、兵营等构成的防御体系，体现了青岛在近代中国和世界军事发展史上的重要战略地位，具有重要的纪念意义和教育意义。

第五十八条　军事建（构）筑物保护要求与措施

保护现存的27处军事建（构）筑物（见附表12），包括3处兵营旧址，2处军事堡垒遗址，12处炮台遗址，4处其他军事建筑物、6处其他军事构筑物。

已公布为文物保护单位、历史建筑或传统风貌建筑的军事建（构）筑物，按照相应保护要求进行保护；其他军事建（构）筑物不得拆除，应与周边环境一起整体保护，并在控制性详细规划中划定保护范围，明确保护要求。

仍作为办公建筑使用的毛奇兵营旧址、伊尔蒂斯兵营旧址、俾斯麦兵营旧址等兵营旧址类军事建筑物，明确使用单位责任，定期维护，加强保养。

深入挖掘青岛山炮台遗址、汇泉炮台遗址、台西炮台遗址、团岛炮台遗址、太平山炮台遗址及各堡垒遗址的历史背景和内涵，结合青岛山炮台遗址的保护，建设一战遗址公园，集中展示青岛历史城区的军事防御体系格局；现状残损严重的湛山炮台，作为遗址遗迹等进行展示。

第十章　工业遗产保护

第五十九条　价值特色

青岛的工业遗产涵盖纺织、印染、机械制造、食品加工等类型，是青岛各个历史时期产业发展和技术革新的见证，体现了青岛近代工业文明的发展历程及其在中国近代工业史上的重要地位。

第六十条　保护要求

保护19处工业遗产，中心城区17处，中心城区外2处，空间上主要集中分布在东岸城区沿胶济线一带。

保护工业遗产厂区的整体格局，包括工业遗产的厂前区、生产区、生活区等历史功能分区，以及主要路网格局；在保护厂区格局完整性的前提下，厂区内部可根据具体功能利用的需要，进行适度加建、改建等建设活动。

保护工业遗产建筑物，包括构成各功能区、与生产流程紧密相关的主要建筑物，具体包括行政办公、生产车间、职工宿舍、商店、医院等。其中已公布为文物保护单位、历史建筑或传统风貌建筑的，按照相应的保护要求进行保护；行政办公、职工宿舍、商店医院等有价值保留的建筑，参照传统风貌建筑的保护要求进行保护；厂房、车间、仓库等产业特征突出的大跨度建筑，在保留建筑空间基本特征的前提下，可对外立面、内部空间进行改造。

保留能体现工业遗产价值的构筑物和生产设备，积极予以维修和再利用。

工业构筑物可结合景观与场地设计，作为景观要素融入景观设计；工业设备可以采用室内、室外等多种保留与展示方式。

保护记录企业发展历史的契约合同、商号商标、产品样品、录音影像等档案信息。

工业遗产应单独编制保护规划，规划中划定保护范围和建设控制地带，明确具体的工业遗产保护建筑和构筑物等，并根据工业遗产所属区位确定功能定位，制定具体的保护措施和利用方式。

第六十一条　保护利用措施

工业遗产的保护和利用，应结合工业遗产所处的区位和自身条件等特点，多样化、系统化分类利用，利用过程中应体现原有生产流线。

天幕城（原青岛丝织厂和印染厂）、颐中烟草集团公司（青岛卷烟厂）、中联U谷、青岛紫信实业有限公司（青岛钟表总公司）、青岛纺联集团一棉有限公司（原上海纱厂、国棉五厂）、国棉六厂、青岛联城海岸置业有限公司（原青岛国棉一厂）等7处已改变工业生产用途的工业遗产，按照工业遗产保护要求，加强后续维护与管理。

青岛啤酒厂、即墨黄酒厂、青岛啤酒麦芽厂、南墅石墨矿、华电青岛发电有限公司（青岛发电厂）等5处仍在生产的工业遗产，维持现状生产功能，生产过程中不得破坏工业遗产的原有格局和工业遗产建（构）筑物。

中车青岛四方机车厂、青岛联创集团实业有限公司（日本内外棉株式会社青岛支店）等2处规模较大，历史格局保存完整的工业遗产，建议作为创意产业、特色商业、博物展览等综合功能使用。

青岛华金集团有限公司（青岛第一针织厂）、青岛金大鸡味素有限公司、青岛罐头食品厂有限公司号（青岛茂昌蛋业冷藏股份有限公司）、青岛葡萄酿酒有限公司（美口酒厂青岛啤酒厂果酒车间）等4处具备较好城市区位和周边环境的工业遗产，建议作为创意产业和现代艺术功能使用。

保留青岛葡萄酒厂地下酒窖等主要体现工艺流程的建（构）筑物，建议改造为社区公共服务、工业历史遗迹展示等功能。

第十一章 非物质文化遗产保护

第六十二条 保护原则

按照“保护为主、抢救第一、合理利用、传承发展”原则，保护已公布的9大类49项非物质文化遗产。

第六十三条 保护要求

健全非物质文化遗产保护工作体系，将保护纳入各级政府的工作日程，明确保护责任单位，设立专项保护资金，建立保护利用奖励机制，完善管理平台。

持续推进非物质文化遗产普查和公布，建立保护档案、音像数据库和监控数据库。编制非物质文化遗产专项保护规划，明确保护主体、传承主体、传播途径和利用措施。

第十二章 历史文化遗产展示与利用

第六十四条 市域历史文化遗产展示

1.明清海防军事防御遗址的展示：以明清时期遗存的卫所、炮台、烟墩、烽火台、山寨等海防军事防御遗址为核心展示内容，具体包括琅琊遗址、齐长城遗址、烽火台遗址、即墨鳌山卫古城等沿海一线的防御设施遗址，展示古代的海军防御体系建设理念以及古代军事设施的营造技艺。

2.滨海文化廊道的展示：以青岛市七百余公里的海岸线串联东岸城区、西岸城区、北岸城区、胶州、即墨各区市，形成青岛的滨海文化廊道。保护沿岸的历史文化遗存，严格控制海岸线的开发利用，分片展示青岛历史发展的各种文化脉络。

3.传统村落的展示：以即墨市金口村、即墨市李家周疃村、即墨市凤凰村、莱西市西三都河村、莱西市宫家泽口村特色传统村落为依托，加强村落整体环境和历史风貌的保护和展示，突出展示胶东海洋特色建筑和民俗风情，带动地方旅游发展。

4.市域文化遗产集中展示区：在黄岛区西部、胶州里岔镇和普集镇、即墨老城区和鳌山湾陆域、莱西城区与产芝水库周边、平度大泽山和龙山文化遗址、平度即墨故城遗址周边等历史文化遗产分布密集的区域，形成历史文化遗产综合展示区，将相邻地域不同类型的文化遗产集中展示，体现青岛历史文化的多样性。

第六十五条　历史城区风貌展示

1.滨海文化长廊展示：通过鱼山、观海山、信号山、观象山、八关山、青岛山、贮水山、太平山电视塔、栈桥回澜阁、小青岛、团岛灯塔等重要城市景观点及其之间的景观视廊，展示青岛历史城区山、海、城独特的城市空间形态和海防军事格局，体现自然和人文环境互相交融的特色。

2.城市发展廊道展示：展示中山路—馆陶路—上海路，太平路—莱阳路—南海路—武胜关路—香港西路两条重要历史轴线，展示青岛城市发展的历史文化脉络，在重要节点设置展示标志，介绍历史轴线的形成、发展和保存情况以及历史文化内涵。

第六十六条　历史文化街区与文物古迹展示

1.名人故居展示：依托中国海洋大学与保存完好的文化名人故居，对文化名人故居建筑进行保护与综合环境整治，收集、整理、展示名人历史信息，如康有为故居、老舍故居、萧军萧红故居等。沿福山路—福山支路—鱼山路组织名人文化旅游主题线路。

2.工业遗产展示：积极利用19处工业遗产，结合工业遗产的保护与改造，开辟工业旅游景点，沿胶济线沿线的四流路、新疆路、威海路组织工业遗产旅游路线，整理工业历史文化展示信息，形成完整的工业遗产游览体系。

3.博物馆系列展示：结合现状各类应保护建筑改造的博物馆和其他体验类商业、服务业设施，串联形成博物馆主题旅游线路，深入应保护建筑内部感受历史文化与氛围。

4.崂山道教群展示：充分发挥崂山等风景名胜区的人文、风光优势，以太清宫、太平宫、华楼宫等崂山道教建筑群主要宫观为中心建设道教文化主题展示区，推广道教文化主题风光游。

5.近代建筑群展示：以青岛德国建筑群、馆陶路近代建筑、中山路近代建筑群、八大关近代建筑群等近代建筑群为展示对象，展现青岛风格多元、设计考究、建造精美的近代建筑。

第十三章 规划实施保障措施

第六十七条 政策法规

根据国家、省相关法律、法规，结合青岛名城保护的新形势与新问题，补充地方性法规，进一步完善青岛历史文化遗产保护法规体系。

1.严格贯彻执行《青岛市城乡规划条例》、《青岛市风貌保护条例》、《青岛市历史建筑保护管理办法》等地方法规。

2.建议制定《青岛市历史文化名城保护条例》、《青岛市历史文化街区保护管理规定》，严格落实保护规划对各类历史文化遗产的保护要求和措施。

第六十八条 机构设置

1.积极发挥青岛市历史文化名城保护委员会和历史文化名城专家咨询委员会的作用，建立针对名城保护相关项目的特别论证制度。

2.城乡规划主管部门设置保护管理机构，负责历史文化遗产保护规划的编制和建设项目审批管理，保护规划实施管理的全过程引入监督检查机制。

3.建立历史文化遗产地方登录制度，定期对历史建筑、工业遗产、名人故居等进行普查、认定和公布，动态增补完善各类历史文化遗产名录，建立历史文化遗产档案数据库。

第六十九条 资金保障

1.建立青岛历史文化名城保护专项资金，列入青岛市政府财政预算，由历史文化名城保护管理机构负责经费管理，账户公开。

2.每年拨付一定数额的历史文化名城专项资金，专门用于历史建筑的修缮、历史文化街区市政基础设施改善和环境整治、历史文化遗产的日常管理等。

3.积极争取国家、省市和社会各界对名城保护的资金支持，鼓励多渠道保护资金投入，为历史文化遗产的保护提供资金保障。

4.积极探索PPP融资模式，将其引入应保护建筑的修缮、改造和利用。政府提供合作平台，将应保护建筑改造利用的部分责任以特许经营权方式转移给社会主体，政府与社会主体建立起“利益共享、风险共担、全程合作”的共同体关系，让应保护建筑在艺术、商务、旅游等领域发挥新作用。

第七十条 公众参与

1.相关政策中增加扶持性政策条款，优先鼓励历史文化街区内原住民和历史文化遗产所有者或使用者积极参与保护，合理利用历史文化遗产。

2.鼓励全体市民积极参与名城保护事业，建立面向社会的保护规划公示、实施监督、意见反馈的公众参与机制。

3.加强历史文化名城保护的宣传，制定与保护相关的乡规民约和普及教育计划，增强全体市民的历史文化保护意识。

第十四章 近期实施保护内容

第七十一条 法规制定

继续完善地方法规建设，制定《青岛市历史文化名城保护条例》，与其他法律法规共同作为法律依据在城市管理工作中严格执行，规范建设和管理行为。

第七十二条 规划编制

按照《青岛市城市风貌保护条例》和《历史建筑保护管理办法》相关要求，编制《历史城区更新发展规划》、《青岛市风貌保护名录》、《青岛市风貌保护规划》、《历史建筑保护图则》，加快名人故居、军事遗产、工业遗产、历史文化村镇等专项保护规划的编制工作，进一步完善保护规划体系。

第七十三条 展示利用

逐步开展历史文化街区、工业遗产、名人故居、博物馆等主题系列的历史文化遗产展示与利用。结合中山路、四方路历史文化街区保护规划，积极启动街区和应保护建筑改造与利用的试点项目。

（三）《青岛市城市风貌保护条例》（2014年）

附文：

《青岛市城市风貌保护条例》

第一章 总则

第一条 为了加强城市风貌保护，根据有关法律、法规的规定，结合本市实际，制定本条例。

第二条 本市行政区域内城市风貌的保护适用本条例。

法律、法规对城市风貌保护中涉及的文物、古树名木、风景名胜区、自然保护区、森林公园、海岛等的保护另有规定的，适用其规定。

第三条 城市风貌保护应当遵循科学规划、整体保护、严格保护的原则，正确处理经济社会发展与保护自然资源、生态环境、历史文化遗产的关系。

第四条 市、区（市）人民政府应当加强城市风貌保护工作，将城市风貌保护工作纳入国民经济和社会发展规划、计划，所需经费列入政府财政预算。

第五条 市、区（市）人民政府应当定期组织有关部门和专家对城市风貌保护状况和规划实施情况进行评估，向本级人民代表大会常务委员会报告并向社会公布。

第六条 市、县级市城乡规划主管部门按照规定的权限，负责本行政区域内的城市风貌保护工作。

其他相关行政管理部门应当按照各自职责，做好城市风貌保护的有关工作。

第七条 鼓励组织和个人以捐助、志愿服务或者提出意见、建议等方式，参与、监督城市风貌保护。

城乡规划主管部门和有关部门应当依法公开城市风貌信息，完善公众参与程序，为组织、个人参与和监督城市风貌保护提供便利。

第二章 保护内容

第八条 城市风貌的保护内容为体现本市地域特色和历史文化传承，具有生态、景观或者历史、文化、科学、艺术价值的自然风貌和人文风貌，主要包括：

（一）由海岸线、海湾、海岛、海滩、礁石、岬角以及山体、河流、湖泊、丘陵地形、湿地、植被等构成的自然风貌；

（二）反映本市历史文化传承的城区、街区、镇、村和建筑物、构筑物、街道、院落、名胜古迹等人文风貌。

第九条 本市建立城市风貌保护名录，根据本条例第八条所列内容，确定城市风貌保护项目。

经批准公布的历史城区、历史文化街区、历史文化名镇名村、历史建筑等应当纳入城市风貌保护名录。

第十条 青岛市城市风貌保护名录的编制和调整，由市城乡规划主管部门会同有关部门、区（市）人民政府研究提出，经专家评审、向社会公示后，报市人民政府批准并公布。青岛市城市风貌保护名录的编制和调整，应当征求市人民代表大会有关专门委员会的意见。

县级市人民政府应当根据本地风貌特色，参照前款规定的程序，编制本地风貌保护名录，向社会公布。

任何组织和个人都可以向城乡规划主管部门提出将具有保护价值的项目列入保护名录的建议。

第十一条 市、区（市）人民政府应当组织建立城市风貌保护管理信息系统，对城市风貌保护内容、保护项目进行动态监测和管理。

城乡规划、文物、海洋与渔业、林业、水利、城乡建设、城市园林、国土资源等部门，应当按照各自职责，做好城市风貌保护项目的详细测绘、信息记录和档案数据保存、更新等工作。

第三章 保护规划

第十二条 市城乡规划主管部门应当会同有关部门、区（市）人民政府，组织编制城市风貌保护规划，确定城市风貌分区控制体系和控制措施。

县级市城乡规划主管部门应当根据本地实际情况，编制本地城市风貌保护规划。

编制城市风貌保护规划，应当根据城市总体规划和不同区域的发展条件、用地性质以及分区关系，科学规划、控制城市建设，培育、延续城市风貌特色，塑造城市整体形象。

第十三条 市、县级市城乡规划主管部门应当根据城市风貌保护要求，组织编制城市设计导则，对规划区域的景观体系、街道、开敞空间以及建筑体量、高度、形态、色彩等，确定控制要求。

第十四条 对城市风貌保护名录中的保护项目，城乡规划主管部门或者相关主管部门应当组织编制专项规划或者控制性详细规划，分别明确保护范围、风貌要素、保护措施和实施方案。

第十五条 城市风貌保护规划、专项规划、控制性详细规划、城市设计导则的编制，应当进行科学论证，广泛征求有关部门、专家以及有关方面的意见，经依法批准后向社会公布。

经依法批准的规划、导则不得擅自修改；确需修改的，按照有关法律、法规的规定进行。其中，城市风貌保护专项规划、控制性详细规划的修改，不得缩小保护范围、减少风貌要素。

第十六条 海岸带规划以及综合交通、基础设施、公共服务设施、绿地系统、河湖水系等专项规划，应当与城市风貌保护相关规划相衔接，符合城市风貌保护要求。

城市风貌保护相关规划涉及海域使用的，应当符合海洋功能区划或者与海洋功能区划相衔接。

第十七条 城市规划区内的建设工程审批，应当符合城市风貌保护规划、专项规划、控制性详细规划、城市设计导则的要求。

在城市风貌保护项目的保护范围内进行建设的，建设单位应当按照保护要求，组织专业设计，按照规定征求相关部门意见后，依法向城乡规划主管部门办理规划许可。城乡规划主管部门在作出规划许可决定前，应当组织专家论证、向社会公示，并提请城乡规划委员会审议。公示期限不得少于二十日。

第十八条 下列区域内的建设工程，市城乡规划主管部门在规划许可前，应当向市人民代表大会有关专门委员会报告：

（一）团岛湾头至王哥庄晓望河入海口的海岸带范围内；

（二）历史文化街区的核心保护区内；

（三）浮山、太平山山体绿线外延一百米范围内。

第十九条 在城市风貌保护项目的保护范围内，不符合规划要求的现有建筑物、构筑物以及其他设施，应当在更新、改造时按照规划要求进行整修、迁建或者拆除。

第四章 自然风貌保护

第二十条 保护青岛“山海相依”的整体自然地理格局，加强对影响城市空间形态和特色的关键区域、景观轴带、生态廊道等的规划控制。

第二十一条 对本市行政区域内海岸带的自然风貌保护工作实行市级统

筹。市人民政府应当建立对海岸带自然风貌保护实施统一领导和组织、协调的工作机制。

第二十二条　严格保护海滨自然风貌。在海岸带范围内：

（一）禁止破坏海湾、沙滩、礁石、沙丘、沙坝、河口等特殊地形地貌以及自然景观；

（二）禁止开挖山体、采矿、采石、采砂；

（三）严格限制围海、填海、建设堤坝、筑池养殖等改变、破坏海滨地形地貌的活动。

第二十三条　市城乡规划主管部门应当根据城市总体规划、海岸带规划以及海洋功能区划，结合海岸带的自然环境与资源现状，划定自然岸线保护范围，经市人民政府批准后向社会公布。

在自然岸线保护范围内，禁止围海、填海、建设堤坝、筑池养殖以及其他改变岸线自然属性的行为，禁止破坏自然岸线的自然地形地貌与景观。

第二十四条　海岸带范围内，禁止新建高层建筑，严格控制建筑密度、建筑体量、容积率。

历史城区、历史文化街区、风景名胜区、旅游度假区、自然岸线保护范围内的海岸带，自大陆岸线向陆地一侧，距离一百米范围内，除依法批准的码头、市政、公共服务设施以及军事等用途外，不得新建、扩建建筑物；其他海岸带区域，应当划定海域保护控制线、围填海控制线、生态湿地保护线、禁建限建控制线，明确建设控制要求。

胶州湾海岸带内的建设管理，按照《青岛市胶州湾保护条例》的规定执行。

第二十五条　保护海滨的天际轮廓线、景观视廊。海岸带及其临近区域内的建设项目，应当在审批时进行视线景观分析，不得对海滨形成封闭式遮挡。

第二十六条　保持滨海岸线通畅，除依法批准的港口、码头、船舶修造、军事等用途需要封闭的外，任何组织和个人不得圈占。

第二十七条　城市规划区内的山体应当按照城乡规划主管部门、城市园林绿化行政主管部门划定的绿线严格保护。经批准对山体绿线调整的，不得减少绿线范围内的绿地面积。

在山体绿线范围内，禁止建设非供公共游憩的建筑物，禁止开山、采石、采砂、取土、筑坟等破坏山体的活动，严格限制人造景观和永久性设施的建设。

第二十八条 城乡规划主管部门应当按照不超过山体海拔高度三分之二的原则，确定山体周边建筑高度控制线。山体周边区域新建、改建、扩建建筑的屋脊线海拔高度不得突破高度控制线。

历史城区内主要山体的周边建筑高度控制线分别为：贮水山为四十五米，观海山、鱼山、八关山为五十米，观象山、青岛山、信号山为六十米，太平山为八十米。

第二十九条 城乡规划主管部门应当划定重要观景点与主要山体之间的眺望视域。

眺望视域范围内禁止建设高层建筑。前景区域建筑遮挡山体不得超过山体海拔高度的三分之二，背景区域建筑不得突破山体轮廓线。

第三十条 城市规划区内的山体应当向公众开放，与临近的城市开放空间保持通透，规划建设绿色通廊。

第三十一条 城乡规划主管部门应当会同有关部门，按照国家有关规定，对城市规划区内的河流、湖泊、水库、湿地等划定城市蓝线，并在控制性详细规划中明确城市蓝线范围内的保护要求和控制指标。

第三十二条 在城市蓝线范围内，不得从事下列活动：

（一）建设建筑物、构筑物（水工程和环境保护设施除外）；

（二）开垦、填埋湿地；

（三）擅自填埋、占用水域；

（四）影响水系安全、破坏景观的爆破、采石、采砂、取土；

（五）其他破坏城市水系、湿地的活动。

第三十三条 城乡规划主管部门应当根据山体、水体、湿地等的风貌保护要求，在保护专项规划、控制性详细规划中，将山体绿线、城市蓝线外侧的一定区域划为建设控制地带，明确建筑退线距离以及其他建设控制要求。

第三十四条 对具有特殊风貌保护价值的海滨红礁石、崂山绿石、硅化木等的集中区域，市人民政府应当划定保护地带，采取更为严格的保护措施。

第五章　人文风貌保护

第三十五条　保护人文风貌的真实性、完整性和延续性，保持其传统格局、历史风貌和空间尺度。

第三十六条　保持历史城区以红瓦、黄墙和石材本色为主的建筑群整体色调，控制建筑屋顶和立面的色彩、材质。建筑物、构筑物的所有权人，应当保持建筑物、构筑物外观整洁、美观。未经市城乡规划主管部门批准，不得改变建筑物、构筑物的原有色调。

第三十七条　保护历史城区的天际轮廓线形态，保持其起伏有致、平缓舒展的特点。

保护历史城区内重要的景观视廊和道路对景，控制视廊两侧建筑高度，对景视线内不得出现障碍。景观视廊和道路对景的具体保护范围、控制要求，由市城乡规划主管部门在专项规划、控制性详细规划中确定。

第三十八条　历史城区、历史文化街区应当保持该区域特有的风貌和建筑特色，严格控制建设活动。经依法批准进行建设的，建设项目的高度、体量、形态、色彩应当与整体风貌相协调。

在历史文化街区的核心保护区内，不得新建、扩建建筑物。

第三十九条　在历史城区、历史文化街区内，根据整体风貌特点和不同风貌要素的保护要求，分区控制建筑高度。市城乡规划主管部门应当在专项规划中确定具体的建筑高度控制范围和控制要求。其中：

（一）新建建筑高度不得高于其周边的被认定为文物保护单位的建筑、历史建筑等保护主体；

（二）历史文化街区建设控制地带内建筑高度不得超过十八米；

（三）历史城区南部滨海岸线与其北侧首条城市干路之间的街坊建筑高度不得超过十五米。

第四十条　保护历史城区道路路网格局和骨架。禁止取消现状道路，禁止改变道路线型、断面、竖向标高。

对历史文化名城保护规划确定的历史风貌道路，应当保护其沿街界面、空间尺度，保持道路的红线宽度和转弯半径，并在控制性详细规划中明确两侧建筑的具体高度控制要求。

第四十一条 禁止减少历史城区、历史文化街区内现有的绿地面积。新建建设项目的绿化用地面积不得低于建设用地总面积的百分之四十。

保持历史文化街区内的原有绿化特色，禁止改变街区内的行道树种类。

第四十二条 严格保护历史建筑及其周边环境。

对优秀历史建筑的保护参照县级文物保护单位的保护规定实施。一般历史建筑根据其历史文化价值和保存现状，按照市人民政府的有关规定进行分类保护。

第四十三条 未经批准不得迁移或者拆除历史建筑。因公共利益需要进行建设活动，对历史建筑无法实施原址保护必须迁移异地或者拆除的，应当依法报批。

历史文化街区核心保护区内的历史建筑不得迁移、拆除。

第四十四条 保护历史城区内的特色院落，保持其空间形态和风貌。禁止在特色院落内擅自搭建建筑物、构筑物，禁止擅自打通、封堵特色院落。

第四十五条 保护历史城区、历史文化街区内的大门、围墙、铺地、石阶、桥梁、驳岸等历史环境要素。禁止擅自拆除、改造上述历史环境要素；因倒危、损毁需要更换、修复的，应当保持原有风貌特色。

第四十六条 对历史文化名镇、名村，区（市）人民政府应当按照有关法律、法规，参照本条例有关历史城区、历史文化街区的保护规定，组织编制保护规划，落实保护措施。

第四十七条 其他具有保护价值的街区、镇、村、建筑物、构筑物等人文风貌，经过规定程序列入城市风貌保护名录后，参照历史城区、历史文化街区、历史建筑进行保护，具体保护措施按照专项规划、控制性详细规划的规定执行。

第四十八条 对人文风貌保护项目及其相关设施、历史环境要素等，其所有权人应当合理使用，按照规划要求做好保养、维护、修复、修缮，并接受指导、检查和监督。

市、区（市）人民政府应当对所有权人保养、维护、修复、修缮人文风貌保护项目的活动给予资金补助和相关技术指导。

人文风貌保护项目的修复、修缮，应当保持原有风貌特色，不得改变其原有体量、样式、风格、形态以及相应的地形地貌等；建设单位或者个人应当委托具有相应专业设计资质的单位编制方案，按照规定征求有关部门意见，报城乡规划主管部门批准后实施。

第四十九条　市、县级市人民政府应当组织在人文风貌保护项目的主要出入口设置保护标志。任何组织和个人不得擅自设置、移动、涂改或者损毁保护标志。

第五十条　对城市风貌的保护，涉及工业遗产、乡土建筑、军事遗址等历史文化遗产的，应当结合城市风貌保护要求一并加以规划、保护。

对名人故居建筑的保护，属于文物保护单位、登记不可移动文物的，按照有关文物保护的法律、法规执行；其他名人故居建筑，经文物行政部门认定、公布后，参照文物保护的规定确定保护措施。

第六章　法律责任

第五十一条　对违反本条例规定的行为，法律、法规已有规定的，依照相关规定处理。

第五十二条　有关行政管理部门及其工作人员有下列情形之一的，由本级人民政府、上级部门或者监察机关依据职权责令改正，对直接负责的主管人员和其他直接责任人员依法给予处分：

（一）未组织编制或者未按照法定程序组织编制有关规划的；

（二）擅自修改有关规划的；

（三）违反法定程序或者违反规划要求进行许可的；

（四）未依法履行职责，造成具有风貌保护价值的项目破坏或者损毁的；

（五）有其他滥用职权、徇私舞弊、玩忽职守情形的。

第五十三条　违反本条例第二十二条第一项规定的，由海洋与渔业部门、国土资源部门按照各自职责，责令恢复原状或者采取补救措施，处每平方米五千元罚款。

违反本条例第二十二条第二项规定的，由海洋与渔业部门、国土资源部门按照各自职责，责令改正、恢复原状，没收违法所得，并处十万元以上二十万元以下罚款。

第五十四条 违反本条例第二十三条第二款规定的，由海洋与渔业部门责令改正、恢复原状，处非法占用海域期间内该海域面积应缴纳的海域使用金十五倍以上二十倍以下罚款。

第五十五条 违反本条例第三十二条规定，开垦、填埋湿地或者在湿地内采石、采砂、取土的，由林业部门责令恢复原状或者采取补救措施，处每平方米五百元以上二千元以下罚款。

第五十六条 违反本条例规定，有下列行为之一的，由城乡规划主管部门责令停止违法行为、限期拆除、恢复原状或者采取其他补救措施，没收违法所得，并处以下罚款：

（一）在城市风貌保护项目的保护范围内违法进行建设的，处五十万元以上一百万元以下罚款；

（二）擅自打通、封堵特色院落的，处十万元以上二十万元以下罚款；

（三）违法更换、拆除历史环境要素的，处一万元以上十万元以下罚款；

（四）未按照本条例第四十八条第三款规定修复、修缮人文风貌的，处五万元以上十万元以下罚款。

第五十七条 违反本条例第四十九条规定，擅自设置、移动、涂改或者损毁保护标志的，由城乡规划主管部门责令限期改正；逾期不改正的，对单位处一万元以上五万元以下罚款，对个人处一千元以上五千元以下罚款。

第五十八条 违反本条例规定，造成损害的，依法承担民事责任；构成犯罪的，依法追究刑事责任。

第七章 附则

第五十九条 本条例所称海岸带，是指胶州湾及青岛市其他近岸海域和毗连的相关陆域、岛屿。其控制范围自海岸线量起：海域至十海里等距线；陆域未建成区一般至一公里等距线；陆域建成区一般以临海第一条城市主要道路为界，海泊河以北以铁路为界；特殊区域以青岛市人民政府批准的海岸带规划控制范围为准。

第六十条 本条例自2014年11月1日起施行。1996年2月9日青岛市人民代表大会常务委员会公布的《青岛市城市风貌保护管理办法》同时废止。

第二节　国际组织政策

一、《威尼斯宪章》(1964年)

1964年5月颁布的《威尼斯宪章》是保护文物建筑及历史地段的国际原则，是关于古迹保护的第一个国际宪章，全称《保护文物建筑及历史地段的国际宪章》，又称《国际古迹保护与修复宪章》。

附文：

《国际古迹保护与修复宪章》(《威尼斯宪章》)

定　义

第一条　历史古迹的要领不仅包括单个建筑物，而且包括能从中找出一种独特的文明、一种有意义的发展或一个历史事件见证的城市或乡村环境。这不仅适用于伟大的艺术作品，而且亦适用于随时光消逝而获得文化意义的过去一些较为朴实的艺术品。

第二条　古迹的保护与修复必须求助于对研究和保护考古遗产有利的一切科学技术。

宗　旨

第三条　保护与修复古迹的目的旨在把它们既作为历史见证，又作为艺术品予以保护。

保　护

第四条　古迹的保护至关重要的一点在于日常的维护。

第五条　为社会公用之目的使用古迹永远有利于古迹的保护。因此，这种使用合乎需要，但决不能改变该建筑的布局或装饰。只有在此限度内才可考虑或允许因功能改变而需做的改动。

第六条　古迹的保护包含着对一定规模环境的保护。凡传统环境存在的地方必须予以保存，决不允许任何导致改变主体和颜色关系的新建、拆除或改动。

第七条 古迹不能与其所见证的历史和其产生的环境分离。除非出于保护古迹之需要，或因国家或国际之极为重要利益而证明有其必要，否则不得全部或局部搬迁该古迹。

第八条 作为构成古迹整体一部分的雕塑、绘画或装饰品，只有在非移动而不能确保其保存的唯一办法时方可进行移动。

修 复

第九条 修复过程是一个高度专业性的工作，其目的旨在保存和展示古迹的美学与历史价值，并以尊重原始材料和确凿文献为依据。一旦出现臆测，必须立即予以停止。此外，即使如此，任何不可避免的添加都必须与该建筑的构成有所区别，并且必须要有现代标记。无论在任何情况下，修复之前及之后必须对古迹进行考古及历史研究。

第十条 当传统技术被证明为不适用时，可采用任何经科学数据和经验证明为有效的现代建筑及保护技术来加固古迹。

第十一条 各个时代为一古迹之建筑物所做的正当贡献必须予以尊重，因为修复的目的不是追求风格的统一。当一座建筑物含有不同时期的重叠作品时，揭示底层只有在特殊情况下，在被去掉的东西价值甚微，而被显示的东西具有很高的历史、考古或美学价值，并且保存完好足以说明这么做的理由时才能证明其具有正当理由。评估由此涉及的各部分的重要性以及决定毁掉什么内容不能仅仅依赖于负责此项工作的个人。

第十二条 缺失部分的修补必须与整体保持和谐，但同时须区别于原作，以使修复不歪曲其艺术或历史见证。

第十三条 任何添加均不允许，除非它们不至于贬低该建筑物的有趣部分、传统环境、布局平衡及其与周围环境的关系。

第十四条 古迹遗址必须成为专门照管对象，以保护其完整性，并确保用恰当的方式进行清理和开放。在这类地点开展的保护与修复工作应得到上述条款所规定之原则的鼓励。

发 掘

第十五条 发掘应按照科学标准和联合国教育、科学及文化组织1956年通过的适用于考古发掘国际原则的建议予以进行。

遗址必须予以保存，并且必须采取必要措施，永久地保存和保护建筑风貌及其所发现的物品。此外，必须采取一切方法促进对古迹的了解，使它得以再现而不曲解其意。

然而对任何重建都应事先予以制止，只允许重修，也就是说，把现存但已解体的部分重新组合。所用黏结材料应永远可以辨别，并应尽量少用，只需确保古迹的保护和其形状的恢复之用便可。

出　版

第十六条　一切保护、修复或发掘工作永远应有用配以插图和照片的分析及评论报告这一形式所做的准确的记录。

清理、加固、重新整理与组合的每一阶段，以及工作过程中所确认的技术及形态特征均应包括在内。这一记录应存放于一公共机构的档案馆内，使研究人员都能查到。该记录应建议出版。

二、《保护世界文化和自然遗产公约》(1972年)

1972年联合国《保护世界文化和自然遗产公约》提出“文化遗产”的定义：

1.从历史、艺术或科学角度看，具有突出的普遍价值的建筑物、碑雕和碑画、具有考古性质成分或结构、铭文、窟洞以及联合体；

2.从历史、艺术或科学角度看，在建筑式样、分布均匀或与环境景色结合方面具有突出的普遍价值的单立或连接的建筑群；

3.从历史、审美、人种学或人类学角度看，具有突出的普遍价值的人类工程或自然与人联合工程以及考古地址等地方。

附文：

《保护世界文化和自然遗产公约》

I、文化遗产和自然遗产的定义

第一条　为实现本公约的宗旨，下列各项应列为“文化遗产”：

古迹：从历史、艺术或科学角度看具有突出的普遍价值的建筑物、碑雕和碑画、具有考古性质的成分或构造物、铭文、窟洞以及景观的联合体；

建筑群：从历史、艺术或科学角度看在建筑式样、分布均匀或与环境景色结合方面具有突出的普遍价值的单立或连接的建筑群；

遗址：从历史、审美、人种学或人类学角度看具有突出的普遍价值的人类工程或自然与人的联合工程以及包括有考古地址的区域。

第二条 为实现本公约的宗旨，下列各项应列为“自然遗产”：

从审美或科学角度看具有突出的普遍价值的由物质和生物结构或这类结构群组成的自然景观；

从科学或保护角度看具有突出的普遍价值的地质和地文结构以及明确划为受到威胁的动物和植物生境区；

从科学、保存或自然美角度看具有突出的普遍价值的天然名胜或明确划分的自然区域。

第三条 本公约缔约国均可自行确定和划分上面第一条和第二条中提及的、本国领土内的各种不同的财产。

Ⅱ、文化遗产和自然遗产的国家保护和国际保护

第四条 本公约缔约国承认，保证第一条和第二条中提及的、本国领土内的文化遗产和自然遗产的确定、保护、保存、展出和传与后代，主要是有关国家的责任。该国将为此目的竭尽全力，最大限度地利用本国资源，适当时利用所能获得的国际援助和合作，特别是财政、艺术、科学及技术方面的援助和合作。

第五条 为确保本公约各缔约国为保护、保存和展出本国领土内的文化遗产和自然遗产采取积极有效的措施，本公约各缔约国应视本国具体情况尽力做到以下几点：

1.通过一项旨在使文化遗产和自然遗产在社会生活中起一定作用，并把遗产保护工作纳入全面规划纲要的总政策；

2.如本国内尚未建立负责文化遗产和自然遗产的保护、保存和展出的机构，则建立一个或几个此类机构，配备适当的工作人员和为履行其职能所需的手段；

3.发展科学和技术研究，并制订出能够抵抗威胁本国文化或自然遗产的危

险的实际方法；

4.采取为确定、保护、保存、展出和恢复这类遗产所需的适当的法律、科学、技术、行政和财政措施；

5.促进建立或发展有关保护、保存和展出文化遗产和自然遗产的国家或地区培训中心，并鼓励这方面的科学研究。

第六条 （一）本公约缔约国，在充分尊重第一条和第二条中提及的文化遗产和自然遗产的所在国的主权，并不使国家立法规定的财产权受到损害的同时，承认这类遗产是世界遗产的一部分，因此，整个国际社会有责任进行合作，予以保护。

（二）缔约国同意，按照本公约的规定，应有关国家的要求帮助该国确定、保护、保存和展出第十一条第（二）和第（四）款中提及的文化遗产和自然遗产。

（三）本公约缔约国同意不故意采取任何可能直接或间接损害第一条和第二条中提及的位于本公约其他缔约国领土内的文化遗产和自然遗产的措施。

第七条 为实现本公约的宗旨，世界文化遗产和自然遗产的国际保护应被理解为建立一个旨在支持本公约缔约国保存和确定这类遗产的努力的国际合作和援助系统。

Ⅲ、保护世界文化遗产和自然遗产政府间委员会

第八条 （一）在联合国教育、科学及文化组织内，现建立一个保护具有突出的普遍价值的文化遗产和自然遗产的政府间委员会，称为“世界遗产委员会”。委员会由联合国教育、科学及文化组织大会常会期间召集的本公约缔约国大会选出的15个缔约国组成。委员会成员国的数目将自本公约至少在40个缔约国生效后的大会常会之日起增至21个。

（二）委员会委员的选举须保证均衡地代表世界的不同地区和不同文化。

（三）国际文物保存与修复研究中心（罗马中心）的一名代表、国际古迹遗址理事会的一名代表，以及国际自然及自然资源保护联盟的一名代表，可以咨询者身份出席委员会的会议。此外，应联合国教育、科学及文化组织大会常会期间参加大会的本公约缔约国提出的要求，其他具有类似目标的政府间或非政府组织的代表亦可以咨询者身份出席委员会的会议。

第九条 （一）世界遗产委员会成员国的任期自当选之应届大会常会结束时起至应届大会后第三次常会闭幕时止。

（二）但是，第一次选举时指定的委员中，有1/3的委员的任期应于当选之应届大会后第一次常会闭幕时截止；同时指定的委员中，另有1/3的委员的任期应于当选之应届大会后第二次常会闭幕时截止。这些委员由联合国教育、科学及文化组织大会主席在第一次选举后抽签决定。

（三）委员会成员国应选派在文化或自然遗产方面有资历的人员担任代表。

第十条 （一）世界遗产委员会应通过其议事规则。

（二）委员会可随时邀请公共或私立组织或个人参加其会议，以就具体问题进行磋商。

（三）委员会可设立它认为为履行其职能所需的咨询机构。

第十一条 （一）本公约各缔约国应尽力向世界遗产委员会递交一份关于本国领土内适于列入本条第（二）款所述《世界遗产目录》的组成文化遗产和自然遗产的财产的清单。这份清单不应当看作是详尽无遗的。清单应包括有关财产的所在地及其意义的文献资料。

（二）根据缔约国按照第（一）款规定递交的清单，委员会应制订、更新和出版一份《世界遗产目录》，其中所列的均为本公约第一条和第二条确定的文化遗产和自然遗产的组成部分，也是委员会按照自己制订的标准认为是具有突出的普遍价值的财产。一份最新目录应至少每两年分发一次。

（三）把一项财产列入《世界遗产目录》需征得有关国家同意。当几个国家对某一领土的主权或管辖权均提出要求时，将该领土内的一项财产列入《目录》不得损害争端各方的权利。

（四）委员会应在必要时制订、更新和出版一份《处于危险的世界遗产目录》，其中所列财产均为载于《世界遗产目录》之中、需要采取重大活动加以保护并根据本公约要求需给予援助的财产。《处于危险的世界遗产目录》应载有这类活动的费用概算，并只可包括文化遗产和自然遗产中受到下述严重的特殊危险威胁的财产。这些危险是：蜕变加剧、大规模公共和私人工程、城市或旅游业迅速发展的项目造成的消失威胁；土地的使用变动或易主造成的破坏；未知原因造成的重大变化；随意摈弃；武装冲突的爆发或威胁；灾害和灾变；严重火灾、地震、山崩；火山爆发；水位变动、洪水和海啸等。委员会在紧急需要时可随时在《处于危险的世界遗产目录》中增列新的条目并立即予以发表。

（五）委员会应确定属于文化或自然遗产的财产可被列入本条第（二）和第（四）款中提及的目录所依据的标准。

（六）委员会在拒绝一项要求列入本条第（二）和第（四）款中提及的目录之一的申请之前，应与有关文化或自然财产所在缔约国磋商。

（七）委员会经与有关国家商定，应协调和鼓励为拟订本条第（二）和第（四）款中提及的目录所需进行的研究。

第十二条　未被列入第十一条第（二）和第（四）款提及的两个目录的属于文化或自然遗产的财产，决非意味着在列入这些目录的目的之外的其他方面不具有突出的普遍价值。

第十三条　（一）世界遗产委员会应接收并研究本公约缔约国就已经列入或可能适于列入第十一条第（二）和第（四）款中提及的目录的本国领土内成为文化或自然遗产的财产，要求国际援助而递交的申请。这种申请的目的可以是保证这类财产得到保护、保存、展出或恢复。

（二）当初步调查表明有理由进行深入的时候，根据本条第（一）款中提出的国际援助申请还可以涉及鉴定哪些财产属于第一条和第二条所确定的文化或自然遗产。

（三）委员会应就对这些申请所需采取的行动作出决定，适当时应确定其援助的性质和程度，并授权以它的名义与有关政府作出必要的安排。

（四）委员会应制订其活动的优先顺序并在进行这项工作时应考虑到需予保护的财产对世界文化遗产和自然遗产各具的重要性、对最能代表一种自然环境或世界各国人民的才华和历史的财产给予国际援助的必要性、所需开展工作的迫切性、受到威胁的财产所在的国家现有的资源、特别是这些国家利用本国手段保护这类财产的能力大小。

（五）委员会应制订、更新和发表已给予国际援助的财产目录。

（六）委员会应就根据本公约第十五条设立的基金的资金使用问题作出决

定。委员会应设法增加这类资金，并为此目的采取一切有益的措施。

（七）委员会应与拥有与本公约目标相似的目标的国际和国家级政府组织和非政府组织合作。委员会为实施其计划和项目，可约请这类组织，特别是国际文物保存与修复研究中心（罗马中心）、国际古迹遗址理事会和国际自然及自然资源保护联盟，并可约请公共和私立机构及个人。

（八）委员会的决定应经出席及参加表决的委员的2/3多数通过。委员会委员的多数构成法定人数。

第十四条 （一）世界遗产委员会应由联合国教育、科学及文化组织总干事任命组成的一个秘书处协助工作。

（二）联合国教育、科学及文化组织总干事应尽可能充分利用国际文物保存与修复研究中心（罗马中心）、国际古迹遗址理事会和国际自然及自然资源保护联盟在各自职权能力范围内提供的服务，为委员会准备文件资料，制订委员会会议议程，并负责执行委员会的决定。

Ⅳ、保护世界文化遗产和自然遗产基金

第十五条 （一）现设立一项保护具有突出的普遍价值的世界文化遗产和自然遗产基金，称为“世界遗产基金”。

（二）根据联合国教育、科学及文化组织《财务条例》的规定，此项基金应构成一项信托基金。

（三）基金的资金来源应包括：

1.本公约缔约国义务捐款和自愿捐款；

2.下列方面可能提供的捐款、赠款或遗赠：

（1）其他国家；

（2）联合国教育、科学及文化组织、联合国系统的其他组织（特别是联合国开发计划署）或其他政府间组织；

（3）公共或私立团体或个人。

3.基金款项所得利息；

4.募捐的资金和为本基金组织的活动的所得收入；

5.世界遗产委员会拟订的基金条例所认可的所有其他资金。

（四）对基金的捐款和向委员会提供的其他形式的援助只能用于委员会限定的目的。委员会可接受仅用于某个计划或项目的捐款，但以委员会业已决定实施该计划或项目为条件。对基金的捐款不得带有政治条件。

第十六条 （一）在不影响任何自愿补充捐款的情况下，本公约缔约国同意，每两年定期向世界遗产基金纳款，本公约缔约国大会应在联合国教育、科学及文化组织大会届会期间开会确定适用于所有缔约国的一个统一的纳款额百分比。缔约国大会关于此问题的决定，需由未作本条第（二）款中所述声明的、出席及参加表决的缔约国的多数通过。本公约缔约国的义务纳款在任何情况下都不得超过对联合国教育、科学及文化组织正常预算纳款的1%。

（二）然而，本公约第三十一条或第三十二条中提及的国家均可在交存批准书、接受书或加入书时声明不受本条第1段规定的约束。

（三）已作本条第（二）款中所述声明的本公约缔约国可随时通过通知联合国教育、科学及文化组织总干事收回所作声明。然而，收回声明之举在紧接的一届本公约缔约国大会之日以前不得影响该国的义务纳款。

（四）为使委员会得以有效地规划其活动，已作本条第（二）款中所述声明的本公约缔约国应至少每两年定期纳款，纳款不得少于它们如受本条第（一）款规定约束所须交纳的款额。

（五）凡拖延交付当年和前一日历年的义务纳款或自愿捐款的本公约缔约国，不能当选为世界遗产委员会成员，但此项规定不适用于第一次选举。

属于上述情况但已当选委员会成员的缔约国的任期，应在本公约第八条第（一）款规定的选举之时截止。

第十七条 本公约缔约国应考虑或鼓励设立旨在为保护本公约第一条和第二条中所确定的文化遗产和自然遗产募捐的国家、公共及私立基金会或协会。

第十八条 本公约缔约国应对在联合国教育、科学及文化组织赞助下为世界遗产基金所组织的国际募款运动给予援助。它们应为第十五条第（三）款中提及的机构为此目的所进行的募款活动提供便利。

V、国际援助的条件和安排

第十九条 凡本公约缔约国均可要求对本国领土内组成具有突出的普

遍价值的文化或自然遗产的财产给予国际援助。它在递交申请时还应按照第二十一条规定提交所拥有的并有助于委员会作出决定的情报和文件资料。

第二十条 除第十三条第（二）款、第二十二条3项和第二十三条所述情况外，本公约规定提供的国际援助仅限于世界遗产委员会业已决定或可能决定列入第十一条第（二）和第（四）款中所述目录的文化遗产和自然遗产的财产。

第二十一条 （一）世界遗产委员会应制订对向它提交的国际援助申请的审议程序，并应确定申请应包括的内容，即打算开展的活动、必要的工程、工程的预计费用和紧急程度以及申请国的资源不能满足所有开支的原因所在。这类申请须尽可能附有专家报告。

（二）对因遭受灾难或自然灾害而提出的申请，由于可能需要开展紧急工作，委员会应立即给予优先审议，委员会应掌握一笔应急储备金。

（三）委员会在作出决定之前，应进行它认为必要的研究和磋商。

第二十二条 世界遗产委员会提供的援助可采取下述形式：

1.研究在保护、保存、展出和恢复本公约第十一条第（二）和第（四）款所确定的文化遗产和自然遗产方面所产生的艺术、科学和技术性问题；

2.提供专家、技术人员和熟练工人，以保证正确地进行已批准的工程；

3.在各级培训文化遗产和自然遗产的鉴定、保护、保存、展出和恢复方面的工作人员和专家；

4.提供有关国家不具备或无法获得的设备；

5.提供可长期偿还的低息或无息贷款；

6.在例外并具有特殊原因的情况下提供无偿补助金。

第二十三条 世界遗产委员会还可向培训文化或自然遗产的鉴定、保护、保存、展出和恢复方面的各级工作人员和专家的国家或地区中心提供国际援助。

第二十四条 在提供大规模的国际援助之前，应先进行周密的科学、经济和技术研究。这些研究应考虑采用保护、保存、展出和恢复自然遗产和文化遗产方面最先进的技术，并应与本公约的目标相一致。这些研究还应探讨合理利用有关国家现有资源的手段。

第二十五条　原则上，国际社会只担负必要工程的部分费用。除非本国资源不许可，受益于国际援助的国家承担的费用应构成用于各项计划或项目的资金的主要份额。

第二十六条　世界遗产委员会和受援国应在它们签订的协定中，确定关于获得根据本公约规定提供的国际援助的计划或项目的实施条件。接受这类国际援助的国家应负责按照协定制订的条件，对如此卫护的财产继续加以保护、保存和展出。

Ⅵ、教育计划

第二十七条　（一）本公约缔约国应通过一切适当手段，特别是教育和宣传计划，努力增强本国人民对本公约第一条和第二条中确定的文化和自然遗产的赞赏和尊重。

（二）缔约国应使公众广泛了解对这类遗产造成威胁的危险和为履行本公约进行的活动。

第二十八条　接受根据本公约提供的国际援助的缔约国应采取适当措施，使人们了解接受援助的财产的重要性和国际援助所发挥的作用。

Ⅶ、报告

第二十九条　（一）本公约缔约国在按照联合国教育、科学及文化组织大会确定的日期和方式向该组织大会递交的报告中，应提供有关它们为实施本公约所通过的立法和行政规定以及采取的其他行动的情况，并详述在这方面获得的经验。

（二）应提请世界遗产委员会注意这些报告。

（三）委员会应在联合国教育、科学及文化组织大会的每届常会上递交一份关于其活动的报告。

Ⅷ、最后条款

第三十条　本公约以阿拉伯文、英文、法文、俄文和西班牙文拟订，五种文本同一作准。

第三十一条　（一）本公约应由联合国教育、科学及文化组织会员国根据各自的宪法程序予以批准或接受。

（二）批准书或接受书应交联合国教育、科学及文化组织总干事保存。

第三十二条 （一）所有非联合国教育、科学及文化组织会员的国家，经该组织大会邀请均可加入本公约。

（二）向联合国教育、科学及文化组织总干事交存加入书后，加入方才有效。

第三十三条 本公约须在第20份批准书、接受书或加入书交存之日的3个月之后生效，但这仅涉及在该日或该日之前交存各自批准书、接受书或加入书的国家。就任何其他国家而言，本公约应在这些国家交存其批准书、接受书或加入书的3个月之后生效。

第三十四条 下述规定适用于拥有联邦制或非单一立宪制的本公约缔约国：

1.在联邦或中央立法机构的法律管辖下实施本公约规定的情况下，联邦或中央政府的义务应与非联邦国家的缔约国的义务相同；

2.在无须按照联邦立宪制采取立法措施的联邦各个国家、地区、省或州的法律管辖下实施本公约规定的情况下，联邦政府应将这些规定连同其应予通过的建议一并通知各个国家、地区、省或州的主管当局。

第三十五条 （一）本公约缔约国均可废弃本公约。

（二）废弃通告应以一份书面文件交存联合国教育、科学及文化组织的总干事。

（三）公约的废弃应在接到废约通告书12个月后生效。废弃在生效日之前不得影响退约国承担的财政义务。

第三十六条 联合国教育、科学及文化组织总干事应将第三十一条和第三十二条规定交存的所有批准书、接受书或加入书以及第三十五条规定的废弃等事项通告本组织会员国、第三十二条中提及的非本组织会员的国家以及联合国。

第三十七条 （一）本公约可由联合国教育、科学及文化组织的大会修订。但任何修订只对将成为修订公约的缔约国具有约束力。

（二）如大会通过一项全部或部分修订本公约的新公约，除非新公约另有规定，本公约应从新的修订公约生效之日起停止批准、接受或加入。

第三十八条 按照《联合国宪章》第一百零二条，本公约须应联合国教育、科学及文化组织总干事的要求在联合国秘书处登记。

三、《内罗毕建议》(1976年)

联合国教育、科学及文化组织大会第十九届会议于1976年11月26日在内罗毕通过了《关于历史地区的保护及其当代作用的建议》，简称《内罗毕建议》。

附文：

《关于历史地区的保护及其当代作用的建议》(《内罗毕建议》)

(联合国教育、科学及文化组织大会第十九届会议于
1976年11月26日在内罗毕通过)

联合国教育、科学及文化组织大会于1976年10月26日至11月30日在内罗毕举行第十九届会议。

考虑到历史地区是各地人类日常环境的组成部分，它们代表着形成其过去的生动见证，提供了与社会多样化相对应所需的生活背景的多样化，并且基于以上各点，它们获得了自身的价值，又得到了人性的一面；

考虑到自古以来，历史地区为文化、宗教及社会活动的多样化和财富提供了最确切的见证，保护历史地区并使它们与现代社会生活相结合是城市规划和土地开发的基本因素；

考虑到面对因循守旧和非个性化的危险，这些昔日的生动见证对于人类和对那些从中找到其生活方式缩影及其某一基本特征的民族，是至关重要的；

注意到整个世界在扩展或现代化的借口之下，拆毁(却不知道拆毁的是什么)和不合理不适当重建工程正给这一历史遗产带来严重的损害；

考虑到历史地区是不可移动的遗产，其损坏即使不会导致经济损失，也常常会带来社会动乱；

考虑到这种情况使每个公民承担责任，并赋予公共当局只有他们才能履行的义务；

考虑到为了使这些不可替代的财产免受它们所面临的退化甚至全部毁坏

的危险，各成员国当务之急是采取全面而有力的政策，把保护和复原历史地区及其周围环境作为国家、地区或地方规划的组成部分；

注意到在许多情况下缺乏一套有关建筑遗产及其与城市规划、领土、地区或地方规划相互联系的相当有效而灵活的立法；

注意到大会已通过了保护文化和自然遗产的国际文件，如：《关于适用于考古发掘的国际原则的建议》(1956)、《关于保护景观和遗址的风貌与特征的建议》(1962)、《关于保护受到公共或私人工程威胁的文化财产的建议》(1972)；

希望补充并扩大这些国际文件所确定的标准和原则的适用范围；

收到关于历史地区的保护及其当代作用的建议，该问题作为本届会议第27项议程；

第十八次会议决定该问题应采取向各成员国的建议的形式。于1976年11月26日通过本建议。

大会建议各成员国应通过国家法律或其它方式制订使本建议所规定的原则和准则在其所管辖的领土上生效的措施，以适用以上规定。

大会建议各成员国应将本建议提请与保护历史地区及其周围环境有关的国家、地区和地方当局、事业单位、行政部门或机构以及各种协会的注意。

大会建议各成员国应按大会决定的日期和形式向大会提交有关本建议执行情况的报告。

一、定义

1.为本建议之目的：

(1)“历史和建筑(包括本地的)地区”系指包含考古和古生物遗址的任何建筑群、结构和空旷地，它们构成城乡环境中的人类居住地，从考古、建筑、史前史、历史、艺术和社会文化的角度看，其凝聚力和价值已得到认可。在这些性质各异的地区中，可特别划分为以下各类：史前遗址、历史城镇、老城区、老村庄、老村落以及相似的古迹群。不言而喻，后者通常应予以精心保存，维持不变。

(2)“环境”系指影响观察这些地区的动态、静态方法的、自然或人工的环境。

（3）“保护”系指对历史或传统地区及其环境的鉴定、保护、修复、修缮、维修和复原。

二、总则

2.历史地区及其环境应被视为不可替代的世界遗产的组成部分。其所在国政府和公民应把保护该遗产并使之与我们时代的社会生活融为一体作为自己的义务。国家、地区或地方当局应根据各成员国关于权限划分的情况，为全体公民和国际社会的利益，负责履行这一义务。

3.每一历史地区及其周围环境应从整体上视为一个相互联系的统一体，其协调及特性取决于它的各组成部分的联合，这些组成部分包括人类活动、建筑物、空间结构及周围环境。因此一切有效的组成部分，包括人类活动，无论多么微不足道，都对整体具有不可忽视的意义。

4.历史地区及其周围环境应得到积极保护，使之免受各种损坏，特别是由于不适当的利用、不必要的添建和诸如将会损坏其真实性的错误的或愚蠢的改变而带来的损害，以及由于各种形式的污染而带来的损害。任何修复工程的进行应以科学原则为基础。同样，也应十分注意组成建筑群并赋予各建筑群以自身特征的各个部分之间的联系与对比所产生的和谐与美感。

5.在导致建筑物的规模和密度大量增加的现代城市化的情况下，历史地区除了遭受直接破坏的危险外，还存在一个真正的危险：新开发的地区会毁坏临近的历史地区的环境和特征。建筑师和城市规划者应谨慎从事，以确保古迹和历史地区的景色不致遭到破坏，并确保历史地区与当代生活和谐一致。

6.当存在建筑技术和建筑形式的日益普遍化可能造成整个世界的环境单一化的危险时，保护历史地区能对维护和发展每个国家的文化和社会价值作出突出贡献。这也有助于从建筑上丰富世界文化遗产。

三、国家、地区和地方政策

7.各成员国应根据各国关于权限划分的情况制定国家、地区和地方政策，以便使国家、地区和地方当局能够采取法律、技术、经济和社会措施，保护历史地区及其周围环境，并使之适应于现代生活的需要。由此制定的政策应对国家、地区或地方各级的规划产生影响，并为各级城市规划，以及地区和农村发展规划，为由此而产生的共构成制定目标和计划重要组成部分的活动、责任分配以及实施行为提供指导。在执行保护政策时，应寻求个人和私人协会的合作。

四、保护措施

8.历史地区及其周围环境应按照上述原则和以下措施予以保护，具体措施应根据各国立法和宪法权限以及各国组织和经济结构来决定。

立法及行政措施

9.保护历史地区及其周围环境的总政策之适用应基于对各国整体有效的原则。各成员国应修改现有规定，或必要时，制定新的法律和规章以便参照本章及下列章节所述之规定，确保对历史地区及其周围环境的保护。它们应鼓励修改或采取地区或地方措施以确保此种保护。有关城镇和地区规划以及住宅政策的法律应予以审议，以便使它们与有关保护建筑遗产的法律相协调、相结合。

10.关于保护历史地区的制度的规定应确立关于制订必要的计划和文件的一般原则，特别是：适用于保护地区及其周围环境的一般条件和限制；关于为保护和提供公共服务而制定的计划和行动说明；将要进行的维护工作并为此指派负责人；适用于城市规划，再开发以及农村土地管理的区域；指派负责审批任何在保护范围内的修复、改动、新建或拆除的机构；保护计划得到资金并得以实施的方式。

11.保护计划和文件应确定：

被保护的区域和项目；

对其适用的具体条件和限制；

在维护、修复和改进工作中所应遵守的标准；

关于建立城市或农村生活所需的服务和供应系统的一般条件；

关于新建项目的条件。

12.原则上，这些法律也应包括旨在防止违反保护法的规定，以及防止在保护地区内财产价值的投机性上涨的规定，这一上涨可能危及为整个社会利益而计划的保护和维修。这些规定可以包括提供影响建筑用地价格之方法的城市规划措施，例如：设立邻里区或制定较小型的开发计划，授予公共机构优先购买权、在所有人不采取行动的情况下，为了保护、修复或自动干预之目的实行强制购买。这些规定可以确定有效的惩罚，如：暂停活动、强制修复和适当的罚款。

13.个人和公共当局有义务遵守保护措施。然而，也应对武断的或不公正的决定提供上诉的机制。

14.有关建立公共和私人机构以及公共和私人工程项目的规定应与保护历史地区及其周围环境的规定相应。

15.有关贫民区的房产和街区以及有补贴住宅之建设的规定，尤其应本着符合并有助于保护政策的目的予以制订或修改。因此，应拟定并调整已付补贴的计划，以便专门通过修复古建筑推动有补贴的住宅建筑和公共建设的发展。在任何情况下，一切拆除应仅限于没有历史或建筑价值的建筑物，并对所涉及的补贴应谨慎予以控制。另外，应将专用于补贴住宅建设的基金拨出一部分，用于旧建筑的修复。

16.有关建筑物和土地的保护措施的法律后果应予以公开并由主管官方机构作出记录。

17.考虑到各国的具体条件以及各个国家、地区和地方当局的责任划分，下列原则应构成保护机制运行的基础：

（1）应设有一个负责确保长期协调一切有关部门，如国家、地区和地方公共部门或私人团体的权力机构；

（2）跨学科小组一旦完成了事先一切必要的科学研究后，应立即制订保护计划和文件，这些跨学科小组特别应由以下人员组成：保护和修复专家，包括艺术史学家；建筑师和城市规划师；社会学家和经济学家；生态学家和风景建筑师；公共卫生和社会福利的专家；并且更广泛地说，所有涉及历史地区保护和发展学科方面的专家；

（3）这些机构应在传播有关民众的意见和组织他们积极参与方面起带头作用；

（4）保护计划和文件应由法定机构批准；

（5）负责实施保护规定和规划的国家、地区和地方各级公共当局应配有必要的工作人员和充分的技术、行政管理和财政来源。

技术、经济和社会措施

18.应在国家、地区或地方一级制订保护历史地区及其周围环境的清单。该清单应确定重点，以使可用于保护的有限资源能够得到合理的分配。需要采取的任何紧急保护措施，不论其性质如何，均不应等到制订保护计划和文件后再采取。

19.应对整个地区进行一次全面的研究，其中包括对其空间演变的分析。它还应包括考古、历史、建筑、技术和经济方面的数据。应制订一份分析性文件，以便确定哪些建筑物或建筑群应予以精心保护、哪些应在某种条件下予以保存，哪些应在极例外的情况下经全面记录后予以拆毁。这将能使有关当局下令停止任何与本建议不相符合的工程。此外，出于同样目的，还应制订一份公共或私人开阔地及其植被情况的清单。

20.除了这种建筑方面的研究外，也有必要对社会、经济、文化和技术数据与结构以及更广泛的城市或地区联系进行全面的研究。如有可能，研究应包括人口统计数据以及对经济、社会和文化活动的分析、生活方式和社会关系、土地使用问题、城市基础设施、道路系统、通讯网络以及保护区域与其周围地区的相互联系。有关当局应高度重视这些研究并应牢记没有这些研究，就不可能制订出有效的保护计划。

21.在完成上述研究之后，并在保护计划和详细说明制订之前，原则上应有一个实施计划，其中既要考虑城市规划、建筑、经济和社会问题，又要考虑城乡机构吸收与其具体特点相适应的功能的能力。实施计划应在使居住密度达到理想水平，并应规定分期进行的工作及其进行中所需的临时住宅，以及为那些无法重返先前住所的居民提供永久性的住房。该实施计划应由有关的社区和人民团体密切参与制订。由于历史地区及其周围环境的社会、经济及自然状态方面会随时间流逝而不断变化，因此，对其研究和分析应是一个连续不断的过程。所以，至关重要的是在能够进行研究的基础上制订保护计划并加以实施，而不是由于推敲计划过程而予以拖延。

22.一旦制订出保护计划和详细说明并获得有关公共当局批准，最好由制订者本人或在其指导下予以实施。

23.在具有几个不同时期特征的历史地区，保护应考虑到所有这些时期的表现形式。

24.在有保护计划的情况下，只有根据该计划方可批准涉及拆除既无建筑价值和历史价值且结构又极不稳固、无法保存的建筑物的城市发展或贫民区治理计划，以及拆除无价值的延伸部分或附加楼层，乃至拆除有时破坏历史地区整体感的新建筑。

25.保护计划未涉及地区的城市发展或贫民区治理计划应尊重具有建筑或历史价值的建筑物和其它组成部分及其附属建筑物。如果这类组成部分可能受到该计划的不利影响，应在拆除之前制订上述保护计划。

26.为确保这些计划的实施不致有利于牟取暴利或与计划的目标相悖，有必要经常进行监督。

27.任何影响历史地区的城市发展或贫民区治理计划应遵守适用于防止火灾和自然灾害的通用安全标准，只要这与适用于保护文化遗产的标准相符。如果确实出现了不符的情况，各有关部门应通力合作找出特别的解决方法，以便在不损坏文化遗产的同时，提供最大的安全保障。

28.应特别注意对新建筑物制订规章并加以控制，以确保该建筑能与历史建筑群的空间结构和环境协调一致。为此，在任何新建项目之前，应对城市的来龙去脉进行分析，其目的不仅在于确定该建筑群的一般特征，而且在于分析其主要特征，如：高度、色彩、材料及造型之间的和谐、建筑物正面和屋顶建造方式的衡量、建筑面积与空间体积之间的关系及其平均比例和位置。特别应注意基址的面积，因为存在着这样一个危险，即基址的任何改动都可能带来整体的变化，均对整体的和谐不利。

29.除非在极个别情况下并出于不可避免的原因，一般不应批准破坏古迹周围环境而使其处于孤立状态，也不应将其迁移它处。

30.历史地区及其周围环境应得到保护，避免因架设电杆、高塔、电线或电话线、安置电视天线及大型广告牌而带来的外观损坏。在已经设置这些装置的地方，应采取适当措施予以拆除。张贴广告、霓虹灯和其它各种广告、商业招牌，及人行道与各种街道设备应精心规划并加以控制，以使它们与整体相协调。应特别注意防止各种形式的破坏活动。

31.各成员国及有关团体应通过禁止在历史地区附近建立有害工业，并通过采取预防措施消除由机器和车辆所带来的噪音、振动和颤动的破坏性影响，保护历史地区及其周围环境免受由于某种技术发展，特别是各种形式的污染所造成的日益严重的环境损害。另外还应做出规定，采取措施消除因旅游业的过分开发而造成的危害。

32.各成员国应鼓励并帮助地方当局寻求解决大多数历史建筑群中所存在的一方面机动交通另一方面建筑规模以及建筑质量之间的矛盾的方法。为了解决这一矛盾并鼓励步行，应特别重视设置和开放既便于步行、服务通行又便于公共交通的外围乃至中央停车场和道路系统。许多诸如在地下铺设电线和其它电缆的修复工程，如果单独实施耗资过大，可以简单而经济地与道路系统的发展相结合。

33.保护和修复工作应与振兴活动齐头并进。因此，适当保持现有的适当作用，特别是贸易和手工艺，并增加新的作用是非常重要的，这些新作用从长远来看，如果具有生命力，应与其所在的城镇、地区或国家的经济和社会状态相符合。保护工作的费用不仅应根据建筑物的文化价值而且应根据其经使用获得的价值进行估算。只有参照了这两方面的价值尺度，才能正确看待保护的社会问题。这些作用应满足居民的社会、文化和经济需要，而又不损坏有关地区的具体特征。文化振兴政策应使历史地区成为文化活动的中心并使其在周围社区的文化发展中发挥中心作用。

34.在农村地区，所有引起干扰的工程和经济、社会结构的所有变化应严加控制，以使具有历史意义的农村社区保持其在自然环境中的完整性。

35.保护活动应把公共当局的贡献同个人或集体所有者、居民和使用者单独或共同作出的贡献联系起来，应鼓励他们提出建议并充分发挥其积极作用。因此，特别应通过以下方法在社区和个人之间建立各种层次的经常性的合作：适合于某类人的信息资料，适合于有关人员的综合研究，建立附属于计划小组的顾问团体；所有者、居民和使用者在对公共企业机构发挥咨询作用方面的代表性。这些机构负责有关保护计划的决策、管理和组织实施的机构或负责创建参与实施计划。

36.应鼓励建立自愿保护团体和非营利性协会以及设立荣誉或物质奖励，以使保护领域中各方面卓有成效的工作能得到认可。

37.应通过中央、地区和地方当局足够的预算拨款，确保得到保护历史地区及其环境计划中所规定的用于公共投资的必要资金。所有这些资金应由受委托协调国家、地区或地方各级一切形式的财政援助、并根据全面行动计划发放资金的公共、私人或半公半私的机构集中管理。

38.下述形式的公共援助应基于这样的原则：在适当和必要的情况下，有关当局采取的措施，应考虑到修复中的额外开支，即与建筑物新的市场价格或租金相比，强加给所有者的附加开支。

39.一般来说，这类公共资金应主要用于保护现有建筑，特别包括低租金的住宅建筑，而不应划拨给新建筑的建设，除非后者不损害现有建筑物的使用和作用。

40.赠款、补贴、低息贷款或税收减免应提供给按保护计划所规定的标准进行保护计划所规定的工程的私人所有者和使用者。这些税收减免、赠款和贷款可首先提供给拥有住房和商业财产的所有者或使用者团体，因为联合施工比单独行动更加节省。给予私人所有者和使用者的财政特许权，在适当情况下，应取决于要求遵守为公共利益而规定的某些条件的契约，并确保建筑物的完整，例如：允许参观建筑物、允许进入公园、花园或遗址，允许拍照等。

41.应在公共或私人团体的预算中，拨出一笔特别资金，用于保护受到大规模公共工程和污染危害的历史建筑群。公共当局也应拨出专款，用于修复由于自然灾害所造成的损坏。

42.另外，一切活跃于公共工程领域的政府部门和机构应通过既符合自己目的，又符合保护计划目标的融资，安排其计划与预算，以便为历史建筑群的修复作出贡献。

43.为了增加可资利用的财政资源，各成员国应鼓励建立保护历史地区及其周围环境的公共和／或私人金融机构。这些机构应有法人地位，并有权接受来自个人、基金会以及有关工业和商业方面的赠款。对捐赠人可给予特别的税收减免。

44.通过建立借贷机构为保护历史地区及其周围环境所进行的各种工程的融资工作，可由公共机构和私人信贷机构提供便利，这些机构将负责向所有者提供低息长期贷款。

45.各成员国和其它有关各级政府部门可促进非营利组织的建立。这些组织负责以周转资金购买，或如果合适在修复后出售建筑物。这笔资金是为了使那些希望保护历史建筑物、维护其特色的所有人能够在其中继续居住而专门设立的。

46.保护措施不应导致社会结构的崩溃，这一点尤为重要。为了避免因翻修给不得不从建筑物或建筑群迁出的最贫穷的居民所带来的艰辛，补偿上涨的租金能使他们得以维持家庭住房、商业用房、作坊以及他们传统的生活方式和职业，特别是农村手工业、小型农业、渔业等。这项与收入挂钩的补偿，将会帮助有关人员偿付由于进行工程而导致的租金上涨。

五、研究、教育和信息

47.为了提高所需技术工人和手工艺者的工作水平，并鼓励全体民众认识到保护的必要性并参与保护工作，各成员国应根据其立法和宪法权限，采取以下措施。

48.各成员国和有关团体应鼓励系统地学习和研究：

城市规划中有关历史地区及其环境方面；

各级保护和规划之间的相互联系；

适用于历史地区的保护方法；

材料的改变；

现代技术在保护工作中的运用；

与保护不可分割的工艺技术。

49.应采用并与上述问题有关的并包括实习培训期的专门教育。另外，至关重要的是鼓励培养专门从事保护历史地区，包括其周围的空间地带的专业技术工人和手工艺者。此外，还有必要振兴受工业化进程破坏的工艺本身。在这方面有关机构有必要与专门的国际机构进行合作，如在罗马的文化财产保护与修复研究中心、国际古迹遗址理事会和国际博物馆协会。

50.对地方在历史地区保护方面发展中所需行政人员的教育，应根据实际需要，按照长远计划由有关当局提供资金并进行指导。

51.应通过校外和大学教育，以及通过诸如书籍、报刊、电视、广播、电影和巡回展览等信息媒介增强对保护工作必要性的认识。还应提供不仅有关美学而且有关社会和经济得益于进展良好的保护历史地区及其周围环境的政策方面的、全面明确的信息。这种信息应在私人和政府专门机构以及一般民众中广为传播，以使他们知道为什么以及怎样才能按此方法改善他们的环境。

52.对历史地区的研究应包括在各级教育之中，特别是在历史教学中，以便反复向青年人灌输理解和尊重昔日成就，并说明这些遗产在现代生活中的作用。这种教育应广泛利用视听媒介及参观历史建筑群的方法。

53.为了帮助那些想了解历史地区的青年人和成年人，应加强教师和导游的进修课程以及对教师的培训。

六、国际合作

54.各成员国应在历史地区及其周围环境的保护方面进行合作，如有必要，寻求政府间的和非政府间的国际组织的援助，特别是联合国教育、科学及文化组织——国际博物馆协会——国际古迹遗址理事会文献中心的援助。此种多边或双边合作应认真予以协调，并应采取诸如下列形式的措施：

（1）交流各种形式的信息及科技出版物；

（2）组织专题研讨会或工作会；

（3）提供研究或旅行基金，派遣科技和行政工作人员并发送有关设备；

（4）采取共同行动以对付各种污染；

（5）实施大规模保护、修复与复原历史地区的项目，并公布已取得的经验。在边境地区，如果发展和保护历史地区及其周围的环境导致影响边境两边的成员国的共同问题，双方应协调其政策和行动，以确保文化遗产以尽可能的最佳方法得到利用和保护；

（6）邻国之间在保护共同感兴趣并具有本地区历史和文化发展特点的地区方面应互相协助。

55.根据本建议的精神和原则，一成员国不应采取任何行动拆除或改变其所占领土之上的历史区段、城镇和遗址的特征。以上乃1976年11月30日在内罗毕召开的联合国教育、科学及文化组织大会第十九届会议正式通过之公约的作准文本。

特此签字，以昭信守。

四、《华盛顿宪章》(1987年)

国际古迹遗址理事会第八届全体大会于1987年10月在华盛顿通过了《保护历史城镇与城区宪章》，简称《华盛顿宪章》。

附文：

《保护历史城镇与城区宪章》(《华盛顿宪章》)

序言与定义

一、所有城市社区，不论是长期逐渐发展起来的，还是有意创建的，都是历史上各种各样的社会的表现。

二、本宪章涉及历史城区，不论大小，其中包括城市、城镇以及历史中心或居住区，也包括其自然的和人造的环境。除了它们的历史文献作用之外，这些地区体现着传统的城市文化的价值。今天，由于社会到处实行工业化而导致城镇发展的结果，许多这类地区正面临着威胁，遭到物理退化、破坏甚至毁灭。

三、面对这种经常导致不可改变的文化、社会甚至经济损失的惹人注目的状况，国际古迹遗址理事会认为有必要为历史城镇和城区起草一国际宪章，作为“国际古迹保护与修复宪章”(通常称之为“威尼斯宪章”)的补充。这个新文本规定了保护历史城镇和城区的原则、目标和方法。它也寻求促进这一地区私人生活和社会生活的协调方法，并鼓励对这些文化财产的保护。这些文化财产无论其等级多低，均构成人类的记忆。

四、正如联合国教育、科学及文化组织1976年华沙——内罗毕会议“关于历史地区保护及其当代作用的建议”以及其他一些文件所规定的，“保护历史城镇与城区”意味着这种城镇和城区的保护、保存和修复及其发展并和谐地适应现代生活所需的各种步骤。

原则和目标

一、为了更加卓有成效，对历史城镇和其他历史城区的保护应成为经济与社会发展政策的完整组成部分，并应当列入各级城市和地区规划。

二、所要保存的特性包括历史城镇和城区的特征以及表明这种特征的一切物质的和精神的组成部分，特别是：

（一）用地段和街道说明的城市的形制；

（二）建筑物与绿地和空地的关系；

（三）用规模、大小、风格、建筑、材料、色彩以及装饰说明的建筑物的外貌，包括内部的和外部的；

（四）该城镇和城区与周围环境的关系，包括自然的和人工的；

（五）长期以来该城镇和城区所获得的各种作用。

任何危及上述特性的威胁，都将损害历史城镇和城区的真实性。

三、居民的参与对保护计划的成功起着重大的作用，应加以鼓励。历史城镇和城区的保护首先涉及它们周围的居民。

四、历史城镇和城区的保护需要认真、谨慎以及系统的方法和学科，必须避免僵化，因为，个别情况会产生特定问题。

方法和手段

五、在作出保护历史城镇和城区规划之前必须进行多学科的研究。保护规划必须反映所有相关因素，包括考古学、历史学、建筑学、工艺学、社会学以及经济学。

保护规划的主要目标应该明确说明达到上述目标所需的法律、行政和财政手段。

保护规划的目的应旨在确保历史城镇和城区作为一个整体的和谐关系。

保护规划应该决定哪些建筑物必须保存，哪些在一定条件下应该保存以及哪些在极其例外的情况下可以拆毁。在进行任何治理之前，应对该地区的现状作出全面的记录。

保护规划应得到该历史地区居民的支持。

六、在采纳任何保护规划之前，应根据本宪章和威尼斯宪章的原则和目的开展必要的保护活动。

七、日常维护对有效地保护历史城镇和城区至关重要。

八、新的作用和活动应该与历史城镇和城区的特征相适应。使这些地区适应现代生活需要认真仔细地安装或改进公共服务设施。

九、房屋的改进应是保存的基本目标之一。

十、当需要修建新建筑物或对现有建筑物改建时，应该尊重现有的空间布局，特别是在规模和地段大小方面。

与周围环境和谐的现代因素的引入不应受到打击，因为，这些特征能为这一地区增添光彩。

十一、通过考古调查和适当展出考古发掘物，应使一历史城镇和城区的历史知识得到拓展。

十二、历史城镇和城区内的交通必须加以控制，必须划定停车场，以免损坏其历史建筑物及其环境。

十三、城市或区域规划中作出修建主要公路的规定时，这些公路不得穿过历史城镇或城区，但应改进接近它们的交通。

十四、为了保护这一遗产并为了居民的安全与安居乐业，应保护历史城镇免受自然灾害、污染和噪音的危害。

不管影响历史城镇或城区的灾害的性质如何，必须针对有关财产的具体特性采取预防和维修措施。

十五、为了鼓励全体居民参与保护，应为他们制定一项普通信息计划，从学龄儿童开始。

与遗产保护相关的行为亦应得到鼓励，并应采取有利于保护和修复的财政措施。

十六、对一切与保护有关的专业应提供专门培训。

后 记

中国悠久的历史文化底蕴和独特的城乡聚落特征塑造了很多具有保护和开发价值的街区。在漫长的历史长河中，这些街区历经沧桑，展示出了中国传统文化内核的坚韧，如同古老的文化化石，守望着未来。而关于历史文化街区的保护与开发，在世界范围内已经是国家经济开发转型中一个重要的议题，尤其在城市化发展面临诸多问题的当代中国，历史文化街区保护与更新更是与优秀传统文化开发利用相结合，成为政界、学界、商界关注的焦点。

山东兼具齐鲁文化渊源和经济发展强驱特征，具有浓重的历史感与现代感，而青岛早在2200多年前作为秦汉琅琊郡郡治所在地，就已发展成为我国东部沿海最大的城市。作为山东GDP（国民生产总值）首位的城市，其近代以来的独特历史经验也使其成为一座极具研究价值的城市。这里既有东方儒学风韵的耳濡目染，又有西方开放精神的东渐浸透，在中国现代化历程的十字路口，青岛作为一个沿海城市，见证了神州大地上发生的冲突与融合。时至今日，我们仍然能够注意到这座城市的独特之处，它东西结合的建筑风格，别具一格的绿树红瓦，接轨世界的电影工业，承载万千的家国盛事。在这座被称为“理想之城”的城市里，我们边走边看、边听边记，用脚步丈量了它的风韵，用文字构架着它的骨骼。

自2017年山东大学城市文化研究院落地青岛市市北区，至今已有两年。两年的时间中，研究院不断丰富着对青岛、对市北区城市文化的认知与研究。从海洋文化到郭川精神，从文化资源到城区改造，从理论到实践，从春夏到秋冬。这两年的时间，不长不短，长到我们可以拿出两年几十万字的积累与诸君分享、请多多指教，短到我们调研的成果只能浓缩在这些字数里，而那些光影的记载却尚未整合齐全，仍留有研究的空白。

本书围绕市北区历史文化街区保护与更新的核心议题展开，通过历时两年的实地调研走访（其中包含了三个月的集中密集式实地资料采集）和资料搜集汇编，结合山东大学城市文化研究院于2018年召开的第一届城市文化·青岛论坛中城市文化研究前沿学者的观点与启蒙，共完成了包含调研报告、专题访谈、问卷报告、政府提案、个案论文、政策梳理等在内的各项成果，并汇编成册。

本书的汇编历程既见证了山东谋求城市文旅融合的关键阶段，又承接着青岛市打造“时尚之都”的文化拐点。在这个特殊的时期里，调研市北的青年学者们既肩负着山东大学“服务山东”的社会使命，又发挥着青年学者学术落地的重要价值，既是一次全新的尝试，也是一次勇敢的探索。

作为汇编作品，此书是一个集体智慧的结晶。首先，由山东大学城市文化研究院副院长王广振提出总体策划构想，并在多次调研、采访、座谈、论证的基础上，确定了本书的整体框架；其次，此书的众多观点与灵感启发于“城市文化·青岛论坛”中精彩的学者发言，其中胡惠林教授的《城市文化空间建构与城市再造》、刘家峰教授的《青岛近代工业发展与历史景观的再造》等既展现了中国城市文化研究学者的真知灼见，又紧密结合市北区现实情况，具有极高的借鉴与学习价值，为此书得以落成提供了重要的学术依据；在此基础之上，山东大学历史文化学院博士研究生曹晋彰、陈洁，硕士研究生徐嘉琳、李侑珊、朱童、王方册、范晨、王洋，本科生张迪、鲁东民，山东大学城市文化研究院研究人员丁瑞康、孙济等都参与了本书的编著工作；最后，本书得以出版，感谢青岛市市北区文化和旅游局和市北区委党校等单位的大力支持，感谢山东人民出版社给予的各项帮助，感谢奋斗在城市文化与历史文化街区研究一线的学者们。

毫无疑问，城市文化的研究将是一个永久议题，历史文化街区保护与更新的理论与实践也将成为文旅融合背景下的焦点。感谢诸君对此书的青睐与支持，也期待在历史文化街区保护与更新的研究领域中，涌现出越来越多的声音，共同探讨新时代背景下的中国城市文化发展。

方　辉

山东大学历史文化学院院长

山东大学城市文化研究院院长

2019年10月10日